회화잡는 스피킹 영어표현 400+α

회화잡는 스피킹 영어표현 400+α

2014년 7월 15일 초판 1쇄 발행
2015년 10월 15일 초판 2쇄 발행

지은이 김상배
발행인 손건
편집기획 손용희
마케팅 이언영
디자인 김선옥
제작 최승용
인쇄 선경프린테크

발행처 LanCom 랭컴
주소 서울시 영등포구 영신로 38길 17
등록번호 제 312-2006-00060호
전화 02) 2636-0895
팩스 02) 2636-0896
홈페이지 www.lancom.co.kr

ⓒ 김상배 2014
ISBN 978-89-98469-31-3   13740

이 책의 저작권은 저자에게 있습니다. 저자와 출판사의 허락없이
내용의 일부를 인용하거나 발췌하는 것을 금합니다.

한 끗 차이 영어표현 상황에 따른 문장 선택이 진짜 실력

머리말

21세기입니다.
한국의 국제화가 빠르게 진행됨에 따라 비즈니스 면에서나 일상생활 면에서도 영어의 필요성이 더욱 더 절실해지고 있습니다. 그러나 사실 영어를 말할 수 있는 기회가 그렇게 많지 않고 상대방이나 상황을 배려하는 여유가 없어서 겉으로 대충 알고 있는 표현만을 무심코 말해버리고 아차 실수가 아닌가 불안해하곤 합니다. 또는 자신도 모르는 사이에 적절하지 못한 표현·어법으로 상대방에게 오해를 불러일으키는 말을 하고 있는 것은 아닐까 하는 걱정을 하기도 합니다.

우리말을 하는 경우를 생각해보더라도, 같은 말을 하더라도 상대방에 따라, 상대방과 자신의 관계에 따라, 말하는 당시의 장면·상황에 따라, 우리는 적절한 표현과 어법을 사용한다는 것을 알 수 있습니다. 영어도 마찬가지로 상황과 장소에 따라 이렇게 구분해서 말을 해야 합니다. 다시 말해, 외국어라는 제약이 있다 해도 상대방이나 장면·상황에 따라 회화의 수준까지도 충분히 생각해서 말을 해야 하는 것은 아닐까 생각합니다. 공식적인 자리에서 격의 없는 표현을 사용하거나, 반대로 친구들과 만나는 스스럼없는 자리에서 격식을 차린 말을 하는 경우를 생각해 보면 그것이 얼마나 부자연스럽고 우스꽝스러운지를 짐작할 수 있습니다.

이 책은 이러한 점에 초점을 맞추어서 장면 장면에 어울리는 말을 Standard English, Formal English, Casual English의 세 가지 형태로 나누어 그 표현을 배울 수 있도록 하였습니다. 즉, Formal English는 격식을 차린 표현, Casual English는 격의 없는 자리에서의 표현, Standard English는 기타 일반적인 자리에서 보편적으로 사용할 수 있는 표현으로 나누어서, 각각의 장면에 따라 어울리는 말을 구별해서 쓸 수 있도록 구체적인 예문을 최대한 다양하게 수록하였습니다.

물론, 이 책이 완벽하다고는 할 수 없지만 다른 여타의 책들과 비교하면 여러분의 요구에 최대한 부응을 하는 책이라고 생각합니다.
이 책이 독자 여러분의 영어실력 향상에 조금이나마 도움이 될 수 있기를 기대합니다.

2014년 7월
지은이 씀

1. 영어는 직접적인 표현으로 해야 하는가?

영어의 표현 스타일, 말의 수준을 생각해 볼 때 우리가 잘못 알고 있는 것 가운데 하나는 영어에는 경어가 없다고 하는 것인데 그것은 그렇지 않다. 다른 한 가지, 영어는 직접적인 표현을 선호한다고 알고 있는데 이것 역시 잘못된 상식이라는 것이다. 영어에 대한 이런 고정관념을 가지고 있으면 영어를 이해하는 데 큰 어려움을 겪게 된다.

다른 문화권의 커뮤니케이션·언어문화의 비교연구에서도 밝혀졌듯이 영어의 경우에도 그 장면에 어울리는 표현이 있고 그 표현이 사용되고 있다. 또한 영어권 커뮤니케이션의 구조와 우리말의 차이를 이해하는 것이 영어를 이해하는 데 큰 도움이 된다.

2. We are equal.을 기반으로 한 커뮤니케이션

영어의 경어 표현, 존대 표현은 우리말의 경어 표현과는 달라서 어디까지나 장면성, 상대방과의 친밀도, 상대방에 대한 존경심, 배려가 배경에 있다.

이러한 구체적인 구별을 알아보기 전에 영어권의 커뮤니케이션 구조에 관해서 간단하게 알아보자.

영어권에서 인간관계는 이름을 부르는 것으로 친밀감이 유지된다. 상대방과 친하게 되었음에도 불구하고 언제까지나 Mr. 등의 경칭을 붙여 부르면 경의를 표하는 것으로 기쁘게 생각하지 않고 상대방이 자신을 격식을 차린 상황으로 내몰고 있다고 생각해서 몹시 당황해 한다고 한다.

어떤 사회에서나 서로 좋은 관계를 유지하고 있다는 느낌은 공통된 것인데 한국에서는 자신을 낮춤으로써 상대방에 대한 존경심을 표하는 경향이 있는 데 비해 영어권에서는 상대방과 평등하다(We are equal.)는 것을 배경으로 상대방에 대한 존경심을 나타낸다.

또한 우리말에서는 '잘 부탁드리겠습니다' 라는 상호 의존적인 표현이 많은 데 비해 상대방과 자신의 관계가 서로 독립적이라는 사회적 배경을 바탕으로 한 영어 표현에는 상대방과 자신과의 대등 관계가 나타나 있다. 예를 들면,

> Can I help you something?
> Don't hesitate to ask me any question.
> I hope you'll like it.
> I'll let you know.

등과 같이 어디까지나 상대방과 자신과는 서로 독립적인 개인이라는 표현이 많이 사용되고 있는 것이다.

3. 표현 스타일의 차이

영어에는 대등 표현이 기본이지만 Martin Joos는 다음의 다섯 가지 말의 수준이 있다고 말하고 있다.

① 동결문체   Frozen style
② 공식문체   Formal style
③ 자문문체   Consultative style
④ 약식문체   Casual style
⑤ 친밀문체   Intimate style

그러나 우리 한국인에게 위와 같은 세밀한 구별은 너무 복잡하기 때문에 이 책에서는 정중한 표현·격식을 차린 표현(Formal English), 일반적인 표현·보편적인 표현(Standard English), 친근한 표현·격의 없는 표현(Casual English)의 세 가지의 구별이 현실적이라고 생각해서 말의 내용에 따라 그 장면에 어울리는 적절한 예문을 수록한 것이다.
또한, 예문은 주로 미국영어를 중심으로 구성했다.

4. 구별의 실제

영어는 대등한 표현이 기본이지만 표현의 선택에 관하여 우리말의 관습과 근본적으로 다른 특히 기본적인 것에 관해 설명해 두고자 한다.
[기호]   **F** Formal   **S** Standard   **C** Casual

|1| 인사에 관하여

우선 다음의 예문을 비교해 보자.

> **F** Good morning, Mr. Smith. How are you?
> **S** Hello, John. How are you?
> **C** Hi, John. How're you doing?

🄕의 특징은 상대방의 성에 경칭(Mr. / Miss / Mrs. / Ms.)을 붙여서 말한다는 것과 천천히 확실하게 발음한다는 것이다. 상대방과 자신이 친근하지 않을 때, 상대방이 손윗사람일 때, 공식적인 모임 자리에서 쓰인다.

🄢의 특징은 EFL(English as a foreign language) 교재의 거의 대부분에 이용되고 있는 표현이라 해도 좋을 것이다.

🄒의 특징은 위의 예문에서도 알 수 있듯이 생략과 약식 표현이 많이 쓰일 뿐 아니라 특별한 말이 이용되기도 한다. 🄕, 🄢와 비교해 보면 다음과 같이 된다.

- doin' 과 같이 in-으로 생략이 일어나는 경우가 많다.
- Hi라는 약식 표현이 많이 쓰인다.

|2| 처음 만났을 때

다음의 예문을 비교해 보자.

> 🄕 (This is Mr. Gim from Korea.라고 소개된 후)
> **How do you do, Mr. Gim? It's a great pleasure to meet you.**
> 🄢 (This is John, from Seoul.이라고 소개된 후)
> **Hello, Ted. Nice to meet you.**
> 🄒 (This is my friend Lee, from Seoul.이라고 소개된 후)
> **Hi!**

🄕는 How do you do?라는 상용표현을 말한 후, 상대방의 성에 경칭(Mr. / Miss. / Mrs. / Ms.)을 붙여서 말한다.

또한, 비교적 천천히 확실하게 발음한다. 상대방이 손윗사람이거나 격식을 차린 자리에서 쓰인다.

🄢는 가장 일반적으로 폭넓게 이용되는 표현

🄒는 간단한 표현이 선호된다. 소개 받은 경우에도 Hi.라고 한 마디로 끝내는 경우도 있다.

|3| 물건을 빌릴 때

다음의 예를 비교해 보자.

> **F** Could you[Will you] let me use your telephone?
> Would you mind my using your telephone?
> I wonder if it is all right with you to ask you for my using your telephone?
> **S** May I use your telephone?
> Is it O.K. if I use your telephone?
> **C** (수화기를 들면서) O.K., John?
> Can I use your telephone?

F는 Could you, Will you, Would you mind -ing 등 정중한 표현을 이용해서 부탁한다. I wonder if ~ 등의 간접적인 표현을 이용하는 경우도 많고 비교적 긴 문장이 되는 경우를 자주 볼 수 있다.

S는 May I ~?를 이용한다. Is it O.K. if ~? 등을 쓴다.

C의 경우 Can I ~?를 이용해서 의뢰한다. O.K.?라고 상승조의 인토네이션으로 한다.

|4| 명령문을 사용할 때

다음의 예를 비교해 보자.

> **F** Please be seated.
> Take your seat, please.
> **S** Sit down, please.
> **C** Sit down.

F의 be seated는 흔히 교회에서 예배 때 목사가 쓰는 표현. Take your seat.은 다소 격식을 차린 표현

S는 please를 붙이면 정중한 의뢰가 된다. 단, please라고 말할 때는 하강 상승조로 말하는 것이 보통이다.

please를 하강조로 말하면 그 의미는 '제발 그만해 주세요'라는 의미가 된다.

C는 please도 생략하고 간결한 표현으로 한다.

|5| ~할 작정이라고 할 때

다음의 예문을 비교해 보자.

> **F** I am going to talk about the current political state.
> **S** I'm going to talk about my family.
> **C** I'm gonna talk about my friend.

F는 I am going to ~.라고 똑바로 발음하고 생략형이 이용되지 않는다. 말하는 속도도 비교적 느리다.

S는 생략형을 자주 이용한다. be동사는 I'm, he's, you're 등 대부분 생략형이 주류를 이룬다.

C는 생략형이나 변화형이 많다. I'm going to가 I'm gonna처럼 되는 것은 우선 going이 goin'으로, 또한 to가 goin'의 n에 영향을 받아 na로 되는 것이다. 또한 goi-부분을 단모음으로 한다. 그 결과 I'm gonna라고 되는 것이다.

이상과 같이 보면 언뜻 격의 없는 회화는 공적인 회화와 관계가 없는 것 같지만 잘 보면 역시 구조가 있다는 것을 알 수 있다.

|6| 길을 물을 때

다음의 예를 비교해 보자.

> **F** Excuse me, please. Would you mind telling me how to get to the station closest from here?
> **S** Excuse me. Could you tell me how to get to the station closest from here?
> **C** Hi, I want go to the station. Can you tell me?

F는 please를 이용한다. Would you mind ~?와 같은 정중한 표현이 이용된다.
S에서 가장 보편적으로 쓰이는 표현을 알 수 있다.
C는 excuse me와 같은 정중한 표현을 이용하지 않고 Hi로 상대방의 주의를 끈다.

이상과 같이 세 가지로 나누어서 보면 영어 학습은 단순히 문자·문법의 학습이 아니라 사회적인 문맥에서 알아야 한다는 것을 알 수 있다. 자주 사용되는 표현을 단순히 암기하는 것이 아니라 어떤 상황에서 사용되어지는가를 항상 고려해서 이해하고 사용해야 되는 것이다.

그러나 일반적으로 말하면 문자로 쓰인 문장은 비교적 격식을 차린 표현이 많다는 것이다. 관계대명사를 이용한 긴 문장이나 수동태나 복잡한 구문 등은 일반적인 회화에서는 그다지 이용되지 않는다. 회화에서는 속도와 효율성이 요구되고 있는 것이다.

특히 동사표현에 **S** 또는 **C**의 특징이 잘 나타나 있다고 한다. 다음의 오른쪽에 있는 것이 **S**와 **C**에서 자주 쓰이는 표현이다.

출판되다	be published	come out
설립되다	be organized	be set up
조사하다	investigate	check out
불을 끄다	extinguish	put out
그만 두다	refrain from	stop -ing
생겨나다	produce	come up with ~
~ 등	and so on	and what have you

그러나 이와 같은 구별은 하나의 경향에 지나지 않는다는 점도 알아 두자. 다시 말해서 어떤 장면에서도 사용할 수 있는 표현이나 be looking forward to ~, I would like to ~ (단, I'd like to ~라는 생략형이 많이 쓰인다) 등의 표현도 많다는 것이다.

중요한 것은 때와 장소와 상대방에 맞는 표현을 구별해서 사용하는 것이다. 다양한 표현을 많이 이용할 수 있도록 여러 가지 말을 풍부하게 알아 두면 좋다. 그와 동시에 자신의 미묘한 기분을 적절하게 구별해서 사용함으로써 자신이 의도하지 않는 의사를 전하는 것을 피할 수 있다. 자신의 스타일로 느낌을 표현할 정도에 이르면 정말로 영어가 자신의 것으로 되었다고 할 수 있을 것이다. 외국어로 원활한 커뮤니케이션을 할 수 있도록 이 책이 적절한 표현 형식을 알려주는 데 조금이나마 도움이 되기를 바란다.

이 책의 구성과 일러두기

1 구성

이 책은 말하고자 하는 내용·표현을 137개로 분류하고 각각의 내용에 따라 총 7개의 파트로 구성했다. 표현의도별 소제목 마다 유사표현·상용문구를 일반적인 표현(Standard)·정중한 표현(Formal)·친근한 표현(Casual)의 3가지로 구별해서 수록했다.
우선 자주 사용되는 표현에 아이콘을 넣어서 나타냈고 표현을 풍부하게 공부할 수 있도록 유사표현을 실었다. 마지막으로 예문이 이용되는 회화 예를 수록했다.

2 용법과 의미

이 책은 미국 영어를 주로 해서 예문을 구성했다. 또한 우리말의 의미·번역은 반드시 직역한 것이 아니라는 것을 밝혀 둔다. 각 표현의 뉘앙스에 따라 어울리는 번역을 했다.

3 기호

I'm so glad that you got into the company of your choice.
원하던 직장에 취직했다니 아주 기뻐요.
> I'm so glad ~ : ~해서 아주 기쁘다

I'm delighted to hear that you got into the company of your choice.
원하던 직장에 취직했다는 소식을 들으니 기쁩니다.
> I'm delighted to ~ : ~해서 기쁘다

Hey, it's great you got into the company you wanted.
어, 네가 원하던 회사에 들어가게 되어 기뻐.

- **standard** 중립적·일반적 표현, 보통의 어법을 나타낸다.
- **formal** 격식을 차린 표현, 정중한 어법을 나타낸다.
- **casual** 친근한 표현, 격의 없는 표현을 나타낸다.
- **>** 해당 표현에 관련된 보충적인 해설·설명을 담았다.
- **Tip** 더욱 폭을 넓혀서 해당 사항에 관계있는 여러 가지 참고사항, 참고표현, 어법·용법상의 유의점을 수록했다.
- **/** 공동 적용 어구를 나타낸다.
- **( )** 생략이 가능한 어구 또는 보충 설명을 나타낸다.
- **[ ]** 대체 가능 어구를 나타낸다.

PART 1 만남부터 헤어질 때까지의 모든 표현

Unit 001	•	대화를 시작할 때	20
Unit 002	•	사람을 부를 때	23
Unit 003	•	서로 인사할 때	25
Unit 004	•	근황과 소식을 물을 때	27
Unit 005	•	근황을 물을 때의 대답	29
Unit 006	•	상황에 따른 인사를 할 때	31
Unit 007	•	자기소개를 할 때	34
Unit 008	•	다른 사람을 소개할 때	36
Unit 009	•	소개를 받았을 때의 인사	38
Unit 010	•	초대할 때	40
Unit 011	•	초대를 수락할 때	42
Unit 012	•	초대를 거절할 때	44
Unit 013	•	건배를 제안할 때	46
Unit 014	•	축하 인사를 할 때	48
Unit 015	•	선물할 때	50
Unit 016	•	잠깐 자리를 비울 때	52
Unit 017	•	집으로 돌아가려고 할 때	54
Unit 018	•	만난 후 서로 헤어질 때	56

PART 2 생각을 적나라하게 나타내는 표현

Unit 019	•	긍정적 예정을 나타낼 때	60
Unit 020	•	부정적 예정을 나타낼 때	62
Unit 021	•	당위성을 말할 때	64
Unit 022	•	가능을 나타낼 때	66
Unit 023	•	불가능을 나타낼 때	68
Unit 024	•	이유·변명을 말할 때	70

차례

Unit	제목	쪽
Unit 025	희망·기대를 말할 때	72
Unit 026	기대·기다림을 말할 때	76
Unit 027	만족함을 표현할 때	78
Unit 028	불만을 표현할 때	80
Unit 029	예상을 말할 때	82
Unit 030	확신을 말할 때	85
Unit 031	의심하거나 무리인 것을 말할 때	87
Unit 032	어떤 것이 중요하다고 말할 때	89
Unit 033	중요하지 않거나 관계없다고 말할 때	91
Unit 034	서로 비교해서 말할 때	93

PART 3 기분을 화끈하게 나타내는 표현

Unit	제목	쪽
Unit 035	즐거움을 표현할 때	96
Unit 036	기쁨을 표현할 때	98
Unit 037	흥분을 감출 수 없을 때	100
Unit 038	놀람을 표현할 때	102
Unit 039	화가 많이 났을 때	104
Unit 040	지루함을 표현할 때	106
Unit 041	실망감을 표현할 때	108
Unit 042	걱정스러울 때	110
Unit 043	괴로움을 표현할 때	112
Unit 044	누군가를 동정할 때	114
Unit 045	문상을 갔을 때	116
Unit 046	친구를 격려할 때	118
Unit 047	누군가를 위로할 때	120
Unit 048	안도와 안심이 될 때	122

Unit 049	누군가를 칭찬할 때	124
Unit 050	칭찬에 대해 응답할 때	126
Unit 051	감사하다는 표현을 할 때	128
Unit 052	감사의 인사에 응답할 때	131
Unit 053	사과할 때	133
Unit 054	사과에 대해 응답할 때	135

PART 4 묻고 답하기에 관한 100% 표현

Unit 055	길을 물을 때	138
Unit 056	이름을 물어볼 때	140
Unit 057	시간이 되는지를 물어볼 때	142
Unit 058	잘 알아듣지 못했을 때	144
Unit 059	건강·상태를 물을 때	146
Unit 060	알고 있는지를 물을 때	149
Unit 061	알고 있다고 대답할 때	151
Unit 062	모른다고 대답할 때	153
Unit 063	본격적인 대화를 시작할 때	155
Unit 064	무엇을 좋아한다고 대답할 때	157
Unit 065	무엇을 싫어한다고 대답할 때	159
Unit 066	기호를 물을 때	161
Unit 067	기호를 대답할 때	163
Unit 068	흥미·관심을 말할 때	165
Unit 069	취미·관심·의향을 물어볼 때	167
Unit 070	흥미·관심이 있다고 말할 때	170
Unit 071	흥미·관심이 없다고 말할 때	172
Unit 072	'왜'라는 질문에 대답할 때	174

차례

Unit 073	무엇을 기억하고 있는지 물을 때	177
Unit 074	기억하고 있다고 대답할 때	179
Unit 075	어떤 것을 잊었다고 말할 때	181
Unit 076	확실함에 대해 물어볼 때	183
Unit 077	확실함에 대해 대답할 때	185
Unit 078	무엇인가에 확신이 없을 때	187
Unit 079	맞는지를 물을 때	189
Unit 080	긍정적인 대답을 할 때	191
Unit 081	부정적인 대답을 할 때	193

PART 5 의뢰·거절에 관한 확실한 표현

Unit 082	식사를 함께 하자고 권유할 때	196
Unit 083	음료를 함께 하자고 권유할 때	198
Unit 084	도움을 줄 때	200
Unit 085	전화기를 빌릴 때	202
Unit 086	호텔을 예약할 때	204
Unit 087	가능성에 대해 물어볼 때	206
Unit 088	견학을 의뢰할 때	208
Unit 089	숙식에 대해 물어볼 때	210
Unit 090	돌봐 달라고 부탁할 때	212
Unit 091	물건 값을 깎을 때	214
Unit 092	상대방에게 승낙할 때	216
Unit 093	즉답을 피하고 싶을 때	219
Unit 094	내키지 않는다고 말할 때	221
Unit 095	상대방에게 거절할 때	223
Unit 096	허가를 요청할 때	226

Unit 097	무엇인가를 허락할 때	228
Unit 098	무엇인가를 허락하지 않을 때	230
Unit 099	상대방에게 권유할 때	232
Unit 100	상대방에게 할 필요가 없다고 할 때	234
Unit 101	명령과 금지를 말할 때	236
Unit 102	지시를 확인할 때	239
Unit 103	상대방의 조언을 구할 때	241
Unit 104	상대방에게 충고할 때	243

PART 6 드디어 영어토론에 도전하는 표현

Unit 105	의견·느낌을 물을 때	248
Unit 106	자신의 의견을 말할 때	251
Unit 107	의견이 없다고 말할 때	253
Unit 108	의견을 얼버무릴 때	255
Unit 109	동의·판단을 구할 때	257
Unit 110	의견에 동의할 때	260
Unit 111	의견에 반대할 때	262
Unit 112	상대방이 옳다고 말할 때	264
Unit 113	찬성·반대를 잘 모를 때	266
Unit 114	합의에 도달했을 때	268
Unit 115	다른 사람의 잘못을 지적할 때	270
Unit 116	본인의 잘못을 인정할 때	273
Unit 117	상대방을 설득할 때	275
Unit 118	상대방의 의견에 반론을 표시할 때	277
Unit 119	상대방에게 주의를 줄 때	279
Unit 120	무엇인가를 가르쳐 줄 때	281

차례

Unit 121	다시 한 번 확인할 때	283
Unit 122	불평·불만·고충을 말할 때	286
Unit 123	강하게 항의할 때	289
Unit 124	다른 사람을 위협할 때	291
Unit 125	상대에게 주의를 줄 때	293

 **PART 7** 영어회화에 왕창 도움이 되는 표현

Unit 126	말이 막혔을 때	296
Unit 127	맞장구 칠 때	298
Unit 128	대화중에 끼어들 때	300
Unit 129	돌려서 말할 때	302
Unit 130	화제를 바꿀 때	304
Unit 131	종합하고 요약할 때	306
Unit 132	영어 발음에 대해 물을 때	308
Unit 133	영어 철자를 물을 때	310
Unit 134	영어의 의미에 대해 물을 때	312
Unit 135	용법을 물을 때	314
Unit 136	매너에 대해 물을 때	316
Unit 137	전화할 때	318

부록 스피킹 영어표현 리스트   327

회화잡는 스피킹 영어표현 400+α

PART 1

만남부터
헤어질 때까지의
모든 표현

Unit

001
∫
018

001 대화를 시작할 때

: 처음 만나는 사람과 말문을 자연스럽게 트기 위해서는 공통된 화제로 상대에게 다가서는 것이 좋습니다. 정치, 경제, 대통령 선거 등 무거운 주제보다는 여행, 음식, 맛있는 레스토랑, 스포츠와 같은 가벼운 주제로 시작하는 것이 서로 보다 친해질 확률이 높습니다. 또한 우리나라 사람들은 대화를 할 때 자신의 말만 하고 상대방의 의견을 경청하지 않는 경우가 많은데, 영어권 나라에서는 상대방의 의견을 듣고 적절하게 반응해 주는 것이 대화의 기본이라고 생각하므로 다음 표현들을 익혀 상대방과 즐거운 대화를 나눠봅시다.

Standard

A **Hi! How are you?**
안녕하세요. 어떻게 지내요?

B **Good, thanks.**
좋아요, 고마워요.

> Hi.는 친한 사람에게 사용하며 Hello.보다 허물없는 표현이다.
> How are you?는 Hello. / Hi. / Good morning. 등의 인사 뒤에 사용한다.

플러스 표현 ++

• A **Hi! I'm Gim. How are you today?**
안녕하세요. 저는 김이에요. 오늘 어때요?

B **Great, thanks.**
좋아요, 고마워요.

> thanks는 thank you의 격이 없는 표현. Thank you for asking me.를 짧게 줄여서 말한 것이다.

• A **Hi! Are you here for the conference, too?**
안녕하세요. 당신도 회의 때문에 왔어요?

B **Yes, I am. How do you like it so far?**
예, 그래요. 지금까지 일은 어때요?

> How do you like (+ 명사)?는 명사가 마음에 드는지 물을 때 사용하는 표현
> so far : 지금까지(= until now)

• A **Hi! How are things?**
안녕하세요. 어떠세요?

B **Pretty good. How about you?**
아주 좋아요. 당신은 어때요?

> How about you?는 자기 의견을 말하고 상대방의 의견이 궁금할 때 간단히 사용할 수 있는 표현. What about you?로도 사용할 수 있다.

• A **Wonderful weather we're having, isn't it?**
멋진 날이 계속되는군요.

B **Yes, it's beautiful.**
예, 아주 좋은 날씨예요.

> 할 말이 없을 때 좀 생뚱맞지만 위와 같이 '날씨'로 멘트를 치고 들어가라.

 **Formal**

A **Hello. How are you?**
안녕하세요. 어떻게 지내십니까?

B **Fine, thank you.**
좋습니다, 감사합니다.

> hello는 언제나, 누구에게든 사용할 수 있는 인사말이다.
> How are you? = How are you doing? = How's it going?
> Fine. = Couldn't be better.(아주 좋습니다.) ↔ I'm not so well.(안 좋습니다.)
>   I'm surviving.(힘듭니다.)
> 여기서 I'm not so well.은 알고만 있고 절대 사용하지 말자.

플러스 표현 ++

- A **Good afternoon. How are you today?**
  안녕하세요. 오늘은 어떻습니까?
  B **Excellent, thank you.**
  아주 좋습니다, 감사합니다.

- A **Excuse me, but are you by any chance here for the conference?**
  실례지만 혹시 회의차 이곳에 오셨습니까?
  B **Yes, I am, as a matter of fact. Are you?**
  예, 사실 그렇습니다. 당신도요?

> by any chance : 혹시, 만일 <사소한 부탁을 할 때>
> as a matter of fact : 사실, 실제로(= in fact, actually)

- A **Hello. Isn't this marvelous weather we're having?**
  안녕하세요. 아주 좋은 날씨입니다.
  B **Yes, it certainly is.**
  예, 정말 그렇습니다.

> marvelous (= terrific, excellent) : 매우 좋은, 엄청나게 좋은

 **Casual**

A **Hi! How's it going?**
안녕! 어떻게 지내?

B **Not bad.**
나쁘지 않아.

플러스 표현 ++
- A **Hi! What's happening?**
  안녕! 별일 없니?
- B **Nothing[Not] much. What's happening with you?**
  별일 없어. 너는 별일 없니?

> What's happening? 대신 What's up? / What's new? 등을 쓸 수 있다.

- A **Hi! What's going on?**
  안녕! 어떻게 지내?
- B **Hey, how's it going?**
  안녕, 어떻게 지내니?

- A **Hi! How're you doin'?**
  안녕! 잘 지내고 있니?
- B **Pretty good. Can't complain.**
  아주 좋아. 좋고 말고.

> 허물없는 회화에서는 How're you doing?에서 doing을 doin'으로 발음한다.

- A **Hi! You here for the conference?**
  안녕. 회의 때문에 왔니?
- B **Uh-huh. You, too?**
  그래. 너도?

- A **Nice weather, huh?**
  좋은 날씨지?
- B **Yeah. Hope it stays this way.**
  그래. 항상 이랬으면 좋겠어.

* Tip 상대방에게 말을 거는 가장 무난한 방법은 상황에 따라 다르겠지만 날씨 화제 또는 상대방과 서로 이야기 할 수 있는 짧고 간단한 것을 소재로 삼는 것이다. 그중에서도 날씨는 회화에서 가장 많이 사용된다. Hi! / Hello. / Good morning. / How's it going? / Howdy! (안녕. How do you do?의 격의 없는 표현)와 같은 간단한 인사로 쉽게 상대방과 대화를 시작할 수 있다.

회화 연습

기내에서 처음 만난 사람에게 말을 걸 때

A **Hi! How are you?**
B **Good, thanks. Some storm out there, isn't it?**
A **It sure is. I hope the plane can get off the ground.**
B **So do I.**

A 안녕하세요.
B 네. 밖은 폭풍우지요?
A 그래요. 무사히 착륙할 수 있으면 좋겠어요.
B 저도 그래요.

> It sure is.에서 여러분은 당연히 sure를 강하게 말해 주어야 한다.

002 사람을 부를 때

: 서양에서는 동양과 달리 부모님, 직장동료 및 상사, 친구들, 할아버지, 할머니를 부를 때 이름을 부릅니다. 물론 대통령을 만난다거나 회사사람들을 만나는 특별한 상황을 제외하고 말입니다.

 **Standard**

Excuse me.
실례해요.[안녕하세요?]
> 상대의 주의를 끌 때의 표현

플러스 표현 ++
- **Pardon me.** 실례해요.
  > I beg your pardon.의 생략형

- **Excuse me, but ~.** 실례지만 ~.

- **Uh, sir[miss / ma'am / waiter / Mr. Gim].** 저, 선생님.
  > 상대방이 누구냐에 따라 sir[miss / ma'am / waiter / Mr. Gim] 등으로 불러도 좋다. Mr.를 붙이면 다소 사무적인 느낌이 있으므로 상황에 따라 적절히 사용한다.
  > ma'am은 연세드신 여성분을 아주 공손하게 지칭할 때 부르는 호칭이다. 우리 발음으로는 [맴]이라고 한다.

 **Formal**

Excuse me, please.
실례하겠습니다.

플러스 표현 ++
- **Excuse me for a minute, please.**
  잠깐 실례하겠습니다.

- **Pardon me, but could I bother you for a brief moment?**
  실례지만 잠깐 시간을 내 주시겠습니까?

- **Uh, sir[miss / ma'am / waiter / Mr. Gim], I hope I'm not disturbing you, but ~.**
  저, 선생님, 실례합니다만 ~.

 **Casual**

Excuse me for a sec.
잠깐 실례할게.
> sec : 명 잠깐, 순간(= second) <구어>

플러스 표현 + +
- **Just a moment!** 잠깐만!
  > Excuse me!와 마찬가지로 서두에서 Wait a minute! / Just a second! / Wait up! / Hold on, please! 등으로도 대용된다. 우리 한국사람들에게는 입에 잘 붙는 Hold on, please!가 좋다. 그러나 이 Hold on, please!는 전화 통화중에 '잠시만요.' 라는 상황에서 주로 쓴다.

- **Hey, Chul-su!** 이봐, 철수!

- **Say, Chul-su[you / sir / miss / ma'am / waiter / Mr. Gim]!**
  여보세요, 김 선생님!
  > '~씨, ~님' 등 예의를 갖추어야 할 상대를 공손하게 부르는 호칭으로 Mr. / Mrs. 등이 사용된다. 이러한 호칭 뒤에는 last name이나 full name을 붙인다.

- **Yoo-hoo!** 이봐!

- **Over here, please.** 여기.

- **You guys!** 너희들!
  > guy는 단수형일 때는 남자를 뜻하지만, 복수형으로 쓰일 때는 남녀 모두를 뜻한다. 하지만 guy는 격식 없이 쓰이는 단어이므로 공식 석상이나 어른들께는 사용하지 않는다.

* Tip 남을 부를 때의 매너

손가락으로 소리를 낸다 : 주의를 끌려고 손가락으로 딱딱 소리를 내는 것은 자신보다 신분이나 지위가 낮은 사람을 부르는 거만한 인상을 주게 된다. 이러한 행동은 결코 좋지 않다는 것을 알아 두자.

손을 든다 : 상대방을 향해 자신의 눈높이로 손을 들어서 상대방의 주의를 끄는 행동으로 특별히 문제될 것은 없다.

소리를 내어 부른다 : 소리를 내는 것도 괜찮지만 큰 소리는 내지 않도록 주의한다.

Boy! / Mister! / Lady! : 웨이터 혹은 남자 접객원을 부를 때 boy라고 하지 않는 것이 좋다. boy라는 표현을 아주 치욕적으로 생각하기 때문이다.

Hey! : hey도 가능하면 사용하지 않는 것이 좋다. 아주 친한 친구 사이라면 상관없지만 그래도 싫어하는 사람이 많다. 미국에서는 hey의 사용법을 가리킬 때 (특히 아이들에 대해서) 다음과 같이 말한다. Hay is for horses. 헤이는 말을 위한 것이다. (hay : 건초)

ma'am / madam : 이 두 단어는 발음에 주의. ma'am [mæ:m]을 mom [mɑm](엄마)으로 발음하지 않도록 주의할 것. madam [mǽdəm]의 악센트는 1음절에 있다.

 회화 연습

화장실 위치를 물을 때

A **Excuse me.** Which way are the rest rooms?
B Go straight and turn right at the luggage department. You'll see a sign above the entrance.
A Thank you.
B You're very welcome.

A 실례지만 화장실은 어디 있습니까?
B 똑바로 가서 가방 매장에서 오른쪽으로 도세요. 입구 위에 표지판이 있습니다.
A 감사합니다.
B 천만에요.

003 서로 인사할 때

: 동서양을 불문하고 모든 인간관계에서 인사는 매우 중요한 예절로 통합니다. 그러나 나라마다 인사법에 약간의 차이는 있습니다. 예를 들면, 우리가 일상적으로 아는 사람을 만났을 때 아무렇지 않게 사용하는 Where are you going?(어디 가십니까?)은 영어에서는 사생활을 간섭하는 듯한 질문이므로 쓰지 않는 것이 보통입니다. 또한 Why?(왜 거기에 갑니까?) 등으로 묻는 것은 무척 실례가 되는 말이므로 주의해서 사용해야 합니다.

 **Standard**

Hi!
안녕하세요!
> 외국인과 마주칠 때 언제 어디서든 주고받을 수 있는 표현이다.

플러스 표현 + +

- **Hello!**
  안녕하세요.
  > hi나 hello는 비슷하지만 hi가 더 친숙한 느낌이다.

- **Hi! It's good to see you.**
  안녕하세요. 만나서 반가워요.
  > 비슷한 표현으로 I'm so happy to see you. / It's great to see you here! / What a pleasant surprise! 등이 있으며, 마지막 문장처럼 감탄문으로 표현하면 기쁜 감정을 더욱 생생하게 전달할 수 있다.

- **Good morning[afternoon / evening / night].**
  안녕하세요.
  > Good morning.이라는 인사가 통용되는 시간은 정오 또는 오후 1시까지, 정오가 지나면서 또는 오후 1시부터 5시까지는 Good afternoon, 그 이후에는 Good evening.이라고 한다. Good night.은 저녁에 잠잘 때의 인사말이다.

 **Formal**

Good morning, Mrs. Choi.
안녕하세요, 최 선생님.

플러스 표현 + +

- **Good morning[afternoon / evening / night], Mr. Gim[sir / miss / ma'am / madam].**
  안녕하세요. 김 선생님.
  > 가벼운 인사말 뒤에 '상대방의 이름'을 붙이면 보다 친근감을 나타내며, 표현이 더욱 부드러워진다. 격식을 갖추어 말해야 할 때는 Mr.나 Mrs. 등의 호칭 다음에 '성'을 붙여 부르며, 서로 잘 아는 사이일 때는 대개 '이름'을 부른다.

- **Hello, Mr. Gim[sir / miss / ma'am / madam].**
  안녕하세요. 김 선생님.

- **Greetings (to you,) Mr. Gim[sir / miss / ma'am / madam].**
  안녕하세요. 김 선생님.
  > '인사드리겠습니다.' 라는 느낌의 딱딱한 표현

 Casual

Hi, there!
안녕!

> Hi, there.나 Hello, there.는 약간의 거리를 두고 인사할 때 쓰이는데, 여기서 there는 대명사로서 '거기에 있는 사람'을 지칭하는 의미가 된다. 현지에서 위 아래 구분없이 정말 많이 쓰는 표현이다.

플러스 표현 + +
- **How's it going?**
  어떻게 지내?
  > 발음은 '고잉' (×) = '고인' (○)

- **Hiya!**
  안녕!
  > ya는 you의 격의 없는 표현

- **Howdy[Yo]!**
  안녕!
  > How do you do?의 생략형으로 Hello!를 보다 애교스럽게 표현하는 말로 이해하면 된다.

*Tip 영어에서 정중함의 정도는 때때로 어조, 자세, 시선, 동작 등으로 나타난다. 큰 소리를 내거나 몸을 굽히거나 하는 것 보다는 고저가 없는 온화하고 자신에 찬 목소리로 상대방의 눈을 응시하면서 고개를 약간 숙이고 등을 똑바로 한 자세로 말하는 것이 정중한 인상을 준다.

 회화 연습

회사에서 동료에게 아침인사를 할 때

A **Hi!**
B **G'Morning, Gim.**

A 안녕!
B 안녕, 김.

> G' Morning은 Good morning의 단축형
> 이 말도 빨리 들으면 'Morning'만 들린다.

004 근황과 소식을 물을 때

: 회화의 기본은 인사를 나누는 것입니다. 시간과 장소에 구애받지 않고 할 수 있는 인사는 Hi. / Hello. 등이 있으며 간단한 인사 후에 근황에 대해 묻습니다. How are you? / How are you doing?이라고 근황을 묻고 이에 대해 자신의 기분 상태나 컨디션에 따라 Great. / Fine. / So so. / Not bad. 등으로 대답합니다.

 Standard

How are you?
잘 지내죠?

> 근황을 묻는 가장 일반적인 표현으로 '잘 지내니?' 라는 의미 외에 '안녕하십니까?' 라는 의미로 잘 쓰인다.

플러스 표현 + +
- **How have you been?**
  잘 지냈어요?
  = How you been?
  > 관용표현으로 Long time no see.도 자주 쓰인다.

- **How are you doing?**
  어떻게 지내요?

- **How is everything?**
  어떻게 지내요?

 Formal

I trust that all is going well with you.
모든 일이 다 잘 되고 있을 거라고 믿습니다.

플러스 표현 + +
- **I hope everything has been fine with you.**
  모든 일이 잘 되길 바랍니다.

- **I hope you've been well.**
  잘 지내시길 바랍니다.

- **How have you been since we last met?**
  그동안 어떻게 지내셨습니까?
  > 친근한 표현으로 It's been ages, what's been going on[what have you been up to]?(본지 꽤 됐네요, 잘 지내시죠?)이라고 할 수도 있다.

Casual

What's new? (↘)
별 일 없니?

> '뭔가 새로운 것'이 강조되어 있다.
> new 발음은 '뉴'(×)보다는 '누'(○)에 가깝게 발음해야 한다.

플러스 표현 ++

- **How are things?**
  어때?

- **What's up?**
  별 일 있니?

- **How's life treating you?**
  어떻게 지내?

- **How've ya been?**
  잘 지냈어?

- **What's happening?**
  별일 없니?

  > '뭔가 벌어지고 있는 지'가 강조되어 있다. 구어에서는 What's happ?라고 표현하므로 유의해야 하며, What happened?(무슨 일 있니?)는 걱정이나 염려가 함축된 표현이다. 관용적으로 What's cooking?이라는 표현도 사용된다.

- **What's been goin' on?**
  어떻게 지냈어?

  > 격의 없는 표현에서는 -ing는 in'이 되는 경향이 있다. 마지막의 on이 non처럼 들리면 goin'인 것을 알 수 있다.

* *Tip* 정중한 장면에 평범한 표현을 해도 상관없다. Professor Park / Mr. Choi / Dr. Lee와 같이 이름 앞에 직책을 첨가해서 말하면 평범한 표현도 정중한 표현이 된다.

회화 연습

안부를 물을 때

A **How are you?**
B **Just fine. How are you doing?**
A **I can't complain. It's good to see you.**
B **Good to see you, too.**

A 어떻게 지내세요?
B 잘 지냅니다. 당신은 어떠세요?
A 그저 그래요. 만나서 기쁩니다.
B 저도 기쁩니다.

> 보다 격의 없는 표현으로는 The feeling is mutual.(저도 즐겁습니다.)이라고 한다.

005 근황을 물을 때의 대답

: 근황을 묻는 인사에 답할 때 매우 좋거나 잘 지낼 때는 Fantastic. / Very good. 좋을 때는 All right. / O.K. / Quite well. 그저 그럴 때는 Fair. / Not so well. 아주 좋지 않을 때는 Awful. / Miserable.이라고 답할 수 있습니다. 이처럼 자신의 근황을 말한 후에는 끝에 And you? 또는 How about you? 등으로 반드시 상대의 근황도 물어보는 것이 예의입니다.

 Standard

I'm great, thank you.
잘 지내요, 고마워요.

플러스 표현 ++
- **Very well, thank you.**
  덕분에 아주 잘 지내요.
- **I'm all right, and you?**
  별 일 없어요, 당신은 어때요?
- **Not bad, actually.**
  사실 나쁘지 않아요.
- **It could be better, but I can't complain.**
  그저 그렇지만 불만은 없어요.

 Formal

I'm very good, thank you.
아주 좋습니다, 고맙습니다.

플러스 표현 ++
- **I'm fine, thanks.**
  좋습니다, 고맙습니다.
- **Excellent, thank you. I trust you're doing well?**
  아주 좋습니다, 고맙습니다. 당신도 잘 지내고 있으십니까?
- **Actually I'm recovering from the flu, but other than that, things have been going extremely well, thank you.**
  사실 감기에서 회복되는 중인데 그것 말고는 덕분에 잘 지내고 있습니다. 감사합니다.

 Casual

Great, thanks.
좋아, 고마워.

플러스 표현 + +

- **O.K.[Not bad], I guess.**
  좋아[나쁘지 않아].

- **Great!**
  아주 좋아!

- **So-so.**
  그저 그래.

- **Not so good.**
  별로 안 좋아.
  > 몸이 별로 안 좋거나 뭔가 좋지 않은 일이 있을 때

- **Not too bad, thanks.**
  나쁘지 않아. 고마워.

- **Pretty good.**
  아주 좋아.

- **Still hanging in there.**
  열심히 하고 있어.
  > hanging in there는 '참고 계속 노력하다'라는 격의 없는 표현

- **Couldn't be better.**
  아주 좋아.

- **I'm in the pink.**
  건강해.
  > pink는 '건강, 젊음, 활력'을 상징하며 in the pink는 '아주 건강하다'라는 뜻이다.
  유사표현인 in good shape는 '몸이 날씬하다, 혈색이 좋다, 멋져 보인다' 등의 의미를 지닌다.

회화 연습

열차에서 우연히 동료를 만났을 때

A I didn't know you take the train.
   How are you this morning?
B **Great, thank you.** And you?
A Fine, just fine. Well, I'll see you at the office.
B Okay.

A 열차를 이용하는지 몰랐어요. 오늘 아침은 어때요?
B 좋아요, 고마워요. 당신은 어때요?
A 아주 좋아요. 그럼 사무실에서 만나요.
B 그래요.

006 상황에 따른 인사를 할 때

: 외국의 경우 크리스마스나 새해가 되면 며칠씩 휴일을 보내게 됩니다. 크리스마스를 잘 보내라고 인사할 때는 Merry Christmas. / Have a wonderful Christmas.라 하고, 이에 대한 응답은 Merry Christmas to you, too. / Thanks, you too! 등으로 합니다. 그 외에 신년에는 Happy New Year, 생일에는 Happy birthday.라고 인사합니다.

|1| 크리스마스 인사

 Standard
Have a Merry Christmas.
즐거운 크리스마스 보내요.

플러스 표현 ++
- **Have a wonderful[good / happy / nice] Christmas[holiday].**
  크리스마스[휴가] 즐겁게 보내요.

 Formal
I'd like you a very Merry Christmas.
즐거운 크리스마스 보내세요.

플러스 표현 ++
- **I hope you have a very pleasant Christmas.**
  크리스마스를 아주 즐겁게 보내시길 바랍니다.

- **I wish you an enjoyable holiday.**
  즐거운 휴가를 보내길 빕니다.

- **You have my sincerest wishes for a Merry Christmas.**
  정말로 즐거운 휴가를 보내시길 진심으로 빕니다.

*Tip 많은 사람들이 You have my sincerest wishes for a truly Merry Christmas.라고도 말하는데 여기서는 앞에서 sincerest가 있기 때문에 truly는 과감히 생략해야 한다.

 **Casual**

Merry Christmas!
메리 크리스마스!

플러스 표현 ++
- A **Merry Christmas!**
  메리 크리스마스!
- B **Have a good one!**
  크리스마스 잘 보내!
- **Hope Santa's good to you.**
  산타의 선물을 받길 바라!

|2| '메리 크리스마스' 라는 인사에 대한 응답

 **Standard**

Thank you, and the same to you.
고마워요, 당신도요.

플러스 표현 ++
- **Merry Christmas to you, too.**
  당신도 메리 크리스마스.
- **Thank you. Have a wonderful holiday yourself.**
  고마워요. 당신도 멋진 휴가 보내요.

 **Formal**

Thank you, and may you also have a happy holiday.
고맙습니다, 당신도 즐거운 휴가 보내세요.

플러스 표현 ++
- **Thank you. I hope your Christmas is pleasant, too.**
  감사합니다. 즐거운 크리스마스가 되길 바랍니다.
- **How kind! May you have the happiest of holidays.**
  친절하시군요! 멋진 휴가 보내십시오.
  > <May + 주어 + 동사원형(!)>은 기원문의 형태로, 멋진 휴가를 보내길 바라는 간절한 마음으로 쓰였다.

 **Casual**

Thanks, you too!
고마워, 너도!

플러스 표현 ++
- **Thanks. You have a good one, too.**
  고마워. 너도 크리스마스 잘 보내.

Tip 신년 인사나 크리스마스 인사는 보통 Merry Christmas.와 Happy New Year.라고 하면 된다. '새해·졸업·생일 축하합니다.' 는 영어로 Happy New Year. Congratulations. / Happy birthday. Many happy returns of the day. 등으로 말한다.
새해 인사로 위에 열거한 표현 이외에 자주 사용되는 표현으로는 Best wishes! / (I wish you) The best of luck! / I wish you prosperity and happiness for the new year. 등이 있다. 그러나 종교적인 이유로 통틀어서 Happy Holidays!라고 말한다. 왜냐하면 불교도들은 Merry Chritmas.가 절대 될 수 없으니까.

 · 회화 연습

크리스마스 파티에서

A **Have a Merry Christmas, Park.**
B You too, Barney.
C Merry Christmas, everybody.
B Happy holidays to you.

A 크리스마스 잘 보내요, 박.
B 당신도요, 바니.
C 모두, 메리 크리스마스.
B 즐거운 휴가 보내세요.

> holidays = Christmas and the New Year. 크리스마스와 연말연시 휴가로 만나지 못할 경우에는 미리 이렇게 인사를 주고받을 수 있다.

퇴근하며 인사를 나눌 때

A **You have a Merry Christmas.**
B Thank you, and the same to you.
A And, if I don't see you again, have a Happy New Year.
B O.K. Happy holidays to you.

A 크리스마스 잘 보내세요.
B 고마워요, 당신도요.
A 그리고 다시 만나지 못할지 모르니까 행복한 새해 보내세요.
B 그래요, 당신도 새해 잘 보내세요.

007 자기소개를 할 때

: 미국 사람을 처음 만난다는 것은 설레기도 하고 두려움도 있지만 그들의 문화와 사고방식을 이해하고 더불어 영어회화 능력을 키우는 데 좋은 발판이 될 수 있습니다. 따라서 지속적인 교제를 위해서는 초면에 상대방에게 좋은 인상을 주도록 노력해야 합니다. 우리는 처음 만나 인사를 나누고 서로에 대한 소개를 하게 되는데 다음에 나오는 다양한 표현을 익혀 자신을 다른 사람에게 소개해 봅시다. 잠깐, 사람을 소개 받을 때는 부드러운 눈빛으로 친근하게 상대방의 눈을 보아야 합니다.

Standard

Hello. My name is Jin-ho Gim.
안녕하세요. 제 이름은 김진호예요.

플러스 표현 ++
- **Excuse me, my name is Jin-ho Gim.**
  실례해요. 제 이름은 김진호예요.

- **I don't think we've met. My name is Jin-ho Gim.**
  아직 인사 나눈 적이 없는 것 같군요. 제 이름은 김진호예요.

- **Hello? This is Jin-ho Gim at Korea News Weekly.**
  \<On the phone\>
  여보세요? 저는 코리아 뉴스 위클리의 김진호예요. 〈전화에서〉

Formal

How do you do? My name is Jin-ho Gim.
안녕하세요? 제 이름은 김진호입니다.

> How do you do?는 상당히 딱딱한 첫 만남의 인사표현이다. 줄여서 Howdy?라고도 한다.

플러스 표현 ++
- **I'd like to introduce myself. I'm Jin-ho Gim, a reporter for the Korea News Weekly.**
  제 소개를 하고 싶습니다. 코리아 뉴스 위클리의 기자인 김진호입니다.

- **Please allow me to introduce myself. My name is Jin-ho Gim. I'm a reporter, for the Korea News Weekly.**
  제 소개를 드리겠습니다. 코리아 뉴스 위클리의 기자인 김진호입니다.

Casual

Hi! I'm Jin-ho.
안녕! 나는 진호야.

플러스 표현 ++
- **Hello[Hi]. I'm Jin-ho Gim. Just call me Jin-ho.**
  안녕. 나는 김진호야. 진호라고 불러 줘.

  > People call me Jin, short for Jin-ho, since Jin is a shorter word than Jin-ho.

* Tip **guest / customer / client**

파티, 가정 또는 회의에 초대된 손님은 guest라고 하며, customer라고는 하지 않는다. an unexpected guest는 초대받지 않은 손님이라는 뜻이다. an unexpected customer라는 말은 어색하다. 기념식 또는 학교 행사 등의 내빈도 guest라고 한다. client는 전문가에 의뢰하는 고객을 가리킨다. 특히 변호 의뢰인을 가리키는 말로 흔히 쓰인다. 주빈이라는 의미로 쓸 경우에는 a guest of honor라고 해야 한다. customer는 고객 또는 도서관, 극장 등에 자주 다니는 사람의 의미로 주로 쓰인다. customer's broker는 증권 중개인이고, customhouse는 세관을 가리킨다.

회화 연습

처음 만나는 사람에게 자신을 소개할 때

A **Hello. My name is Jin-ho Gim.**
B It's nice to meet you. Could you repeat your name?
A It's Jin-ho Gim. And you are …?
B Bill Smith.

A 안녕하세요. 제 이름은 김진호입니다.
B 만나서 반가워요. 이름을 다시 말씀해 주시겠어요?
A 김진호예요. 당신은 …?
B 빌 스미스입니다.

008 다른 사람을 소개할 때

: 일반적으로 사람을 소개할 때는 남자를 여자에게, 아랫사람을 연장자에게, 그리고 초대를 한 경우는 초대한 측의 사람들을 초대받은 사람에게 먼저 소개하는 것이 원칙입니다. 사람을 소개할 때는 This is ~.의 구문을 써서 표현하며 소개가 끝나면 소개받은 사람끼리 인사를 나눕니다.

 **Standard**

This is Bill Smith.
이쪽은 빌 스미스예요.

> '이 사람은 ~예요'라고 누군가를 소개할 때는 This is ~라고 표현한다.

플러스 표현 ++

- **I want you to meet Bill Smith.**
  빌 스미스를 소개하지요.

- **Have you met Bill Smith?**
  빌 스미스를 만난 적이 있습니까?

- **Do you know Bill Smith?**
  빌 스미스를 아세요?

 **Formal**

I'd like to introduce William Smith, our Hong Kong marketing chief.
홍콩 마케팅 부장인 윌리엄 스미스 씨를 소개하고 싶습니다.

플러스 표현 ++

- **I'd like to introduce our Hong Kong marketing chief, William Smith.**
  홍콩 마케팅 부장인 윌리엄 스미스 씨를 소개하고 싶습니다.
  > I'd like to ~는 '~을 하고 싶다'는 소망을 나타낸다.

- **Allow me to introduce our Hong Kong marketing chief, William Smith.**
  홍콩 마케팅 부장인 윌리엄 스미스 씨를 소개해도 되겠습니까?

- **It gives me a great pleasure to introduce you to our Hong Kong marketing chief, William Smith.**
  홍콩 마케팅 부장인 윌리엄 스미스 씨를 소개하게 돼서 큰 영광입니다.

Casual

Mary, meet Bill.
메리, 빌과 인사 나눠.

플러스 표현 ++
- **Mary, (this is) Bill. Bill, (this is) Mary.**
  메리, 이쪽은 빌이야. 빌, 이쪽은 메리야.

- **Oh, Mary. Meet Bill. Bill, Mary here is my co-worker.**
  아, 메리. 빌과 인사 나눠. 빌, 이쪽은 내 동료인 메리야.

- **Let me introduce my friend, Mr. Johnson.**
  내 친구인 존슨 씨를 소개할게.
  > 자기 자신이나 다른 사람을 소개할 때 Let me introduce ~(~를 소개할게)를 쓰며, Please allow me to ~ 구문을 쓰면 좀 더 공손한 느낌을 준다.

*Tip Bill은 William을 줄여서 말한 애칭으로 Bill Clinton(빌 클린턴)은 원래는 William Clinton이다.

회화 연습

동료를 소개할 때

A Mr. Choi, **this is Bill Smith.**
B It's a pleasure to meet you, Mr. Smith.
C The pleasure is mine. Just call me Bill.

A 최 선생님. 이쪽은 빌 스미스입니다.
B 만나서 기쁩니다. 스미스 씨.
C 저야말로 기쁩니다. 빌이라고 불러 주세요.

009 소개를 받았을 때의 인사

: 미국인을 처음 만나 인사를 나눌 때는 How do you do?(처음 뵙겠습니다.)라고 하고 응답도 How do you do?라고 합니다. 그리고 이어서 Nice to meet you.(만나서 반갑습니다.) / Pleased to meet you.(뵙게 되어 기쁩니다.) / The pleasure is mine.(제가 오히려 반갑습니다.) 등으로 인사를 나눕니다.

 **Standard**

How do you do?
처음 뵐게요.

플러스 표현 ++

- **It's nice to meet you.**
  만나서 기뻐요.

- **Pleased to meet you.**
  뵙게 되어 기뻐요.
  > pleased 대신 good / glad 등을 쓸 수 있다.

- **I've been wanting to meet you.**
  만나 뵙기를 기다렸어요.

- **I think we met at last year's convention. It's good to see you again.**
  작년 모임에서 만났지요. 다시 만나서 기뻐요.
  > 처음 만나는 경우에는 meet을 쓰고, 이미 알고 있는 사람을 만날 때는 see를 쓴다.

 **Formal**

I'm very pleased to meet you.
뵙게 되어 매우 기쁩니다.

플러스 표현 ++

- **I'm honored to meet you.**
  만나 뵙게 되어 영광입니다.

- **I don't believe I've had the pleasure. How do you do?**
  아직 만난 적이 없는 것 같습니다. 처음 뵙겠습니다.
  > '만나서 기쁘다'의 격식을 차린 표현이다.

- **I'm delighted to make your acquaintance.**
  처음 뵙겠습니다[알게 되어 기쁩니다].

- **I'm mightly pleased to meet you.**
  만나 뵙게 되어 기쁩니다.

Casual

The pleasure is mine.
내가 오히려 반가워.

> 이 표현은 간단히 (It's) My pleasure.라고도 한다.

플러스 표현 ++
- **Hi.**
  안녕.

- **It's great to meet you.**
  만나서 기뻐.

- **A real pleasure.**
  (만나서) 정말 반가워.

회화 연습

신제품 설명회에서 사람을 소개 받을 때

A Have you met Bill Smith?
B No, I don't believe I have. **How do you do?**
A Bill, this is my co-worker, Mary.
C Pleasure to meet you.

A 빌 스미스 씨를 만난 적 있어요?
B 아뇨, 만난 적 없는 것 같아요. 처음 뵙겠습니다.
A 빌, 이쪽은 제 동료인 메리예요.
C 만나서 반가워요.

010 초대할 때

평소 알고 지내던 미국인과 어느 정도 친분이 쌓이면 서로의 가정에 초대하는 경우가 생깁니다. Would you like to join us for dinner?(같이 저녁 식사 하시겠습니까?)라고 식사에 초대하면 더욱 좋은 인관관계를 유지할 수 있을 것입니다. 이러한 초대는 서로 간에 마음의 벽을 허무는 좋은 계기가 될 수 있습니다.

 **Standard**

Please attend our company's year-end party.
우리 회사의 송년파티에 참석해 주세요.
> year-end party : 송년파티

플러스 표현 ++

- **Please come to Mr. Houston's farewell party.**
  휴스턴 씨의 송별회에 와 주세요.
  > farewell party : 송별회

- **You're invited to our company picnic. We hope you'll be able to join us.**
  우리 회사의 피크닉에 초대할게요. 함께 할 수 있기를 바라요.

- **Please try to attend the welcome party for the new employees.**
  신입사원의 환영회에 꼭 참석하기를 바라요.
  > welcome party : 환영회
  > 누군가를 초대할 때 Why don't you come ~?(~에 오는 게 어때요?) / I'd like to invite ~(나는 ~을 초대하고 싶어요) 등의 표현도 쓸 수 있다.

 **Formal**

We would like to extend (to you) an invitation to our company's year-end party.
우리 회사에서 하는 송년파티에 초대하고 싶습니다.

플러스 표현 ++

- **We cordially invite you to attend the grand opening reception.**
  개업 축하 파티에 참석하시기를 진심으로 바랍니다.

- **We request the honor of your presence at the company's 10th anniversary party.**
  우리 회사 10주년 파티에 참석해 주시면 영광이겠습니다.

- **Please accept our invitation to a party in honor of our retiring president.**
  퇴임하는 사장님을 위한 파티를 열고자 합니다. 초대를 수락해 주시길 바랍니다.
  > in honor of : ~을 위한, ~에 경의를 표하여

Come to our company's year-end party.
우리 회사의 송년파티에 와.

플러스 표현 ++
- **We're having a party for the director. Hope you can make it.**
  국장님을 위한 파티를 열 예정인데 참석할 수 있기를 바라.
  > make it은 '출석하다'의 뜻. 만날 약속을 할 때 What time shall we make it?(언제가 좋을까요?) 등으로 자주 쓰인다.

- **If you're not busy this Friday, plan on coming to John's farewell party.**
  이번 금요일에 바쁘지 않으면 존의 송별회에 와줘.
  > plan on -ing은 '~할 작정'의 뜻인 격의 없는 표현

  There's gonna be a party for the new department head. Hope you can come. 신임 부장을 위한 파티가 있는데 올 수 있기를 바라.
  > going to는 gonna로 발음되는 경우가 많다. going to → goin' to → gonna로 변화. t는 n의 영향을 많이 받아 묵음화 된다.

거래처 사람들을 파티에 초대할 때

A **Please attend our company's year-end party.**
B **When is it?**
A **December 12th.**
B **Let me check my schedule at the office, and I'll let you know if I can.**

A 우리 회사의 송년파티에 꼭 참석해 주세요.
B 언제입니까?
A 12월 12일이에요.
B 제 일정표를 확인해 보고 나서 참석할 수 있는지 알려 드릴게요.

011 초대를 수락할 때

: 미국 가정을 방문하여 그들의 일상문화를 체험하는 것은 미국을 이해하는 데 있어 아주 좋은 기회가 될 것입니다. 그들의 집을 방문할 기회가 생기면 사양하지 말고 반드시 참석하고, 방문할 때는 작은 선물(가격은 3~10달러 정도 - 초콜렛, 아이스크림, 쿠키, 사진액자 등)을 준비하는 것이 좋습니다. 이러한 초대에 응할 때는 Great!(좋아요!) / That sounds wonderful.(그거 아주 좋은데요.) 등으로 표현합니다.

 Standard

That sounds wonderful.
그거 아주 좋은데요.

> 이 외에 That sounds great. / Sounds good. / That's fine with me. 등으로도 쓸 수 있다.

플러스 표현 + +

- **I'd like very much to attend.**
  꼭 참석하고 싶어요.

- **I'd like nothing better.**
  꼭 참석하고 싶어요.

- **I look forward to being there.**
  기대하고 있을게요.

  > look forward to coming to it[attending it] 등으로도 말할 수 있지만 to going이라는 표현은 자기중심적인 표현이 되므로 피하는 것이 좋다.

 Formal

I would be absolutely delighted to attend.
기꺼이 참석하겠습니다.

플러스 표현 + +

- **How kind of you to invite me. I'd be delighted [honored] to attend.**
  초대해 주셔서 감사합니다. 기꺼이 참석하겠습니다.

- **It would give me the greatest pleasure to be there.**
  참석하게 되어 영광이라고 생각합니다.

- **Thank you for the invitation. I would very much like to attend.**
  초대 감사합니다. 꼭 참석하고 싶습니다.

Casual

That would be great!
멋지군! / 좋아!

플러스 표현 + +

- **I'll be there.**
  갈게.

- **Great[Excellent]! See you there.**
  좋아! 거기서 만나.
  > Sounds great[good / interesting]. 등도 자주 사용되는 표현
  > See you then. (그때 보자.)

- **How can I say no?**
  어떻게 거절할 수 있겠어?

- **Can't wait.**
  빨리 참석하고 싶어.
  > 아이가 자기 생일날 선물을 기다리며 극도의 흥분 상태로 Can't wait.

회화 연습

생일 파티 초대를 수락할 때

A By the way, the office is giving a birthday party for the director, and you are invited.
B **That sounds wonderful.** When is it?
A Next Friday at 6:30 at Gringo.
B I'll be there.

A 그런데 우리 회사 국장님 생신 파티에 당신도 초대되었어요.
B 그거 아주 좋은데요. 언제죠?
A 그린고에서 다음주 금요일 6시 30분이에요.
B 참석할게요.

012
초대를 거절할 때

: 초대를 한다는 것은 그만큼 친분이 두터워졌다는 것을 의미합니다. 초대하는 것은 특별히 식사라든가 파티에만 한정된 것은 아니므로 다양한 초대의 표현을 익혀둡시다. 상대의 초대에 응할 수 없을 때는 I'm sorry, but I don't think I can.(죄송하지만, 그럴 수 없을 것 같군요.) 등으로 표현하며 그 이유를 정확히 설명해 주어야 합니다.

 **Standard**

I'm afraid I have plans for that evening.
유감이지만 그날 저녁에 일이 있어요.

> 간단하게 I'm afraid not.(유감스럽지만 안 될 것 같군요.)이라고도 한다.

플러스 표현 ++

- **I'm sorry, but I can't. I have another commitment.**
  미안하지만 갈 수 없어요. 다른 약속이 있어요.

- **I wish I could, but I've already promised to spend that time with my family.**
  가고 싶지만 그 시간은 가족과 같이 지낸다고 약속했어요.

- **I'd like to say yes, but I can't. I have an appointment scheduled (for then).**
  승낙하고 싶지만 안 되겠어요. (그때는) 선약이 있어요.

 **Formal**

That's very kind of you, but I have a previous engagement.
친절에 감사합니다, 그런데 선약이 있습니다.

> 초대나 부탁을 거절할 때는 그 이유를 덧붙여서 말하는 것이 예의이다.

플러스 표현 ++

- **Unfortunately, I won't be able to attend, but thank you for inviting me.**
  초대해 주어서 감사합니다만 참석할 수 없을 것 같습니다.

- **I regret to say that I won't be able to attend due to a prior commitment.**
  참석할 수 없다고 말씀드리게 되어서 미안합니다만 선약이 있습니다.

- **Thank you for thinking of me, but I'm afraid I already have something scheduled (for that time).**
  배려해 주셔서 감사합니다. 그러나 다른 약속이 있어서 안 되겠습니다.

 Casual

Sorry, but I can't.
미안하지만 갈 수 없어.

플러스 표현 ++
- **(That's) Too bad. I have something to do then.**
  미안해. 그때 다른 일이 좀 있어서.

- **What a shame[bummer]. I'll be out of town, but thanks anyway.**
  미안해. 출장가기로 되어 있지만 어쨌든 고마워.

- **Sorry, I can't make it. Thanks anyway, though.**
  미안하지만 갈 수 없을 것 같아. 어쨌든 고마워.

 회화 연습

생일 파티 초대를 거절할 때

A So, will you be able to attend the boss's birthday party Friday night?
B **I'm afraid I have plans for that evening.**
A That's too bad. You'll be missed.
B Well, I hope everyone has fun.

A 그런데 금요일 밤 사장님 생신 파티에 참석할 수 있어요?
B 미안하지만 그날 밤에는 선약이 있는데요.
A 안됐군요. 모두들 섭섭해 할 거예요.
B 그럼, 모두 즐겁게 보내요.

013 건배를 제안할 때

: 술을 마시는 것은 어느 나라건 훌륭한 사교의 수단이 될 수 있습니다. 가능하다면 미국인과 술자리를 만들어 좀 더 알아갈 수 있는 기회를 가져 보기를 권합니다. 그러다 보면 허심탄회한 이야기를 나눔으로써 서로 더욱 가까워 질 수 있고, 자연스럽고 부담 없는 대화를 나눌 수 있을 것입니다.

Standard

Here's to your prosperity!
성공을 위하여!

플러스 표현 ++
- **Here's to our continued good fortune.**
  변함없는 행운을 위하여, 건배!

- **Let's toast Jack's promotion to section chief.**
  잭의 부장 승진을 축하하며, 건배!

> toast : 몡 건배, 축배

Formal

I propose a toast to your prosperity.
당신의 성공을 위해 건배를 제안합니다.

> propose a toast to : ~를 위해 건배를 제안하다

플러스 표현 ++
- **I'd like to propose a toast to the newlyweds. May you always be as happy as you are today.**
  신혼부부를 위해 건배를 제안합니다. 언제나 행복하기를 빕니다.

- **Let's raise our glasses in a toast to the success of our new project.**
  새 프로젝트의 성공을 위하여 건배합시다!

* Tip 간혹 Cheers! 대신에 Cheer up!을 쓰는 사람도 있는데 Cheer up! = Don't be so sad. = Try to be happy.와 같은 의미이다.

Casual

Cheers!
건배!

> 이 외에 Let's toast! 등도 쓸 수 있다.

플러스 표현 ++
- **Bottoms up!**
  건배[원샷]!

> '밑바닥이 위로 향하게끔 쭉 들이켜다'라는 뜻이다.

- **Let's drink (a toast) to John's engagement to Mary.**
  존과 메리의 약혼을 축하하며, 건배!

- **(Here's) Mud in your eye!**
  (당신의 건강을 위하여) 건배!

- **Here's to ya!**
  건배!

- **Cent anni!**
  건배!
  > 이탈리아어로 원래는 '100년' 이라는 뜻인데 '건배! / 만세!' 라는 의미로 자주 쓰인다.

*Tip 폭탄주

폭탄주는 영어로 뭐라고 할까? 폭탄주는 우리나라에만 있는 것이 아니다. 그 중 맥주를 탄 위스키는 영어로 **boiler maker**라고 한다. 온 몸을 보일러로 만들어 버리는 술이란 뜻이다.

black / dark

무지개 색을 표현하는 데에는 우리나라 사람들이 구미인보다 더 구체적으로 색을 나눈다. 그러나 한국인들은 '검정' 색에 대해서는 실제로 검지 않는 색도 '검정' 이라고 하는 경향이 있다. **black eye**는 '검은 눈' 이 아니고 얼어맞아 눈 주위에 '멍이 든' 것을 가리킨다. 우리가 '검정' 이라고 생각하는 눈동자도 사실은 갈색에 가깝다. 사람의 머리색도 여러 가지이다. 한국인의 머리카락은 대개 검어서 **black**으로 나타내지만 영어로는 간단히 **dark**로 표현한다. **in the black**은 '흑자이다' 라는 의미의 숙어이다. 이런 경우 **in the dark**와 같이 **black**을 **dark**로 바꿀 수는 없다. 또한 **in the red**는 '적자이다' 라는 의미가 된다. 햇볕에 타서 피부색이 검게 되었다고 하는 것도 과장된 표현이므로 '검정' 을 의미하는 **black**을 사용하는 것은 옳지 않다. 따라서 **dark**로 표현해야 한다. 여기서 **in the dark**는 '어두운' 이라는 의미와 '~에 대해서 잘 모르는' 의 의미를 지닌다.
ex) She was in the dark about her husband's girlfriend.

 회화 연습

동료들과 파티에서

A **Here's to the continued growth of our business.**
B **I'll drink to that!**

A 계속적인 우리 사업의 발전을 위하여, 건배!
B 건배!

014 축하 인사를 할 때

: 우리는 살아가면서 다른 사람을 축하할 상황이 많이 있습니다. 축하할 내용에 따라 생일, 결혼, 승진 등이 있지만 일반적으로 Congratulations!(축하합니다!)라고 합니다. 좀 더 구체적으로 축하를 할 때는 Congratulations on your ~!(당신의 ~을 축하합니다!)라고 표현하고, 화답은 Thank you.(감사합니다.) / Thanks to you.(덕분입니다.)라고 합니다. 축하할 일이 생긴다면 아낌없이 표현합시다.

Congratulations!
축하해요!

> 축하하고 싶은 모든 상황에서 가장 두루 쓰이는 표현이다. 끝에 반드시 '-s'를 붙여야 한다는 점에 주의하자. (= Congrats!)

플러스 표현 ++
- **Great work!**
  잘 하셨어요!

- **You did a good job!**
  잘했어요!

- **Congratulations! I'm happy for you.**
  축하해요! 저도 기뻐요.

My heartfelt congratulations.
진심으로 축하합니다.

플러스 표현 ++
- **I would like to congratulate you on your promotion.**
  승진 축하합니다[승진 축하인사를 하고 싶습니다].
  > Congratulations on ~은 '~을 축하하다' 라는 여러 가지 상황에 쓰일 수 있다.

- **Please accept my warmest congratulations.**
  진심으로 축하드립니다.

- **Let me offer my heartiest congratulations on your promotion.**
  승진을 진심으로 축하드립니다.

 **Casual**

That's great!
잘 됐구나!

플러스 표현 ++
- **Well done, Anne!**
  잘 했어, 앤!

- **Way to go, Mary!**
  잘 하고 있어, 메리!
  > Way to go.는 계속 힘내서 잘하라고 응원이나 격려를 할 때 자주 사용하는 표현이다.

- **Super!**
  잘했어!

* Tip   축하 인사를 듣고 응답하는 표현

일반적 표현 - **It's nice[good / sweet] of you to say so.**
　　　　　그렇게 말해 주어서 감사합니다.
정중한 표현 - **How kind of you to say so!** 그렇게 말해 주어서 감사합니다.
친근한 표현 - **Oh, thanks.** 고마워요. / **Oh, you're very kind.** 고마워요.

축하 인사에 대해 겸손하게 대답
Oh, it's nothing. 별 거 아니에요.
그러나 구미에서는 보통 솔직하게 감사, 기쁨, 포부를 말하는 경우가 많다.

 회화 연습

동료의 승진을 축하할 때

A **Congratulations on your promotion!**
B Thank you. I'm very happy.
A You really deserved it.
B Thank you for saying so.

A 승진 축하해요!
B 고마워요. 아주 기뻐요.
A 당연히 승진할 거라고 생각했어요.
B 그렇게 말해 주어서 고마워요.

015 선물할 때

: 선물을 주고받는 것은 서로에게 기쁜 일이지만 비싼 선물은 상대를 당혹하게 할 수 있으므로 피하는 것이 좋습니다. 미국인들은 선물 자체의 가격적인 면보다는 그것이 내포하고 있는 의미에 더 큰 가치를 두므로 서로에게 부담이 되지 않는 선에서 준비해야 합니다.

 **Standard**

Here's something for you.
여기 선물이에요.

플러스 표현 ++

- **I'd like to give you this.**
  이것을 드리고 싶어요.

- **Here's a souvenir from my last business trip.**
  지난 번 출장 갔다 사온 선물이에요.

- **This is (a little) something for you.**
  (작은) 선물이에요.

- **This watch is a little present for you.**
  이 시계는 제가 드리는 작은 선물이에요.

 **Formal**

Please accept this gift.
이 선물을 받아주십시오.

플러스 표현 ++

- **Please accept this as a token of our appreciation.**
  우리의 감사 표시로 이것을 받아 주십시오.
  > as a[in] token of : ~의 표시로, ~의 기념으로

- **Let me present you with this silver cup.**
  이 은컵을 드리겠습니다.

- **It's my great privilege to present you with this small token of our appreciation.**
  우리의 감사 표시로 이 작은 선물을 드릴 수 있어서 기쁩니다.

 **Casual**

This is for you.
너를 위한 거야.

플러스 표현 ++
- **Here, this is for you.**
  이거 너에게 주는 선물이야.

＊Tip 생일이나 기념일 등에는 Happy Birthday! / Happy Anniversary! 등으로 말하면서 선물을 주는 경우가 많다.

 회화 연습

여행 기념품을 동료에게 선물할 때

A Peter, **here's something for you.** I hope you like it.
B Thank you. What is it? May I open it?
A Sure. It's something I got in New Zealand.
B How kind of you!
A Do you like it?
B Yes, I like it very much. Thank you indeed.

A 피터, 이거 받으세요. 마음에 들면 좋겠어요.
B 고마워요. 뭐지요? 열어봐도 돼요?
A 물론이에요. 뉴질랜드에서 산 거예요.
B 고마워요!
A 마음에 들어요?
B 예, 아주 좋아요. 정말 고마워요.

> 우리나라에서는 보통 선물을 받고 그 자리에서 열어보면 실례라고 생각하지만, 서양에서는 먼저 열어봐도 되는지 묻고 그 자리에서 선물을 열어보는 것이 매너이다.

016 잠깐 자리를 비울 때

: 잠깐 자리를 비울 때 말없이 떠나는 것은 상대방에게 실례가 될 수 있습니다. 따라서 May I please be excused?(실례해도 될까요?) / Excuse me for a minute.(잠깐 실례합니다.) / I'll be back in a second. (곧 돌아오겠습니다.) 등으로 상대에게 양해를 구한 후 다녀오는 것이 좋습니다. 그리고 뒤에 이유를 덧붙이면 더욱 정중한 표현이 됩니다.

 **Standard**

Excuse me, I'll be back soon.
실례해요, 곧 돌아올게요.

플러스 표현 ++

- **Excuse me for a minute[moment]. I'd like to wash my hands.**
  잠깐 실례해요. 화장실에 다녀오고 싶어요.

- **Excuse me a moment. I'll be right back.[I'll be back soon.]**
  잠깐 실례해요. 곧 돌아올게요.

- **I have to wash my hands. Will you excuse me?**
  화장실에 가야 하는데 잠깐 실례해도 될까요?

  > 대화중에 이런 말을 들었을 때는 Certainly. Take your time. There's no hurry. (물론이죠. 천천히 하세요. 서두르지 않으셔도 됩니다.)라고 대답하면 된다.

 **Formal**

May I please be excused?
실례해도 되겠습니까?

플러스 표현 ++

- **I wonder if you would excuse me for a minute.**
  잠깐 실례해도 되겠습니까?

- **I was wondering if I could possibly excuse myself for a minute.**
  잠깐 실례해도 되겠습니까?

- **Will you please excuse me for a moment?**
  잠깐 실례해도 되겠습니까?

 **Casual**

I'll be back in a second.
곧 돌아올게.

> in a second : 곧, 금세(= in a minute / in a flash)

플러스 표현 ++

- **Excuse me, I'll be back in a minute.**
  실례지만 곧 돌아올게.

- **Wait a second, I'll be back in a flash.**
  잠깐 기다려, 곧 돌아올게.

- **I'll be right back.**
  곧 돌아올게.

 회화 연습

대화중 잠깐 자리를 비울 때

A Can't you stay here a little longer? I'd like to ask you a few more questions about your plans.
B All right, but **excuse me for a minute.**
   I have to make a phone call.

A 여기에 좀 더 계셔 주시겠어요?
   당신 계획에 관하여 2~3가지 더 묻고 싶습니다.
B 좋아요. 그런데, 잠깐 실례하겠습니다, 전화를 걸어야 해서요.

> make a phone call : 전화를 걸다

017
집으로 돌아가려고 할 때

: 일상생활을 하면서 헤어지는 상황은 매우 다양합니다. 이성간에 만나다가 헤어지거나 여행이나 출장 등으로 인해 헤어지는 경우 등 여러 상황이 있을 수 있지만 여기에서는 일반적인 만남에서 헤어질 때 쓰는 표현을 모았습니다. 헤어질 때 쓰는 표현으로 Good-bye.(안녕히 가세요.) / I've got to go now. (이제 가봐야겠네요.) 등이 있습니다.

 **Standard**

Well, I think I better be going now.
자, 이제 가봐야겠네요.

> I better = I had better(구어에서는 had를 생략하는 경우가 많음)

플러스 표현 ++

- **I must say good-bye now.**
  이제 작별인사를 해야겠어요.

- **I'm afraid I must go now.**
  실례지만 이제 가봐야겠어요.

- **I must go now. Good-bye.**
  이제 가봐야겠어요. 안녕히 계세요.

> 위에서는 must를 사용한 예문을 들었지만 must는 딱딱한 느낌을 준다. must를 쓰지 않은 표현으로는 I'd better be on my way. / I should get going. 등이 있다.

 Formal

Well, you must excuse me as I have to be going.
그럼, 제가 가봐야 해서 실례하겠습니다.

플러스 표현 ++

- **I am afraid I must excuse myself now.**
  이제 실례해야 될 것 같습니다.

- **I'm afraid I must say good-bye now.**
  이제 작별인사를 해야 될 것 같습니다.

- **Please excuse me. I must be leaving now.**
  미안하지만 이제 가봐야겠습니다.

Casual

Well, I've got to be on my way.
그럼, 이제 가봐야겠어.

플러스 표현 ++

- **Well, I've got to go now.**
  자, 이제 가야겠어.

- **Well, I've gotta be going now.**
  자, 이제 가야겠어.
  > gotta는 got to의 생략형. I've gotta be on my way. / I've gotta run. / Gotta split.(돌아가야 해.) 등으로도 말한다.

- **I have to go now.**
  이제 가봐야 해.

- **Time to go.**
  갈 시간이야.
  > Time to ~는 '~할 시간이다' 의 뜻으로 시간이 이렇게 된 줄 몰랐다는 뉘앙스를 풍긴다.

- **Time to split.**
  헤어질 시간이야.
  > split은 속어적 표현

- **I'm out of here.**
  나 갈게.
  > 속어적 표현

회화 연습

파티가 끝나고 돌아가려고 할 때

A We've had such a nice party tonight.
B Yes, indeed. By the way, what time is it now?
A It's almost ten o'clock.
B Is it really? **Well, I think I better be going now.**

A 오늘밤 파티 아주 즐거웠어요.
B 예, 정말로 즐거웠어요. 그런데 지금 몇 시입니까?
A 거의 10시 되었어요.
B 정말이에요? 그럼, 이제 가봐야 할 것 같군요.

만난 후 서로 헤어질 때

: 일상생활에서 헤어지는 상황은 매우 다양해서 인사말을 하는 사람에 따라 여러 가지로 표현될 수 있습니다. 친구와 만났다가 헤어질 때, 약속하고 헤어질 때, 다른 집에 방문했다가 헤어질 때 등 많은 상황이 있습니다. Good bye.(안녕히 가세요.)가 가장 일반적인 인사표현이며, 좀 더 가까운 사이일 때는 Bye.(안녕.) / See you later.(나중에 만나자.) 등을 씁니다.

 Standard

Good bye (for now).
안녕.
> 스펠링은 good-bye / good-by / goodbye / goodby 등으로 쓸 수 있다. 하이픈은 생략하는 경향이 있다.

플러스 표현 + +
- **Hope to see you again.**
  다시 만나길 바라요.

- **I've got to go now. Good-bye.**
  이제 가야 해요. 안녕히 계세요.

- **Good-bye until next time.**
  다음에 만날 때까지 안녕히 계세요.

 Formal

I hope to see you again very soon. Good-bye!
곧 다시 만나길 바랍니다. 안녕히 계세요!
> 격식을 차려 말해야 하는 상황에 어울리는 표현이다.

플러스 표현 + +
- **It was a pleasure. Good-bye.**
  즐거웠습니다. 안녕히 계세요.
  > Good-bye.와 같은 표현 뒤에 이름을 덧붙여 주면 더 친근한 표현이 된다.

- **It's been a pleasure to see you again. Good-bye!**
  다시 만나서 기뻤습니다. 안녕히 계세요!

- **Until a later date. Good-bye.**
  다시 만날 때까지 안녕히 계세요.

 **Casual**

Bye!
안녕!

플러스 표현 ++
- **Bye for now.**
  그럼 잘 있어.

- **See you (later / soon).**
  또 만나.
  > 가까운 사이라면 See ya.라고 해도 좋다. later 대신 구체적인 것을 제시하는 there / then / tomorrow / in class 등을 사용해도 좋다.

- **Bye-bye.**
  안녕.

- **Take care.**
  몸 조심해.
  > 이 외에 So long.(그럼 이만.) / Enjoy yourself.(재미있게 보내.) 등도 헤어질 때 자주 쓰이는 표현이다.

- **Good night.**
  잘 자.
  > 밤에 자기 전에 쓰이는 표현으로 Have a good night.(잘 자.) / Sweet dreams!(좋은 꿈 꿔!) 등이 있다.

Tip 당분간 만날 수 없는 사람과 헤어질 때의 인사 표현으로 Cheerio. 건강하세요. <주로 영국에서> / Good luck. 행운을 빌어요. <상황에 따라 말한다.> All the best. 그럼 건강하세요. 등이 있다. 또한 Good luck.이나 All the best. 등에 대한 응답은 Thank you. / Thanks. 등으로 하면 된다.

 회화 연습

식사 후 헤어질 때

A Thank you for your invitation to dinner tonight. You're really a good cook, Mrs. Smith.
B Thank you. We've enjoyed your company.
A Oh, I'm glad to hear it. **Good-bye now.**

A 오늘밤 저녁 식사에 초대해 주셔서 감사했습니다.
   요리가 정말 맛있었어요. 스미스 부인.
B 고마워요. 우리도 당신이 와 주셔서 기뻤습니다.
A 그렇게 말씀해 주셔서 기쁩니다. 안녕히 계세요.

회화잡는 스피킹 영어표현 400+α

PART 2
생각을 적나라하게 나타내는 표현

Unit

019
>
034

019 긍정적 예정을 나타낼 때

: 자신이 현재 가지고 있는 생각이나 계획을 나타내므로 당연히 장래적인 희망이나 바람을 의미합니다. 따라서 예정이나 계획, 작정을 나타내는 be going to ~ , trying to ~ , planning to ~ , would like to ~ 등의 문형이 널리 활용됩니다. 질문을 할 때에는 What are you doing ~?(~을 할 예정입니까?) / Do you have any plans ~?(~할 계획이 있으세요?) / Are you going to ~?(~할 예정이세요?) 등으로 묻습니다.

I'm going to the movies this afternoon.
저는 오늘 오후에 영화를 보러 갈 거예요.

플러스 표현 ++
- **I'm going to check the train schedule for our trip.**
  여행을 위해 열차 시간을 확인해 볼 거예요.
  > '예정'을 표현할 때 주로 <be going to + 동사원형>으로 쓰며 '~하려고 하다'로 해석한다. 이미 하기로 결정이 되어 있는 미래의 일정(prior plan)을 나타낸다.

- **The teacher is going to give us a test next week.**
  내주에 시험이 있어요.

- **The parents are planning a great future for their new-born child.** 부모들은 갓 태어난 아이의 멋진 장래를 설계하고 있어요.

I plan to go to the movies this afternoon.
저는 오늘 오후에 영화를 보러 갈 계획입니다.
> I plan to ~. : ~할 계획이다, ~할 생각이다.

플러스 표현 ++
- **The director has intentions to brief the committee once more before beginning the project.**
  이사는 그 프로젝트를 시작하기 전에 중역회의에서 다시 한 번 그 계획을 설명할 계획입니다.

- **The original plan was to drop the atomic bomb on Hakata instead of Nagasaki.**
  원래의 계획은 나가사키가 아니라 하카다에 원폭을 투하할 예정이었습니다.

- **I'm scheduled to speak next.**
  저는 다음번에 말하기로 되어 있습니다.
  > I'm scheduled to ~ : ~할 예정이다

> scheduled 대신에 supposed를 써도 좋다.

- **They intend to move into a bigger house.**
  그들은 지금 보다 큰 집으로 이사할 작정입니다.

  > 자신의 의지가 내포된 intend to, mean to 등의 표현은 다분히 의도가 내포된 표현으로 보다 구체적인 계획이나 예정을 나타낸다.

*Tip 미국의 영화 Rating System
G(General) : 어린이나 성인이 함께 볼 수 있다.
PG(Parental Guidance) : 어른과 동반하면 어린이도 함께 볼 수 있는 영화
PG-13 : 13세 미만은 부적절
R(Restricted) : 17세 미만 부적절, 부모·성인 보호자 동반 관람가
NC-17(No Children under 17) : 17세 미만은 관람 금지

Casual

I'm gonna go to the movies this afternoon.
나는 오늘 오후에 영화 보러 갈 거야.

플러스 표현 ++
- **I'm gonna make it someday.**
  언젠가 틀림없이 출세할 거야.

- **I'm gonna take it easy this weekend.**
  이번 주말은 편히 쉴 작정이야.

- **I think I'll have a hamburger for lunch.**
  점심에는 햄버거라도 먹을 생각이야.

  > I think I'll ~은 '~할까 생각 중이다, ~하려고 한다' 라는 표현으로 구체적인 행위를 염두에 두기 보다는 고려의 상대임을 넌지시 암시한다고 보면 이해가 빠를 것이다.

*Tip 미래에 관한 표현
will, be going to 또는 현재진행형으로 미래를 표현한다. will은 단순하게 '~하고 싶다, 그럴 것이다'의 어감을 나타내며, be going to는 '예정된 것, 거의 확실시 되는 가까운 미래'를 표현한다.

회화 연습

함께 영화를 보러 가자고 할 때

A **I'm going to the movies this weekend.**
B Can I go with you?
A Sure. It'll be nice to have company.
B Thanks.

A 이번 주말에 영화를 보러 가려고 해요.
B 함께 가도 될까요?
A 물론이에요. 동행이 있는 게 좋겠군요.
B 고마워요.

020 부정적 예정을 나타낼 때

: 어떠한 일을 할 예정 또는 계획이 아닌 것을 나타낼 때는 부정의 의미를 나타내는 not을 넣어 I'm not going to ~(저는 ~하지 않을 것입니다) / I don't plan to ~(저는 ~할 계획이 아닙니다) / I'm not scheduled to ~(~할 계획이 아닙니다) 등의 문형이 많이 활용됩니다.

 **Standard**

I'm not going to buy lunch today.
저는 오늘 점심을 사먹지 않을 거예요.

플러스 표현 ++

- **I'm not going to go to bed late like I did yesterday.**
  어제처럼 늦게 잠자리에 들지는 않을 거예요.
  > '~하지 않을 것이다' 라는 부정의 의미를 지닌 예정을 나타낼 때는 not be going to를 쓴다.

- **She's not going to do what I told her to do.**
  그녀는 제가 말한 것을 할 생각이 없어요.

- **My father is not going to let me go skiing.**
  아버지는 제가 스키 타러 가는 것을 허락하지 않을 거예요.
  > go -ing는 '~하러 가다'. go snowboarding(스노보드 타러 가다) / go hiking(하이킹하러 가다) 등

*Tip lunch time / lunch break 라고 할 때 이 말은 (점심 시간)을 가리킨다.

 **Formal**

I don't intend to buy lunch today.
저는 오늘 점심을 사먹을 생각이 없습니다.

플러스 표현 ++

- **The president doesn't have any intentions of transferring Mr. Park during the next personnel change.**
  사장은 다음 인사이동에서 박 씨를 전근시킬 생각이 없습니다.

- **The royal family isn't scheduled to arrive until this evening.**
  국왕 일가는 오늘 저녁까지는 도착하지 않을 겁니다.

- **She doesn't intend to sacrifice her family in order to advance.**
  그녀는 출세를 위해 가족을 버릴 의향이 없습니다.

Casual

I'm not gonna buy lunch today.
나는 오늘 점심을 사먹지 않을 거야.

플러스 표현 ++

- **I'm not gonna tell my secret to him.**
  그에게는 비밀을 말하지 않을 거야.
  > gonna는 '~할 예정인'의 뜻으로 going to를 구어적으로 쓴 것이다.

- **I'm not gonna give up no matter what happens.**
  무슨 일이 있어도 포기하지 않을 거야.

- **I don't think I'll ask her for a date.**
  그녀에게 데이트 신청을 하지 않을 생각이야.

회화 연습

점심 식사에 대해 이야기를 나눌 때

A **I'm not going to buy lunch today.**
B What are you going to do?
A I brought a boxed lunch from home.
B Oh, I thought for a moment that you weren't going to eat.

A 오늘은 점심을 사먹지 않을 거예요.
B 어떻게 할 셈이에요?
A 집에서 도시락을 가지고 왔어요.
B 그렇습니까? 잠깐 점심을 먹지 않겠다고 하는 줄 알았어요.

021 당위성을 말할 때

: '~해야 한다 / ~하지 않으면 안 된다' 라는 의미의 당위성을 나타낼 때는 must, have to, have got to, should의 동사를 이용해서 표현합니다. must나 have to 모두 ' ~해야 한다' 라고 쓸 때 자유롭게 쓸 수 있는 표현입니다.

 **Standard**

I must attend tomorrow's meeting.
저는 내일 회의에 반드시 참석해야 해요.

플러스 표현 ++

- **I must visit my grandparents more often.**
  더 자주 조부모님 댁을 방문해야 돼요.
  > must는 '~해야 한다' 는 '명령·의무' 를 나타낸다. must는 뜻에서도 알 수 있듯이 강한 어조이므로 표현을 좀 더 부드럽게 할 때는 should를 쓴다.

- **You must take better care of your health.**
  건강에 더 조심하지 않으면 안 돼요.
  > take care of ~ : ~을 관리하고 신경쓰다

- **I have to go home now. It's getting late.**
  늦어졌으니까 이제 돌아가야 해요.
  > have to 역시 must(~해야 한다)와 같은 의미이다.
  > getting + 형용사 : ~되어지다

- **She has to double-check whether she turned off the gas.**
  그녀는 가스를 잠갔는지 재점검을 하지 않으면 안 돼요.
  > double-check : 위에서는 동사로 써서 '더블 체크하다'

 **Formal**

It is imperative for me to attend tomorrow's meeting.
저는 내일 회의에 참석하지 않으면 안 됩니다.

플러스 표현 ++

- **It's imperative for me to reach Seoul Station by 3:00.**
  저는 3시까지 서울역에 도착하지 않으면 안 됩니다.
  > be imperative for : 꼭 ~해야 한다

- **It's my duty to support my family financially.**
  가족을 경제적으로 부양하는 것이 제 의무입니다.
  > It's my duty to ~ : ~하는 것은 내 의무이다
  > 이런 표현도 있다. She is very supportive.(그녀는 아주 협조적이다.)

- **I have an obligation to succeed my father in his business after graduating from college.**
  대학을 졸업한 후 아버지의 사업을 이어받는 것이 제 의무입니다.
  > have an obligation to : ~할 의무를 지다
  > '아버지의 뜻을 잇다, 발자취를 더듬다, 전례를 따르다' 는 follow in my father's footsteps라고도 한다.

- **Drivers are required to fasten their seat belts while driving.**
  운전자는 차를 운전할 때 좌석벨트를 매지 않으면 안 됩니다.
  > be required to : ~하도록 요구받다

 Casual

I've got to attend tomorrow's meeting.
나는 내일 회의에 참석해야 해.

플러스 표현 ++
- **I've got to get some work done before I go to bed.**
  나는 자기 전에 일을 끝내야 해.
  > have got to는 have to와 같은 의미로 '확실한 추측' 을 나타낸다. have to가 have got to보다 격식을 갖춘 표현이지만 별반 차이 없이 쓰인다.

- **She's got to go to a job interview next Monday.**
  다음 월요일에 그녀는 면접에 가지 않으면 안 돼.

- **You've gotta be careful not to repeat the same mistake.**
  같은 실수를 반복하지 않도록 조심해야 해.
  > gotta : got to의 구어적 표현. 쓰는 영어(written English)에서 절대 쓰지 않는다.

* Tip 격의 없는 어법에서는 what do you는 음성적으로 whaddaya처럼, have to는 hafta처럼 발음되는 경우가 많다.

 회화 연습

회의 준비를 해야 할 때

A What do you say to going for a drive this afternoon?
B I want to, but **I have to write a report by tomorrow.**
A You can do it tonight, can't you?
B I'm afraid it'll take the whole day.
A Okay. I'll ask somebody else then.

A 오늘 오후에 드라이브 가는 게 어때요?
B 가고는 싶은데 내일까지 보고서를 써야 해요.
A 밤에 할 수 있잖아요. 그렇지 않아요?
B 하루 종일 걸릴 것 같아요.
A 좋아요. 그러면 누구 다른 사람에게 물어 보지요.

022 가능을 나타낼 때

: 상대에게 뭔가에 대해서 가능한 것인지 물을 때는 Can you ~?(~할 줄 아세요?)라는 표현을 사용합니다. 가능한 것일 때는 I can ~(~할 수 있어요) / I'm capable of ~(~할 능력이 있어요)라고 합니다. 참고로 can / could와 대체가능하지만 특별한 일을 수행할 수 있는 능력을 나타낼 때는 be able to를 더 많이 사용하는 경향이 있습니다.

 **Standard**

She can speak several languages fluently.
그녀는 수개 국어를 자유롭게 말할 수 있어요.

플러스 표현 ++
- **I can swim faster than Jane.**
  저는 제인보다 빨리 헤엄칠 수 있어요.
  > can은 '~할 수 있다'는 뜻으로 '가능·능력'을 나타낸다.
  > faster than ~ : ~보다 빠른

- **I can have this ready for you by this evening.**
  오늘밤까지 준비해 드릴 수 있어요.

- **She can play the piano well enough to become a professional.**
  그녀는 프로가 될 수 있을 만큼 피아노를 잘 칠 수 있어요.

 **Formal**

She is able to speak several languages fluently.
그녀는 수개 국어를 자유롭게 말할 수 있습니다.
> be able to는 can과 같은 의미를 지니지만 특별한 일을 수행할 수 있는 능력을 나타낼 때 be able to를 쓴다.

플러스 표현 ++
- **I'm quite capable of doing it myself.**
  그것을 혼자서 할 능력이 충분히 있습니다.
  > be capable of : ~할 능력이 있다

- **She is capable of doing amazing things with paper-folding.**
  그녀는 종이 접기로 놀랄만한 것을 만들 수 있습니다.

- **He has an ability to persuade anyone to his way of thinking.**
  그에게는 누구라도 자신의 생각으로 설득할 수 있는 재능이 있습니다.
  > have an ability to ~ : ~할 능력이 있다

She can speak several languages fluently.
그녀는 수개 국어를 자유롭게 말할 수 있어.

플러스 표현 ++
- **I can eat this pizza in three minutes.**
  이런 피자는 3분이면 먹을 수 있어.

- **I know how to work this machine.**
  이 기계의 작동법을 알고 있어.

- **He's got a knack for meeting the right people at the right place.**
  그는 사람 사귀는 비결을 알고 있어.
  > knack은 '비결, 특기'의 뜻. get the knack of ~는 '~의 비결을 알다', have a knack for ~는 '~재능이 있다' 등으로 이용한다.
  > the right people at the right place는 아주 재미있는 표현이니 꼭 외워두길 바란다.

보고서를 내일까지 제출해야 할 때

A Do you know you have to hand in this sales report by tomorrow?
B I know.
A But it's twenty pages long!
B I'm not worried. **I can type 300 words a minute.**

A 이 매출 보고서를 내일까지 제출해야 되는 거 아시죠?
B 알아요.
A 그런데 20쪽이나 돼요!
B 걱정 말아요. 저는 1분에 300자를 타이핑 할 수 있으니까요.

> hand in : ~을 제출하다

023 불가능을 나타낼 때

: '~을 할 수 없습니다.' 라는 불가능을 나타낼 때는 can의 부정을 써서 I can't ~ / I cannot ~ 등으로 표현합니다. 자신이 할 수 없음에도 불구하고 체면을 차리느라 불가능한 것도 가능하다고 말하는 경우를 종종 볼 수 있습니다. 이러한 것은 일을 더욱 그르치게 만들 수 있으므로 불가능 할 때는 다음에서 배우는 표현을 익혀 확실하게 자신의 뜻을 나타내야 합니다.

 Standard

I can't finish the job.
일을 끝낼 수 없어요.

플러스 표현 ++
- **I can't let you go home right now.**
  지금 바로 당신을 돌아가게 할 순 없어요.
  > '~할 수 있다' 는 '가능·능력'을 나타내는 조동사 can의 부정은 can't 또는 cannot으로 쓴다.

- **I can't seem to make him understand.**
  그를 이해시킬 수 없을 것 같아요.

- **I can't read a book with this dim light.**
  그런 희미한 불빛에서는 책을 읽을 수 없어요.

 Formal

I'm incapable of accomplishing the task.
저는 그 일을 완성할 수 없습니다.

플러스 표현 ++
- **I was unable to locate a suitable site for the new factory.**
  새 공장에 적합한 부지를 찾을 수 없습니다.
  > be unable to : ~할 수 없다

- **I'm not capable of convincing the president.**
  저는 사장을 설득할 수 없습니다.
  > be (not) capable of : ~할 능력이 있다[없다]

- **There is no possibility to inform him of the contract details before the meeting.**
  회의 전에 계약의 세부사항을 그에게 알려줄 수 있는 가망은 없습니다.

 **Casual**

I just don't know how I'll get the job done.

나는 그 일을 어떻게 끝낼지 모르겠어.

플러스 표현 + +

- **I just dunno how I got into this mess.**
  어째서 이런 혼란에 말려들었는지 모르겠어.
  > just dunno → just don't know

- **It's beyond me to figure her out.**
  나는 그녀를 정말 알 수 없어.
  > I can't figure her out.과 같다. It's beyond me.로 '나로서는 알 수 없다, 할 수 없다'의 뜻. '그녀가 어째서 그런 일을 했는지 모르겠다.'라고 할 때에는 I can't figure out why she did such a thing. 이라고 한다.

- **You'll get nowhere by doing that.**
  그렇게 해봐야 소용없어.

 **회화 연습**

사고 싶은 것을 살 수 없을 때

A I saw a great set of golf clubs. It's a shame **I can't afford to spend the money right now.**
B What about your bonus?
A I've got the mortgage to pay.
B I know the story.

A 멋진 골프채 세트를 봤는데 돈이 여유가 없는 게 안타까워요.
B 보너스를 지불하면 어때요?
A 대출금을 갚아야 해요.
B 잘 알겠어요.

024
이유·변명을 말할 때

: 이유나 변명을 할 때는 보통 말할 때 보다 좀 더 겸손하게 하는 것이 당연히 좋습니다. 자칫 사소한 말실수로 상대방의 화를 더 부추길 수 있기 때문입니다. 구체적인 이유나 변명을 거론할 때는 That's why ~ / That's how ~(~때문입니다) 등을 활용하여 표현합시다.

 **Standard**

Let me tell you why I was late.
왜 늦었는지 설명하겠어요.

플러스 표현 + +

- **I went to Chong-Ro yesterday because I wanted to see a movie.**
  영화를 보고 싶어서 어제는 종로에 갔어요.

- **Please let me explain why I haven't finished the work in time.**
  일을 기한 내에 왜 마치지 못했는지 설명하겠어요.
  > let me explain[tell] ~ : ~에 대해 설명하겠다

- **I don't know why, but for some reason he looks very happy today.**
  왠지 모르겠지만 (어쩐 일인지) 그는 아주 기쁜 것 같아요.

- **There's good reason why I was absent. I was in bed with the flu and a fever of 104°F.**
  결석한 이유가 있었어요. 감기에 걸려서 열이 화씨 104도여서 누워 있었어요.

 **Formal**

Please allow me to explain the reason for the delay.
늦은 이유를 설명하겠습니다.

플러스 표현 + +

- **I would like to support his nomination on the basis of his past performance.**
  그의 과거 업적을 토대로 그의 지명을 지지하고 싶습니다.
  > on the basis of : ~을 토대로

- **She's one of our most efficient attorneys, which I believe is justification for extending her contract.**
  그녀는 가장 유능한 변호사 중 한 명이고 따라서 그것이 그녀와 계약 연장의 근거라고 믿습니다.

- **This may very well sound like an excuse, but I assure you I was forced to give up the project solely because of financial difficulties.**
  변명처럼 들리겠지만 오로지 재정상의 어려움 때문에 그 계획을 단념할 수밖에 없었다는 것은 틀림없습니다.
  > financial difficulties : 재정적[경제적] 어려움들

Casual

Well, sorry I was late, but I had no choice.
저, 늦어서 미안해. 어쩔 수 없었어.

플러스 표현 ++

- **I can't make it today, 'cause I've got a lot of work to do.**
  오늘은 안 되겠어, 할 일이 많아서.
  > cause는 because의 단축형

- **Just 'cause I didn't call her last night, she's got a bee in her bonnet.**
  어젯밤 전화를 하지 않았던 것 때문에 그녀는 몹시 화가 났어.
  > have[got] a bee in one's bonnet는 '약간 머리가 돌았다, 지나치게 외곬으로 생각하고 있다'라는 의미의 격의 없는 표현. 더욱 격의 없는 슬랭 표현으로는 be pissed off라고도 한다.

- **He didn't feel like going out yesterday, on accounta' he lost his wallet.**
  지갑을 잃어버려서 그는 어제 외출할 기분이 아니었어.
  > on accounta'는 on account of의 축약형. of는 후속음이나 문체에 의해 a와 같이 발음되는 경우가 많다. 예 : a cup of tea → a cuppa tea
  > 또한, on account of 뒤에 문장이 계속되는 것은 문법적으로는 틀리지만 그것 때문에 informal한 인상을 준다.

회화 연습

회의에 늦었을 때

A You must've known that the meeting was supposed to begin at 9, but you are half an hour late.

B Well, **it was because I haven't come here for a long time, and without realizing it I took the wrong train.**

A O.K., but be careful next time.

A 회의가 9시에 시작된다는 것을 알고 있었을 텐데 30분이나 지각이에요.
B 예, 그런데 여기에는 오랫동안 오지 않아서 열차를 잘못 탔는지 몰랐어요.
A 그래요, 그렇지만 다음에는 주의하세요.

025 희망·기대를 말할 때

: '~하고 싶다 / ~였으면 좋겠다'와 같은 희망·기대를 나타낼 때 wish, hope, want, desire 등의 동사가 활용됩니다. 다소 장래적인 표현으로 I wish ~ / I hope ~의 문형이 활용되는 반면 직접적이고 현실적인 표현으로는 I'd like to ~ / I want to ~ 등의 문형이 활용됩니다. I'd like to ~는 I want to ~보다 겸손하고 정중한 표현으로 사용 빈도가 높으므로 잘 알아두길 바랍니다. 그러나 I'd like to ~는 발음하기가 까다로우니 연습을 많이 해야 합니다.

|1| ~할 작정이다

 **Standard**

I hope to go to Seoul National University.
저는 서울대학교에 가고 싶어요.

플러스 표현 ++
- **I hope to get that job.**
  그 직업을 갖고 싶어요.
  > hope to는 미래에 일어날 수 있는 것을 희망할 때 쓴다.

- **I hope it will be sunny tomorrow.**
  내일은 맑았으면 좋겠어요.

- **Hopefully, he'll return my call.**
  그가 다시 전화해 주면 좋겠어요.
  > hopefully : 바라건대

 Formal

I wish to attend Seoul National University.
저는 서울대학교에 가면 좋겠습니다.
> wish to : ~하고 싶다

플러스 표현 ++
- **Is it a sin to wish for wealth?**
  부를 추구하는 것은 죄입니까?

- **It is unrealistic to wish to be what you are not.**
  거짓 자신을 찾는 것은 비현실적입니다.

 **Casual**

I hope I'll get into Seoul National University.
나는 서울대학교에 들어가기를 바라.

플러스 표현 ++
- **Gee, I hope this horse race will make me rich quick.**
  아, 이 경마에서 한탕 벌고 싶어.

- **Goodness, I hope she doesn't mess up our plans!**
  바라건대, 우리 계획을 그녀가 엉망으로 만들지 않았으면 해.

- **He has high hopes of winning the lottery.**
  그는 복권에서 당첨되기를 아주 바라고 있어.

  > 바로 위의 세 문장은 격의 없는 장면에서 사용되는 Gee, Goodness, quick, mess up 등의 사용 예이다. 친근한 인상을 주는 문장이다.
  > winning the lottery : 복권에 당첨되는 것. lottery의 발음은 [로러리]

|2| ~하고 싶다

 **Standard**

I want to eat out tonight.
저는 오늘밤 외식하고 싶어요.

플러스 표현 ++
- **I want to give it another try.**
  한 번 더 해보고 싶어요.
  > want to ~ : ~하길 바라다
  > give it a try : 시도하다

- **I'm eager to take that course next semester.**
  다음 학기에는 저 강좌를 꼭 듣고 싶어요.
  > be eager to ~ : 간절히 ~하고 싶어 하다

- **I have a craving for some chocolate ice cream.**
  초콜릿 아이스크림이 먹고 싶어 못 참겠어요.
  > craving은 '바람·희망' 등을 의미하고 have a craving for[to] do로 '~하고 싶어서 참을 수 없다'가 된다.

Formal

I'd like to eat out tonight, if you don't mind.
괜찮다면 오늘밤 외식하고 싶습니다.

플러스 표현 ++
- **I'd like to make an appointment for next Wednesday.**
  다음 수요일로 예약을 하고 싶습니다.

- **I would very much like to be a member of your organization.**
  당신 모임의 회원이 될 수 있기를 간절히 바랍니다.

- **It would be nice if I could take part in the conference.**
  회의에 출석할 수 있으면 기쁘겠습니다.

- **I'll be pleased to have you participate in the conference.**
  당신이 회의에 출석할 수 있으면 기쁘겠습니다.

  > take part in : ~에 참석하다(= participate in)

- **It is our desire to have peace in this country.**
  이 나라의 평화가 우리의 간절한 희망입니다.

Casual

I wanna eat out tonight.
나는 오늘밤 외식하고 싶어.

> '매우 ~하고 싶다, ~하고 싶어서 참을 수 없다'라고 강조하고 싶을 때에는 I'm dying to ~.라는 표현도 사용할 수 있다.

플러스 표현 ++
- **I wanna go out and have some fun.**
  놀러 가고 싶어.
  > wanna는 want to의 단축형

- **I sorta wanna (just) stay home.**
  집에 좀 있고 싶어.
  > sorta는 sort of의 단축형이고 「다소」라는 뉘앙스가 된다. sorta 대신에 kinda(→ kind of)를 써도 좋다.

- **I feel like taking a walk.**
  산책하고 싶어.
  > take a walk : 산책하다

* Tip 바람·욕망·욕구를 나타내는 표현법

I hope ~(~하길 바란다)　I wish ~(~하길 소망한다)　I think ~(~하려고 하다)
I feel like -ing(~하고 싶은 마음이다)　I want to ~(~하고 싶다)　I'd like to ~(~하고 싶다)

I'm dying to ~(꼭 ~하고 싶다)   Let me ~(~하게 해 주세요)

fast / early / quick

fast는 '(속도가) 빠른' 이라는 의미이고 '주자가 빠르다' 또는 '말이 빠르다' 라고 하는 경우에 fast를 사용할 수 있다.

형용사적 용법과 부사적 용법이 있고 fast - faster - fastest로 활용한다. 부사는 형용사에 접미사 -ly를 첨가한 형이 많지만 **fastly**라는 말은 없다.

early에도 형용사, 부사로서의 기능이 있고 '(시간적으로) 이른' 이라는 의미로 쓰인다. 첫 열차는 the earliest train이라고 한다. 이 경우 the fastest train이라고 하면 잘못이다. '가장 (스피드가) 빠르다' 라고 하는 경우에는 early를 쓸 수 없다. quick을 써야 한다. 원래 quick은 형용사이고 quickly는 부사이다. 그러나 현대 구어표현에서는 quick을 부사적으로 사용할 수가 있고 quick 쪽이 quickly 보다 강한 느낌이 있다. 양자 모두 '(속도 보다 행동의) 신속성' 나타내는 점이 fast나 early와 다르다.

 회화 연습

하고 싶은 것을 이야기 할 때

A Are you planning to go to college after high school?
B **I hope to go to Seoul National University.**
A Well, the best of luck to you.
B Thank you.

A 고등학교를 졸업하면 대학에 갈 계획입니까?
B 서울대학교에 가고 싶습니다.
A 행운을 빌게요.
B 고마워요.

> Are you planning to ~?는 '~을 하려고 계획하는 중'인지 구체적으로 물을 때 쓴다. 뭔가를 자세히 묻는 것은 그것에 대한 관심을 나타내는 데 좀 더 친밀함을 나타내는 표현이다.

외식하고 싶을 때

A What do you want to have for supper?
B Well, actually **I want to eat out tonight.**
A Oh, O.K.
B As a matter of fact, I found a great Italian restaurant yesterday.

A 저녁은 무얼 먹고 싶어요?
B 오늘밤은 외식하고 싶어요.
A 예, 좋아요.
B 사실은 어제 아주 잘하는 이태리 식당을 찾았어요.

026 기대·기다림을 말할 때

: 누군가 만나기를 기대하거나 기다릴 때는 I'm looking forward to ~. (~하기를 기대합니다.) / I'm anticipating ~.(~하기를 기대합니다.) 등의 표현을 활용하여 나타냅니다. 좀 더 강한 기대나 기다림을 나타내고자 할 때는 eagerly, really, greatly 등의 부사를 써서 표현합니다. 그러나 I'm looking forward to ~.는 지극히 written English에서 많이 쓰는 표현입니다.

 **Standard**

I'm looking forward to seeing you.
당신을 만나길 기대하고 있어요.

> look forward to -ing : ~을 기대하다

플러스 표현 ++
- **It'll be good[nice / wonderful] to see all of you again.**
  당신들을 다시 만나면 좋겠어요.

- **I'm expecting to hear from him any moment.**
  조만간 그에게서 연락이 오기를 기다리고 있어요.

 **Formal**

I'm anticipating seeing you.
당신과 만날 수 있기를 기대하고 있습니다.

플러스 표현 ++
- **Tom had great expectations for Mary's visit.**
  톰은 메리의 방문을 몹시 기다렸습니다.

- **I eagerly await your response.**
  저는 당신의 답장을 몹시 기다리고 있습니다.

- **I'm eagerly awaiting your letter.**
  당신의 편지를 기다리고 있겠습니다.

- **I'm anticipating a positive response from the company on my job application.**
  입사 지원에 관해서 그 회사로부터 좋은 소식이 오기를 기대하고 있습니다.

Casual

Lookin' forward to seein' you.
너를 만나길 기대하고 있어.

= Looking forward to seeing you.
> 격의 없는 대화에서는 -ing를 in으로 발음하는 경향이 있다.

플러스 표현 ++
- **Can't wait till next Saturday.**
  다음 토요일까지 기다릴 수 없어.

- **I think I'll just burst waiting for the news!**
  그 소식을 기다리는 것만으로도 가슴이 벅차!

- **I'm about to jump out of my skin waiting for the news.**
  그 소식을 기다리는 것만으로 어쩐지 (기뻐서) 날아오를 것 같아.

- **It'll be so great to soak in a hot tub!**
  뜨거운 욕조에 흠뻑 적시면 아주 좋겠어.

- **Look forward to being there.**
  그곳에 가는 것을 기대하고 있어.

회화 연습

제인의 기뻐하는 얼굴을 떠올리며 대화할 때

A I can't wait to see Jane's face when she hears she's won the first prize.
B Yeah, I bet she'll burst with joy.
A 자신이 우승했다는 것을 알면 제인은 도대체 어떤 얼굴을 할까.
B 틀림없이 아주 기뻐할 거예요.

> win (the) first prize : 1등상을 타다
> burst with : ~으로 터질 듯하다

77

만족함을 표현할 때

: 서구인들은 동양인에 비해 감정표현이 풍부한 편입니다. 언제 어디서나 자신의 감정을 솔직하고 대담하게 표현합니다. 또한 우리말에서는 그다지 직접적으로 만족감을 표현하지 않지만, 영어에서는 I'm so pleased.(나는 정말 기쁘다.) 등처럼 분명하게 자신의 감정을 상대에게 전합니다. 그 외에 Fantastic!(멋지군요!) / Terrific!(멋져요!) / Cool!(좋아!) / That's wonderful!(멋지군요!) 등으로 만족감을 표현합니다.

I'm happy about your work.
당신의 일에 만족해요.

플러스 표현 + +
- **It's a wonderful[great / super / terrific] idea.**
  멋진 생각이네요.

- **The job sounds very promising.**
  그 일은 매우 유망할 것 같아요.

- **I like[agree] with your suggestion.**
  저는 당신의 제안에 찬성이에요.

> 만족감을 나타낼 때는 wonderful, happy, great, glad, pleased, good, fine, nice 등의 형용사를 활용한다.

I believe his work was quite satisfactory.
그의 일은 아주 만족스러웠다고 믿습니다.

플러스 표현 + +
- **The committee unanimously approved of the plans for the new fiscal year.**
  위원회는 새 회계연도의 계획을 만장일치로 승인하였습니다.

- **He was suitably dressed for the occasion.**
  그는 분위기에 어울리는 복장을 하고 있었습니다.

- **We see no reason to oppose his proposal.**
  그의 제안에 반대할 이유는 전혀 없습니다.

Casual

Good job!
잘했어!

플러스 표현 ++

- **Fantastic!**
  멋지군!

- **Terrific!**
  멋져!

- **Cool!**
  좋아!

- **Hooray [Bravo]!**
  만세!

> 이외에도 Wonderful! / Great! / Neat! / Outstanding! / Excellent! / A-O.K.(All O.K.)! 등이 있다.

회화 연습

좋은 생각이라고 동의할 때

A Does anyone have a suggestion for Mr. Smith's farewell gift?
B Instead of a gift, how about all of us taking him to his favorite restaurant for a special dinner?
A **That's a great idea!** I think he'd like that.
B Me, too. It's better than getting something you don't want or need.

A 스미스 씨의 송별 선물에 대해 누구 좋은 생각이 있습니까?
B 선물 대신에 그가 좋아하는 레스토랑으로 데리고 가면 어떨까요?
A 좋은 생각이네요! 그러면 그도 좋아할 것 같군요.
B 예, 필요하지 않은 물건을 주는 것 보다 좋을 것 같아요.

> you don't want or need의 you는 특정한 상대를 가리키는 것이 아니라 일반적인 사람을 가리킨다.

79

028 불만을 표현할 때

: 상대방에게 자신의 감정을 솔직히 나타내는 것은 때로 그 사람과 친밀해질 수 있는 좋은 방법 중 하나입니다. 따라서 상황에 맞는 표현을 찾아 Intonation(억양), Accent(강세), Gesture(표정)를 싣는다면 상대는 감정이 풍부한 사람으로 기억하게 될 것입니다. '진짜 싫은, 심한' 이라는 부정적인 감정을 나타내는 형용사에는 terrible, horrible, awful; annoying, boring(지루한) 등이 있습니다.

We don't think his plans are very good.
그의 계획은 좋지 않은 것 같아요.

플러스 표현 ++

- **It wasn't a good idea to change the plans completely.**
  계획을 완전히 바꾸는 것은 좋은 생각이 아니었어요.

- **I don't think her singing was very good.**
  그녀가 노래를 아주 잘 불렀다고 생각하지 않아요.

- **The tip you left for the waiter was inappropriate.**
  그 웨이터에게 준 팁은 불충분했어요.

We cannot give our approval to his plans.
그의 계획을 승인할 수 없습니다.

플러스 표현 ++

- **I find your work to be quite below our Standards.**
  당신의 일은 우리의 기준에 꽤 못 미치는 것 같습니다.

- **I don't think (very) highly of people who use that kind of language.**
  저는 저런 말을 하는 사람을 그다지 높게 평가하고 싶지 않습니다.

- **I'd like to file a complaint with the manager for your poor services.**
  당신의 무례한 서비스에 관해 저는 지배인에게 항의할 작정입니다.

- **Would you mind keeping it down?**
  좀 조용히 해 주시지 않겠습니까?

  > Would you mind ~?는 '~해 주시지 않겠습니까?' 라는 뜻으로 정중하게 불만을 말할 때 쓰는 표현이다.

 **Casual**

His plans are full of holes.
그의 계획은 결점뿐이야.

플러스 표현 ++
- **His plan is full of loopholes.**
  그의 계획은 허점투성이야.
  > loophole : 명 허점

- **That's a mean thing to say!**
  심술궂게 말하지 마!

- **Ah, his words aren't worth two cents.**
  그가 말하는 것은 한 푼의 가치도 없어.

- **I'm dead against his ideas.**
  그의 생각에는 절대 반대야.

- **That idea stinks.**
  쓸모없는 생각이야.

- **I'll tell him a thing or two.**
  그에게 잔소리 좀 할 거야.
  > I'll give him a piece of my mind. 등으로도 쓸 수 있다.

 회화 연습

수상자에 대한 불만을 나타낼 때

A What do you think of the winner of this year's award?
B **I'm not happy at all.** I thought the other contestant was much better.
A Just between us, I thought so, too.

A 올해의 수상자에 대해 어떻게 생각합니까?
B 전혀 만족하지 않아요. 다른 사람이 더 좋을 것 같았어요.
A 사실은 저도 그렇게 생각했어요.

> just between us : 우리끼리 얘긴데

029 예상을 말할 때

: 어떠한 일을 예상할 때에는 I think ~(~할 거라 생각한다) / I expect ~(~일거라 기대합니다) 등을 활용하여 표현하며 앞으로 일어날 일에 대해 예상하는 것이므로 미래 시제(will, be going to)로 씁니다. 그리고 probably, perhaps, maybe, likely(아마도) 등의 부사도 함께 쓸 수 있습니다.

 **Standard**

I think it's going to rain.
비가 내릴 것 같아요.

> I think ~ : 나는 ~할 거라 생각한다

플러스 표현 ++

- **I expect the economy to take a turn for the better.**
  경제가 호전될 것으로 기대하고 있어요.

- **The won will probably go up in value.**
  원화 가치가 오를 거예요.
  > probably : 児 아마(= perhaps, maybe, likely, in all probability[likelihood], most likely, seemingly)

- **It's (quite) likely he will be promoted next year.**
  그는 아마 내년에 승진할 거예요.

- **I might go to India on business next month.**
  다음 달에 인도로 출장 갈지도 몰라요.

 Formal

I think there is every possibility that it will rain.
비가 틀림없이 내릴 거라 생각합니다.

플러스 표현 ++

- **I have a feeling that there will be a major increase in sales next year.**
  내년 매상은 대폭 늘어날 거라고 예상하고 있습니다.

- **I have a notion that he will keep the promise.**
  그가 틀림없이 그 약속을 지키리라고 생각합니다.
  > have a notion : ~이라 생각하다[알고 있다]

- **There is a strong possibility they will reach an agreement soon.**
  머지않아 그들이 합의에 이를 것이라는 것은 틀림없습니다.

- **It is likely sales will drop drastically.**
  매상이 급격히 떨어질 것 같습니다.
  > likelihood : 명 가능성, 가망

- **It's more than probable that the storm will hit this week.**
  이번 주에 태풍이 올 것 같습니다.

- **My assumption is that she will get well.**
  그녀는 곧 회복할 것 같습니다.

- **There is a high possibility that she will be a good teacher.**
  그녀는 틀림없이 좋은 선생님이 될 거라 생각합니다.

- **In all likelihood, his proposal will be approved by the board.**
  그의 제안은 중역회의에서 승인될 것 같습니다.

- **Nine times out of ten he will fail the examination.**
  십중팔구 그는 그 시험에서 떨어질 것 같습니다.
  > nine times out of ten : 십중팔구

 Casual

Something tells me it's gonna rain.
비가 내릴 것 같아.
> Something tells me ~ 는 '~라는 느낌이 든다' 의 뜻이 격의 없는 표현이다.
> gonna = going to

플러스 표현 ++

- **It might be sunny this weekend.**
  이번 주말은 날씨가 좋을 것 같아.

- A **It sounds like they're gonna appoint Keith as the department head.**
  그들이 키이스를 부장에 임명할 것 같아.

  B **If you ask me, he isn't the right man.**
  그 사람은 적임이 아니라고 생각해.
  > If you ask me ~ 는 '내 생각으로는, 내 생각을 말하라고 하면' 이라는 뜻의 격의 없는 표현. In my opinion ~이라고도 한다.

- **Chances are (that) they'll reach a compromise.**
  머지않아 그들은 타협할 것 같아.
  > Chances are ~ : It's likely ~의 격의 없는 표현

- A **You can count on the Tigers beating the Giants!**
  타이거즈가 틀림없이 자이언츠에게 이길 거라고 생각해.

  B **I bet the Giants will beat the Tigers.**
  틀림없이 자이언츠가 타이거즈를 이겨.

  C **The way my luck's going, the game will be cancelled.**
  아마 그 경기는 취소될 거라고 생각해.

- **I have a hunch they went out of business.**
  그들은 폐업했을 것 같아.
  > hunch : 명 예감
  > go out of business : 폐업하다

- **I have a feeling things will work out.**
  잘 될 것 같은 느낌이야.

* Tip   예상 · 기대를 나타내는 표현법
  I'm looking forward to ~ (~를 학수고대하다)
  I'm supposed to ~ (~하기로 되어 있다)
  count on ~ (~을 기대하다)

비가 올 거라 예상할 때

A Are you ready for the company golf tournament tomorrow?
B **I think it's going to rain.** It'll probably be postponed.
A Don't count on it.
B In that case, I'd better pack a raincoat with my golf gear.

A 내일 사내 골프 경기할 준비 되어 있어요?
B 내일은 비가 올 것 같아요. 아마 연기될 거예요.
A 그렇지 않을지도 몰라요.
B 혹시 모르니까 골프세트에 비옷도 넣어 둘게요.

030 확신을 말할 때

: 상대방에게 자신의 확신을 말할 때는 I'm sure. / I'll bet (you).(확신합니다.), 상대방에게 어떠한 이야기를 듣고 확실한가를 물을 때는 Are you sure? / You bet?(확실합니까?) 또는 Are you sure about that?(그거 확실한 건가요?)이라고 말합니다.

 **Standard**

I'm sure (that) the letter will arrive next week.
다음 주에 편지가 올 거라고 확신해요.
> I'm sure (that) ~ : 나는 ~을 확신한다

플러스 표현 + +

- **Without a doubt, it will rain tomorrow.**
  의심할 바 없이[확실히 / 틀림없이] 내일은 비가 올 거예요.

- **I'm certain we'll see blue skies tomorrow.**
  내일은 맑은 하늘을 볼 수 있으리라 확신해요.
  > I'm certain (that) ~ : 나는 ~을 확신한다

- **It will be a nice day tomorrow for sure.**
  틀림없이 내일은 날씨가 좋을 거예요.
  > for sure : 확실히, 틀림없이(= for certain)

 Formal

There is no doubt in my mind that the letter will arrive next week.
다음 주에 편지가 올 것을 의심할 여지가 없습니다.
> There is no doubt ~ : ~은 의심할 여지가 없다[확신하다]

플러스 표현 + +

- **There's every reason to believe the Bucks will win.**
  벅스가 이길 거라고 믿는 충분한 근거가 있습니다.

- **I am certain beyond a shadow of a doubt that it's a good investment.**
  그것이 효과적인 투자라는 것을 조금도 의심하지 않고 확신합니다.

- **I'm convinced that they are guilty.**
  그들은 유죄라고 확신하고 있습니다.

 **Casual**

I'm positive the letter will come next week.
나는 다음 주에 편지가 올 거라는 것을 확신해.

> I'm positive (that) ~ : 나는 ~을 확신한다

플러스 표현 ++

- **I'm a hundred percent sure I did great[well] on the exam.**
  시험을 잘 봤다고 100퍼센트 확신하고 있어.

- **I have no doubt our team will win the championship.**
  선수권에서 우리 팀이 우승할 게 확실해.
  > I have no doubt ~ : ~은 의심할 바 없다

- **I'd bet my last dollar that she's not guilty as charged.**
  전 재산을 걸고라도 그녀는 무죄라고 확신해.

- **Surely he's Italian.**
  그는 틀림없이 이태리인이야.

 회화 연습

다음 주에 도착할 거라 확신할 때

A If I mail this letter today, when do you think it'll get there?
B **I'm sure the letter will be there next week.**

A 이 편지를 오늘 부치면 언제 그곳에 도착할 것 같아요?
B 다음 주에는 틀림없이 도착할 겁니다.

031
의심하거나 무리인 것을 말할 때

: 무엇인가를 의심하거나 무리인 것 같다고 이야기 할 때는 It's unlikely ~(~할 가능성은 희박하다) / It's impossible ~(~하는 것은 불가능하다) / I don't think ~(~라 생각하지 않는다) 등을 활용하여 표현합니다. 의심을 나타내는 질문에 대한 대답은 Perhaps not. / Surely not. / Probably not. 등으로 합니다.

It's unlikely classes will be cancelled, even if it snows.
눈이 오더라도 수업이 취소될 수 없어요.
> It's unlikely ~ : ~할 가능성은 희박하다

플러스 표현 ++
- **I don't expect we'll be seeing him on TV after that scandal.**
그 스캔들이 있고 나서 텔레비전에서 그를 보는 것은 기대할 수 없겠지요.

- **It's not probable that she would come here from New York.**
그녀는 뉴욕에서 이곳으로 올 것 같지 않아요.

- **It's unthinkable that he'll run for President.**
그가 대통령에 입후보하리라고는 전혀 생각할 수 없어요.

It's very doubtful classes will be cancelled, even in the unlikely event that it snows.
눈이 안 올것 같지만 수업이 취소될지 확실하지 않습니다.

플러스 표현 ++
- **I consider the possibility of a merger out of the question.**
합병 가능성은 전혀 없다고 생각합니다.

- **I think we can rule out the possibility of insider trading.**
내부 거래 가능성은 제외할 수 있다고 생각합니다.
> rule out : (규정 등에 의하여) 제외하다

- **It would be unwise to assume Andrew will take the trouble to call her.**
앤드류가 일부러 그녀에게 전화한다는 것은 절대로 생각할 수 없습니다.

- **I'm afraid it's unlikely that dinner will be ready before six o'clock.** 6시 전에 저녁이 준비되리라고는 생각할 수 없습니다.

 **Casual**

There's no way classes will be cancelled, even if it snows.
눈이 오더라도 수업은 취소되지 않을 거야.

> There's no way ~ : ~안 되다

플러스 표현 ++

- **I don't think the party will be much fun.**
  그 파티가 즐거우리라고는 생각하지 않아.

- **I would be surprised if he finishes writing the article before the deadline.** 그가 마감 전에 논문을 마친다고 하는 것은 좀 무리일 것 같아.

- **I'd be shocked if he'd agree to the plan.**
  그가 그 계획에 찬성하리라고는 생각할 수 없어.

- **It seems impossible that she will like this idea.**
  그녀가 이 생각을 좋아하리라고는 생각할 수 없어.

- **There's not a chance in a million you'll see snow in my hometown.** 내 고향에 눈이 내릴 가능성은 없어.

> There's not a chance ~ : ~할 가능성은 없다

- **There's no reason to believe I'll win the lottery.**
  내가 복권에 당첨될 가능성은 전혀 없어.

> win the lottery : 복권에 당첨되다

 **회화 연습**

내일 있을 시험에 관해 이야기할 때

A Did you study for tomorrow's test?
B No, but I bet classes will be cancelled due to the storm coming in.
A **It's unlikely classes will be cancelled.**
B Then I had better study.

A 내일 시험공부 했어요?
B 아뇨, 그런데 태풍이 온다고 하니까 시험은 취소될 거예요.
A 수업이 취소될 수는 없어요.
B 그럼 공부해야죠.

피아노 리사이틀 표에 관해 이야기할 때

A I'm interested in going to Bunin's piano recital.
B **I don't think you can get a ticket for it.** He is one of the most popular pianists these days.

A 버닌의 피아노 리사이틀에 가고 싶어요.
B 틀림없이 표는 없을 거예요. 버닌은 요즘 아주 인기가 있으니까요.

032 어떤 것이 중요하다고 말할 때

: 어떤 것이 중요하다고 말할 때는 형용사인 important, critical, vital, significant, serious, crucial을 이용하여 It is important ~(~은 중요하다) / It is significant ~(~은 중요하다) 등으로 표현합니다. 이때 highly, greatly, really 등의 부사를 덧붙여 더욱 중요하다고 강조할 수 있습니다.

 Standard

It's very important for him to be at the meeting today.

오늘 회의에 출석하는 것이 그에게 아주 중요해요.

> It's very important for ~ : ~하는 것이 아주 중요하다

플러스 표현 ++

- **Her decision is vital to the future of our plans.**
  그녀의 결정은 우리 계획의 미래에 큰 영향을 미쳐요.

- **That was a critical moment in his life.**
  그것은 그의 인생이 걸린 결정적인 순간이었어요.

- **Tom said that the situation was serious.**
  톰은 사태가 심각하다고 말했어요.

 Formal

It is of the utmost importance that he be at the meeting today.

오늘 회의에 출석하는 것은 매우 중요합니다.

플러스 표현 ++

- **It is significant that he understands the conditions of the contract.**
  그가 계약 조건을 이해하는 것은 중요한 일입니다.

- **That sort of behavior cannot be ignored.**
  그와 같은 행동을 무시할 수는 없습니다.

- **You should realize the gravity of the problems involved in completing the work.**
  그 일의 완성에 관련된 문제들의 중요성을 인식해야 합니다.

Casual

Being at the meeting means a lot to him.
회의에 출석하는 것은 그에게 많은 의미가 있어.

플러스 표현 ++

- **Mary is everything to me.**
  메리는 나에게 전부야.

- **It's a matter of life and death.**
  그것은 사활이 걸린 문제야.

- **Nothing's more important than winning the game.**
  어쨌든 시합에 이기는 것이 더 중요해.

  > Nothing is more important than ~ : ~보다 더 중요한 것은 없다[가장 중요하다] / 이것은 <부정어 + 비교급 + than> (어느 …도 더 ~하지 않다, 더 ~한 …는 없다) 구문으로 비교급으로 최상급의 의미를 표현한 것이다.

회화 연습

오리엔테이션에 가는 것이 중요하다고 말할 때

A I really don't want to go to the orientation.
B **It's really important that you go.**
A Give me one good reason!

A 오리엔테이션에는 정말 가고 싶지 않아요.
B 그렇지만 정말 중요한 일이에요.
A 그 이유를[한 가지라도 좋으니까 진짜 이유를] 가르쳐 주세요.

> It's really important that ~ : ~하는 것은 정말 중요하다

033 중요하지 않거나 관계없다고 말할 때

: 중요하지 않다고 말할 때는 I don't think ~ / I don't care ~(~라고 생각하지 않는다) 등을 활용하여 표현하며, 관계가 없다고 할 때는 일반적으로 It doesn't matter.(관계없어요.)가 가장 많이 쓰입니다.

 **Standard**

I don't think that's important.
그것은 중요하다고 생각하지 않아요.

> I don't think ~ : ~라고 생각하지 않는다

플러스 표현 ++

- **It doesn't make any difference what they think.**
  그들의 생각은 아무래도 좋아요.
  > I don't care what they think.라고 해도 좋다.

- **I wouldn't worry about such a trifling matter.**
  그와 같은 사소한 일은 신경 쓰지 않아요.

- **I don't think studying Latin is so important nowadays.**
  오늘날 라틴어 공부는 그렇게 중요하지 않은 것 같아요.

- **I think that's beside the point.**
  그것은 핵심을 벗어났다고 생각해요.

 **Formal**

I believe we can put that aside.
그것은 무시해도 상관없다고 생각합니다.

> put ~ aside : ~을 무시하다, 잊다

플러스 표현 ++

- **That is of no consequence to us.**
  그것은 우리에게 전혀 중요하지 않습니다.

- **I don't see the relevance of arguing this point with you.**
  그 점에 관해서 당신과 의논할 필요가 없다고 생각합니다.

- **That is not the issue here.**
  그것은 당면한 논점이 아닙니다.
  > The issue is hardly related to us.라고 해도 좋다.

- **That has little bearing on the issue at hand.**
  그것은 당면한 문제와 아무 관계가 없습니다.
  > at hand : 가까운 장래에, 곧

- **It has little to do with the topic of discussion.**
  그것은 토의하고 있는 문제와 아무 관계없습니다.

 Casual

It doesn't matter, I guess.
문제없다고 생각해.

플러스 표현 + +

- **How does that fit into the story?**
  그런 것, 지금은 관계없지 않아?

- **Does it really matter?**
  그게 정말 중요한 거야?

- **It doesn't matter.**
  관계없어.

- **So what?**
  그래서[어쨌단 말이야]?

  > 강한 어조로 말하면 상대방의 말이나 태도에 반발하는 느낌이 되고, 가벼운 어조로 말하면 상대방에게 다음의 말을 재촉하는 것이 된다.

- **What difference does it make?**
  뭐가 중요한 거야?

 회화 연습

우리와 관계없다고 말할 때

A Today's meeting certainly was tense.
B I think we can ignore most of the things said there.
  The whole thing really didn't concern us, anyway.

A 오늘 회의는 정말 긴장됐어요.
B 거기에서 나온 것은 거의 무시해도 좋지 않을까요?
  어쨌든 우리에게는 전혀 관계없어요.

034 서로 비교해서 말할 때

: 비교해서 말할 때는 비교의 대상이 있어야 하며, 비교급 만드는 방법을 잘 알아두어야 대화를 할 때 유용하게 활용할 수 있을 것입니다. 보통 원급에 -er을 붙여 비교급을 만들며 대부분의 2음절어 이상의 긴 단어에는 앞에 more를 붙여 만듭니다. 다음 표현들을 연습하며 비교급을 익혀봅시다.

 **Standard**

I think it's safer to take the train than a taxi.
택시보다 기차를 타는 게 더 안전할 거 같아요.
> 택시와 기차를 비교하는 '비교급' 문장으로 보통 형용사나 부사의 어미에 -er을 붙여 만든다.

플러스 표현 ++
- **This suit is less expensive than that one.**
  이 양복은 저것보다 싸요.
  > A is less ~ than B : A는 B보다 덜 ~하다

- **If you compare this shirt with that one, this is much nicer.**
  이 셔츠와 저 셔츠를 비교하면 이쪽 것이 훨씬 좋아요.
  > much는 비교급 nicer를 수식하고 있다. 이 외에 still, a lot, far(훨씬 ~하다), even(심지어 ~보다도 …한), a bit, a little, slightly(약간 ~하다) 등이 비교급을 수식한다.

- **On the whole[All in all / Considering everything / After all / By and large / All things considered], I think life is more pleasant here than there.**
  종합해 보면 이곳에서 생활하는 것이 그곳보다 즐겁다고 생각해요.
  > 2음절어 이상의 긴 단어(pleasant)에는 more를 붙여 비교급을 만든다.

 **Formal**

I would say it is safer to take the train than a taxi.
택시 보다 기차를 타는 게 더 안전합니다.

플러스 표현 ++
- **I consider this far superior to that.**
  이것이 저것보다 훨씬 우수하다고 생각합니다.
  > superior to ~ : ~보다 우수하다

- **Comparatively speaking, dogs are more devoted to their owners than cats.**
  비교해서 말하자면 고양이보다 개가 주인에게 헌신적입니다.

Casual

The train's safer than a taxi, no doubt.

의심할 바 없이, 기차는 택시보다 안전해.

플러스 표현 + +
- **That's better than nothing.**
  없는 것 보다는 나아.

- **That's super.**
  최고야.

Tip '좋다' 의 비교 표현인 good, better, best, '나쁘다' 의 비교 표현인 bad, worse, worst는 불규칙하게 변하지만 일상적으로 자주 사용하는 표현이다. 다음에 열거하는 것도 자주 사용되는 표현이므로 알아두자.

| That's good. | That's better. | That's the best. |
| That's bad. | That's worse. | That's the worst. |

회화 연습

열차가 택시보다 빠르다고 말할 때

A **I think it's faster to take the train than a plane.**
B Why do you say that?
A There's only one flight per day to that city.

A 비행기로 가는 것 보다는 열차로 가는 게 빠를 것 같아요.
B 어째서 그렇게 말하는 거죠?
A 그곳에는 비행기가 하루에 한 편 밖에 가지 않아요.

> A is faster ~ than B : A는 B보다 ~하는 게 빠르다

PART 3

기분을 화끈하게 나타내는 표현

Unit

035
>
054

035 즐거움을 표현할 때

: 미국인들은 감정표현이 풍부하며 자신의 감정을 솔직하게 표현합니다. 즐거움을 나타내는 표현에는 여러 가지가 있는데 I'm very happy.(무척 행복합니다.) / This is fun.(즐겁습니다.) 등으로 나타내며, 기쁨의 감탄사인 Hurray! / Bravo! / Yippee!(만세!) 등을 이용해 즐거움을 표현하기도 합니다.

 **Standard**

I'm having a great time.
아주 즐거워요.

플러스 표현 ++
- **I'm really enjoying myself.**
  정말 즐거워요.
  > enjoy oneself : 즐겁게 시간을 보내다

- **It's a great event.**
  멋진 행사예요.

- **This is great fun.**
  아주 즐거워요.

 **Formal**

I'd like to inform you that I'm having a marvelous time.
정말 즐겁습니다.

플러스 표현 ++
- **I'd like you to know I'm having a fantastic time.**
  아주 즐겁게 지내고 있습니다.

- **I'm enjoying myself immensely.**
  아주 즐겁습니다.
  > immensely : 🟦 아주, 굉장히

- **It's an absolutely delightful event.**
  정말 즐거운 행사입니다.

Casual

This is fun.
즐거워.

플러스 표현 ++
- **I feel really happy.**
  무척 행복해.
  = I'm thrilled.

- **I'm having a ball.**
  아주 즐거워.
  > have a ball은 have a very good time이다. Have a ball.이라고 하면 '잘 즐겨.'가 된다.

- **I'm having a blast.**
  아주 즐거워.

- **I'm having a whale of a time.**
  아주 즐거워.
  > a whale of a ~ : 굉장한, 대단한 ~
  > I'm having a fantastic time.이라고도 한다.

회화 연습

회사 파티에서

A How do you like the party?
B **I'm having a great time.**
A Me, too. Good food, good music, and good company. What more could you ask for?

A 파티 어때요?
B 아주 즐거워요.
A 저도요. 맛있는 식사, 훌륭한 음악, 그리고 좋은 동료들.
더 이상 바랄 것이 없어요.

> could you ask for의 you는 일반인을 가리키는 것이지 특정한 사람을 가리키는 것은 아니다.

036 기쁨을 표현할 때

: 미국인들을 포함한 서양인들은 자신의 감정을 솔직하게 표현하기 때문에 감정에 대한 표현이 풍부합니다. 자연스러운 대화를 위해서는 적절한 감정 표현을 알아두는 것이 큰 도움이 됩니다. 기쁨을 나타내는 표현은 다양한데, 보통 기쁘다고 할 때는 가장 일반적으로 I'm happy.(기쁩니다.)라고 합니다.

 **Standard**

I'm so glad that you got into the company of your choice.
원하던 직장에 취직했다니 아주 기뻐요.
> I'm so glad ~ : ~해서 아주 기쁘다

플러스 표현 ++

- **I'm very happy that you got a better job.**
  더 좋은 직장을 갖게 됐다니 기쁘군요.
  > I'm very happy ~ : ~해서 매우 행복하다
  > 현재의 기분이나 감정의 상태를 나타내기 때문에 I'm ~이나 I feel ~의 문형을 쓴다.

- **It's wonderful to know that you're back in school again.**
  당신이 다시 학교로 돌아온다고 하니 기쁘군요.
  > It's wonderful to ~ : ~해서 기쁘다

- **That's good news.**
  좋은 소식이군요.
  > 이 외에도 I'm glad to hear that. / I'm pleased to hear about it. / I'm delighted to hear it. / That's nice[good] to hear. / That's good news. 등으로 쓸 수 있다.

 **Formal**

I'm delighted to hear that you got into the company of your choice.
원하던 직장에 취직했다는 소식을 들으니 기쁩니다.
> I'm delighted to ~ : ~해서 기쁘다

플러스 표현 ++

- **It gives me great pleasure to know that the project was a success.**
  그 계획이 성공했다고 하니 매우 기쁩니다.

- **I'm elated about the profits we've been making this quarter.**
  이번 4분기에 올렸던 이익에 기운이 납니다.

- **I'm absolutely delighted to participate in this awards ceremony.**
  이 시상식에 참석할 수 있게 돼서 정말 기쁩니다.
  > participate in : ~에 참석하다

Casual

Hey, it's great you got into the company you wanted.
어, 네가 원하던 회사에 들어가게 되어 기뻐.

플러스 표현 ++

- **I'm tickled pink that you passed the class.**
  네가 합격해서 아주 기뻐.
  > pink는 '매우'라는 뜻의 격이 없는 표현

- **You won the lottery? That's great news!**
  복권에 당첨됐어? 아주 기뻐!
  > win the lottery : 복권에 당첨되다

- **That's terrific!**
  멋져!
  > 우리는 terrific이라고 하면 '끔찍한'이란 의미로 많이 알고 있는데 terrific은 사실 아주 좋은 의미이다. 부정적으로 terrible, awful 등이 있다.

- **Wonderful!**
  훌륭해!
  > fantastic, great, marvelous, splendid, superb, excellent, super 등의 한 단어로 기쁨을 나타낼 수 있다.

회화 연습

친구의 취업 소식에 기뻐할 때

A **I'm so glad that you got into the company of your choice.**
B **Thanks. It wasn't easy, though. I guess I should consider myself lucky.**

A 원하던 직장에 취직했다니 아주 기뻐.
B 고마워. 그렇지만 쉽지 않았어. 운이 좋았던 것 같아.

037 흥분을 감출 수 없을 때

: 우리는 흔히 서양인들은 합리적이라고 알고 있는데 사실 많은 서양인들이 아주 사소한 상황에서도 흥분을 잘 하는 것을 볼 수 있습니다. 흥분의 기분을 나타낼 때는 It's very exciting.(아주 재미있어요.) / It's thrilling.(스릴 있네요.) / This is fantastic!(멋지네요!) / I love it!(마음에 들어!) 등으로 표현합니다. 그리고 How exciting!(재미있네요!)과 같이 감탄문의 형태로도 나타낼 수 있습니다.

 **Standard**

It's very exciting.
아주 재미있어요.

플러스 표현 ++

- **This is thrilling.**
  스릴 있네요.

- **His play[performance] is[was] sensational.**
  그의 연극[공연]은 멋지군요.

- **How exciting (this is)!**
  재미있네요!
  > 감탄문으로 <How + 형용사[부사] (+ 주어 + 동사)!>의 형태로 나타낸다.

 **Formal**

It's absolutely exhilarating.
아주 흥분됩니다.

플러스 표현 ++

- **I'm inclined to say that this is most exciting.**
  아주 재미있다고 말하고 싶은 기분입니다.
  > be inclined to : 의향이 있다(= intend to)

- **This is totally stimulating[exhilarating].**
  이것은 정말 자극적입니다.

- **Rarely am I as enthusiastic about anything as I am now.**
  지금만큼 재미있었던 적은 없었습니다.

 **Casual**

Wow!
와우!

플러스 표현 ++
- **I'm so excited!**
  흥분돼!
  > I feel excited! 라고 해도 문법적으로 틀린 표현은 아니지만 구어체에서는 I'm so excited! 라고 많이 쓴다.

- **Gee! This is fantastic!**
  와! 멋지다!

- **This really turns me on[gets me going / gets to me]!**
  정말 황홀해.
  > turn on : (사람을) 흥분시키다

* Tip turns me on은 1960년대 히피문화에서 많이 쓰던 오래된 영어표현으로 현재는 많이 쓰지 않는다. 그러나 야한 농담 상황에서 '나를 흥분하게 한다' 라는 의미로는 특별한 상황상 쓸 수도 있다.

 회화 연습

축구 경기를 보며 흥분했을 때

A This is quite a game. Diaz just kicked in another goal.
B Yes, it's very exciting.

A 재미있군요. 디아즈가 또 골을 넣었어요.
B 예, 아주 재미있군요.

101

038 놀람을 표현할 때

: 사람은 어떤 상황에서 크게 놀라면 말문이 막히게 됩니다. 미국인들은 자신이 놀라게 되었을 때 Oh, my god!(아니, 저런!)이라고 합니다. 이런 놀람을 표현할 때는 감정의 표현인 만큼 어설픈 흉내를 내기보다는 자연스럽게 표현하는 것이 좋습니다.

 **Standard**

That's very surprising.
놀라워요.

플러스 표현 + +
- **What a surprise!** 놀랐어요!
  = I'm surprised.
  > 감탄문으로 <What + (a) + 형용사 + 명사 + 주어 + 동사!>의 형태로 나타내는데 이 표현을 할 때는 감정을 충분히 실어야 한다.

- **I never expected that.** 뜻밖이에요.

- **Really?** 정말이에요?

- **You must be joking.** 농담이죠?

- **Are you serious?** 진담이에요?
  > 이 외에도 That's unbelievable. / That's incredible. / I can't believe it. / No way!(말도 안 돼!) 등이 있다.

 **Formal**

That comes as quite a surprise.
그거 아주 놀랍습니다.

플러스 표현 + +
- **I find it astonishing that such a thing happened.**
  그런 일이 일어났다니 놀랐습니다.

- **How utterly incredible!**
  정말 믿을 수 없습니다!

- **I must say that all of this comes as a total surprise[shock].**
  이 모든 것이 정말 놀랍다고 할 수 있겠습니다.

- **Not even in my wildest dreams did I think such a thing would happen.**
  꿈에서라도 그런 일이 일어나리라고는 생각하지 못했습니다.

- **I find that hard to believe.**
  정말 믿을 수 없습니다.
  > I'm very surprised.의 격의 없는 표현

Casual

Well, I'll be darned.
놀랐어.

플러스 표현 ++

- **I don't believe it!**
  못 믿겠어!
  > 이 외에도 Unbelievable! / Incredible! 등으로 쓸 수 있다.

- **You don't say!**
  설마!

- **You scared me.**
  놀랬잖아!
  = You startled me.
  > 상대의 언동에 놀랐을 때의 표현

- **You must be kidding!**
  농담이지!

- **You're putting me on.**
  농담이겠지.

- **No kidding?**
  농담이지?
  > No kidding?이란 '설마 날 놀리는 건 아니겠지? 어쩜 그럴 수가?'의 뜻으로 You must be kidding. 또는 Are you kidding?과 의미가 거의 같다. '농담이야.'는 I'm only kidding. 등으로 말하고, Are you pulling my leg?라고 하면 '정말이야? 놀리지 마.'라는 의미가 된다.

회화 연습

동창회에서

A Do you remember Mary, the All-American Girl?
B Yes. Didn't she marry the captain of the football team?
A No, she married the football coach who is 20 years older than she is.
B **That's very surprising.**

A 올 아메리칸 걸인 메리를 알고 있어?
B 응. 풋볼팀의 주장과 결혼하지 않았어?
A 아니야! 20살 연상인 풋볼 코치와 결혼했어.
B 놀랍군.

039
화가 많이 났을 때

: 외국인과 대화를 하다보면 뜻하지 않게 의견 충돌이나 비위에 거슬리는 언사로 인해 화를 낼 수밖에 없는 상황이 있기 마련입니다. 단순히 화가 난다는 표현에서부터 심하게는 욕설을 퍼붓는 경우까지 이르기도 합니다. 이럴 때는 You're going too far.(말씀이 지나치군요.) 또는 강한 어조로 Stop it!(그만 하세요!) / Shut up!(입 닥쳐!)이라고 말합니다. 상대의 화를 가라앉힐 때는 Calm down!(진정하세요!)이라고 하면 됩니다.

I'm very angry about what he said.
그가 말한 것에 아주 화가 나요.

> be angry about : ~에 화가 나다

플러스 표현 ++

- **I'm really irritated that we didn't get a cost of living raise.**
  생활비분의 봉급인상이 없어서 화가 나요.

- **I'm outraged over that type of sexual harassment in our school.**
  우리 학교의 저런 성희롱에는 정말 화가 나요.

- **I'm very unhappy about unfair hiring practices.**
  불공평한 고용 관행에 불만이에요.

- **The boss is furious about the mistake.**
  사장은 실수에 아주 화가 나 있어요.

I find what he said to be totally annoying.
그가 말한 것이 정말 화나게 합니다.

플러스 표현 ++

- **I'm extremely displeased about the lack of discipline on the job.**
  업무상 규율의 결여가 정말 마음에 들지 않습니다.

- **I refuse to tolerate such objectionable behavior any longer.**
  저런 불쾌한 태도에 더 이상 참을 수 없습니다.

- **She was enraged by his crude remarks.**
  그의 무례한 발언에 그녀는 화가 났습니다.

> be enraged by : ~에 몹시 화내다

 **Casual**

I'm ticked off about what he said.
그가 말한 것에 화가 났어.

> tick off : 화나게 하다

플러스 표현 ++

- **I'm mad.**
  화났어.
  > 이 외에도 I'm angry. / I'm pissed off. 등으로 쓸 수 있다.

- **That makes my blood boil.**
  화가 치밀어.
  > make person's blood boil : 사람을 화나게 하다

- **It makes my blood curdle.**
  아주 화가 나.
  > blood curdle : blood(피)가 curdle(응고하다) 할 정도로 끔찍하다는 의미로 정말 화가 났을 때 쓰이는 표현이다.

- **Enough of this nonsense!**
  이런 바보 같은 것은 이제 됐어!

- **He's burned up.**
  그는 화가 나 있어.

* Tip master / president / manager / boss / proprietor / head

한국에서는 클럽 등에서 카운터에서 접객을 담당하는 사람을 마스터[지배인]라고 부르지만 현대 영어에서는 호격으로 master를 사용하지 않는다. 또한 master and man(주인과 하인)에서도 알 수 있듯이 권력 의식을 느낄 수 있는 말이다.
president는 대통령, 회장, 총장. 사장 등의 의미가 있고 어떤 조직의 우두머리를 의미한다. 그러나 The president of our branch office is Mr. Robinson.이라고는 할 수 없다. branch office(지점)라는 어구와 president라는 말과는 상충되기 때문이다. manager라면 좋다.
boss는 우리말에서는 좋지 않은 의미로 쓰일 때도 있지만 영어에서는 친근감을 나타내는 상사라는 의미로 흔히 쓰인다. proprietor는 작은 가게의 주인 등을 나타내는 말이지만 현대 영어에서는 그다지 쓰이지 않는다. owner 쪽이 더욱 많이 사용된다.
확실한 직책을 모르거나 확실하지 않은 경우에는 head를 주로 사용한다.

 **회화 연습**

헛소문에 대해 화낼 때

A One of our clients is spreading rumors about our company.
B Yes, I heard, and **I'm very angry about what he said.**

A 우리 고객 가운데 한 사람이 우리 회사에 대한 헛소문을 퍼뜨리고 있어요.
B 예, 저도 들었어요. 그가 말한 것에 아주 화가 나요.

040
지루함을 표현할 때

: 대화를 나누거나 일을 하다가 지루해 지면 This is boring.(지루해요.) / I'm sick and tired of it.(진짜 지겹다.) 등으로 표현하며 I'm tired of my work.(이 일에 싫증이 나요.)라고 뒤에 무엇에 싫증이 나고 지루한지 덧붙여 주면 상대방이 말뜻을 이해하는데 더 큰 도움이 될 수 있습니다. 지루함을 표현할 때는 sick and tire만 제대로 알고 있으면 됩니다.

 **Standard**

This is (a little) boring.
(좀) 지루해요.

플러스 표현 ++
- **This is dull.**
  지루해요.

- **I'm terribly bored.**
  아주 지루해요.

- **I don't think this is interesting at all.**
  전혀 재미있지 않은 것 같아요.

 **Formal**

I find this (to be) rather boring.
이건 다소 지루하다고 생각합니다.

플러스 표현 ++
- **It's very difficult to get excited about this.**
  이것에 재미를 느끼기는 어렵습니다.

- **I don't find this to be the least bit stimulating.**
  그것이 자극적이라고는 전혀 생각지 않습니다.

- **This is hardly what I would call exciting.**
  그것을 재미있다고 하기는 어렵습니다.

 **Casual**

How dull!
지루해!

플러스 표현 ++
- **I'm bored stiff.**
  정말 지루해.

- **I'm sick and tired of it.**
  진짜 지겹다.
  > sick and tired of : ~에 넌더리가 나다

- **This is putting me to sleep.**
  졸음이 와.

- **It's boring me to death.**
  지루해서 죽겠어.
  = Time hangs heavy on my hands.

- **This waiter is so blasé.**
  이 웨이터가 좀 그렇네.
  > blasé : 혱 싫증난, 물린

 회화 연습

강의가 지루할 때

A Wasn't that an interesting point he just made?
B I don't think so. **This is a little boring.** Wake me up when it's over.

A 재미있는 지적이지 않았어?
B 그렇게 생각하지 않아. 좀 지루해요. 끝나면 깨워줘요.

041
실망감을 표현할 때

: 사람들과의 만남에서 항상 좋은 일만 있을 수는 없습니다. 외국인과 친구 사이거나 때로는 사업적인 만남에서조차도 화를 내거나 그로 인해 실망하는 일이 종종 일어나게 됩니다. 실망했을 때는 돌려서 말하지 말고 다음과 같이 직접적으로 I'm disappointed.(실망했습니다.) / Don't let me down.(저를 실망시키지 마세요.) 등으로 표현합니다.

 **Standard**

I'm disappointed.
실망했어요.

플러스 표현 ++
- **That's very disappointing.**
  아주 실망했어요.

- **That's not how I had hoped it would be.**
  바라던 것이 아니에요.

- **It didn't meet my expectations.**
  예상과 반대였어요.

- **He failed to live up to my expectations.**
  그는 제 기대에 부응하지 못했어요.

- **It's disheartening to be rejected.**
  거절당해서 실망이에요.

- **He really let me down.**
  그는 저를 정말 실망시켰어요.
  > let ~ down : ~를 실망시키다

 **Formal**

I'm not happy that things didn't turn out as I had expected.
기대했던 것만큼 되지 않아서 유감입니다.

플러스 표현 ++
- **I regret to say that I'm disappointed.**
  실망했다고 해야 할 것 같습니다.

- **I find the situation rather disappointing myself.**
  사태는 상당히 나쁘다고 알고 있습니다.

- **Unfortunately, my expectations have gone unmet.**
  안됐지만 기대에 벗어났습니다.

> unmet : 휑 (요구·목표 등이) 채워지지 않은

- **To my chagrin[dismay] the company hired a man with a poor employment record.**
  걱정스럽게도[실망스럽게도] 회사는 그다지 경험이 없는 사람을 채용했습니다.

> chagrin : 휑 억울함, 분함

 Casual

How disappointing!
실망이야!

플러스 표현 ++

- **What a letdown!**
  실망이야!
  > 이 외에도 What a bummer! / What a disappointment! 등으로 쓸 수 있다.

- **What a pity!**
  참 안됐군!

- **That sucks!**
  제기랄!

- **Just my luck.**
  또 글렀다.

- **Shoot!**
  아이고!

- **I'm bummed out!**
  실망이다, 실망!
  = I'm disappointed. / I'm sad.

 회화 연습

야구 경기가 끝난 후

A The Tigers won the pennant.
B **I'm disappointed because I wanted the Giants to win.**
A I didn't know you were a Giants fan.

A 타이거즈가 우승했군요.
B 자이언츠가 우승했으면 했는데 실망했어요.
A 당신이 자이언츠 팬인지 몰랐어요.

> win the pennant : 우승하다

042 걱정스러울 때

: 외국인이든 내국인이든 상대방에 대한 근심과 걱정을 이해하고 격려해 줄 수 있는 마음이 있어야 보다 깊이 있는 교제를 할 수 있습니다. 상대방에게 뭔가를 걱정하고 있을 때 What's your worry?(무슨 일로 걱정하세요?) / Are you okay?(괜찮아요?)라고 물으면 자신에게 관심을 가져준 것에 대해 고맙게 여길 것입니다. 여기에 덧붙여 상대방을 위해서 Don't worry.(걱정하지 마세요.) / Don't worry about it.(걱정하지 마세요.)이라고 격려를 해준다면 보다 친분이 돈독해질 수 있습니다.

 **Standard**

I'm worried about communicating in a foreign language.
외국어로 의사소통하는 게 걱정이에요.

> be worried about : ~에 대해 걱정하다

플러스 표현 ++

- **I'm uneasy about walking alone at night.**
  밤에 혼자서 걷는 것은 불안해요.

- **It's unsettling to think that most people die within 25 miles of their home.**
  대부분의 사람이 자신의 집에서 25마일 범위 내에서 죽는다고 생각하면 불안해요.
  > be unsettling to : ~을 심란하게 하는

- **The impact of this tragedy on her is worrying.**
  그녀에게 준 이번 비극의 충격이 마음에 걸려요.

 **Formal**

I'm rather concerned about communicating in a foreign language.
외국어로 의사소통 하는 게 매우 불안합니다.

플러스 표현 ++

- **I'm rather apprehensive about the effectiveness of our downsizing.**
  다운사이징의 효과에 아주 불안합니다.
  > 걱정을 나타낼 때는 uneasy, nervous, anxious, apprehensive, concern, worry, fear 등을 이용해서 표현한다.

- **I'm feeling somewhat anxious about our new venture with Japan.**
  일본과의 새 사업은 다소 불안합니다.

- **I'm quite[extremely] concerned about the high absentee**

rate last month.
지난달의 높은 결석률이 걱정입니다.

> absentee rate : 결석률

- **She expressed concern about the virus.**
그녀는 바이러스에 대한 걱정을 말했습니다.

- **He showed deep concern for the earthquake victims.**
그는 지진의 희생자에게 유감의 뜻을 표했습니다.

> deep concern : 크게 걱정하는 것

I'm worried to death about communicating in a foreign language.

외국어로 의사소통 하는 게 걱정이야.

플러스 표현 ++
- **I'm worried sick about being laid off.**
해고당하지 않을까 걱정이야.

> lay off : 해고하다

- **I'm scared I'll get lost in this shopping center.**
이 쇼핑센터에서 길을 잃지 않을까 걱정이야.

> get lost : 길을 잃다
> I'm scared ~ : ~에 대해 두렵다

- **I'm worried sick about the safety of my new car.**
새 차의 안정성이 정말 불안해.

- **I'm scared to death.**
겁나서 죽겠어.

해외여행에 관해 이야기할 때

A Aren't you excited about going to Paris?
B Yes, but **I'm worried about communicating in a foreign language.**
A I didn't know you spoke French.
B Very little.

A 파리에 가는 게 즐겁지 않아요?
B 즐거워요. 그런데 외국어로 의사소통하는 게 걱정이에요.
A 당신이 프랑스어를 하는지 몰랐어요.
B 아주 조금 해요.

043 괴로움을 표현할 때

: 외국인들과 좀 더 가깝게 지내기 위해서는 상대방의 괴로움을 이해하고 내 일처럼 걱정해 줄 수 있어야 합니다. 어떠한 일로 인해 괴로울 때는 It annoys me.(걱정입니다.) / It gets on my nerves.(신경 쓰이게 해요.)라고 표현하며 이러한 괴로움에 격려해 준다면 보다 가까운 친분관계를 유지할 수 있을 것입니다.

 Standard

It bothers me that today's youth aren't familiar with classic literature.

요즘 젊은이들은 고전문학을 잘 모른다는 것이 걱정이에요.

> It bothers me ~. : ~이 나를 걱정하게 한다.
> be familiar with : ~를 잘 알다

플러스 표현 ++

- **It annoys me.**
  걱정이에요.

- **I'm disturbed by his noise.**
  그의 시끄러운 소리가 방해돼요.

- **The dog's constant barking is upsetting me.**
  저 개 짖는 소리가 신경 쓰이게 해요.
  > I was upset.이라고 하면 '기분이 언짢았다, 화가 났다' 정도의 뜻

 Formal

To a certain extent, I'm troubled by the fact that today's youth is not familiar with classic literature.

다소, 저는 요즘 젊은이들이 고전문학을 잘 모른다는 것이 걱정입니다.

플러스 표현 ++

- **It perturbs me that some people don't apologize for their mistakes.**
  몇 사람이 실패를 사과하지 않아서 곤혹스럽습니다.
  > perturb : 통 곤혹스럽다, 혼란시키다

- **I'm rather disturbed by the stream of complaints about our service.**
  우리의 서비스에 대한 불만의 기류에 다소 곤혹스럽습니다.

- **I'm forced to admit that his arrogance gets on my nerves.**
  그의 거만함에 화가 난다고 인정하지 않을 수 없습니다.

Casual

It bugs me that today's youth aren't familiar with classic literature.
요즘 젊은이들이 고전문학을 잘 모른다는 것이 나를 괴롭혀.
> bug : 귀찮게 하다, 괴롭히다

플러스 표현 ++

- **It gets on my nerves.**
  신경 쓰이게 해.
  > get on a person's nerves : ~의 신경을 건드리다, 신경질 나게 하다 (= give a person the nerves)

- **It rubs me the wrong way.**
  속 타게 해.

- **It ruffles my feathers.**
  화나게 해.
  > ruffle (up) a person's feathers : 화나게 하다, 거슬리게 하다

- **It bugs me.**
  곤혹스럽게 해.
  > 컴퓨터 프로그램의 오류인 버그. Stop bugging me.라고 하면 '괴롭히지 마, 귀찮게 말하지 마.'

- **It's getting on me.**
  난처하게 해.

회화 연습

대학에서 교수들이 이야기 할 때

A It bothers me that today's youth aren't familiar with classic literature.
B I feel that same way. I think classics describe the human condition much more eloquently than most of today's pop literature.

A 요즘 젊은이들은 고전문학을 잘 모른다는 것이 걱정이에요.
B 동감입니다. 요즘 대부분의 대중소설보다 고전이 인간의 모습을 더 잘 그리고 있다고 생각합니다.

044 누군가를 동정할 때

: 동정의 표현은 진심이 담겨 있으면 상대방에게 격려가 되지만 그렇지 못할 경우에는 빈정거림이나 연민의 어투가 되기 쉽기 때문에 유의해야 합니다. 가령 상대방의 좋지 못한 일에 대해서는 That's too bad.(참 안됐군요.)라는 말을 건넬 수 있어야 할 것입니다.

Standard

I'm sorry to hear that.
그거 안됐어요.

= I'm sorry about that. / That's a pity. / What a pity.

플러스 표현 ++

- **I'm very sorry to hear about your accident.**
  사고가 났었다니 안됐어요.
  > I'm very sorry to ~ : ~하다니 정말 안됐어요

- **I know how it feels.**
  기분을 알겠어요.

- **You must be so upset.**
  실망이 크시겠죠.
  > upset : 마음이 상한, 실망한

- **That's too bad.**
  안됐군요.
  > 누구에게 좋지 않은 일이 생겼을 때 혹은 그 사람을 위로하고자 할 때 사용할 수 있는 표현

- **What terrible luck!**
  매우 안됐군요!
  = That's a shame.(참 안됐네요.) / That's terrible!(아주 끔찍한 일이군요!) / That's awful!(정말 끔찍해요!)

Formal

I'm deeply sorry to hear that.
그거 정말 안됐습니다.

플러스 표현 ++

- **I'm really concerned about you.**
  정말 걱정입니다.

- **I can imagine what you're going through.**
  마음이 얼마나 아픈지 알 수 있습니다.

- **My heart goes out to you.**
  깊이 동정합니다.

- **It gives me great sorrow to know that[It saddens me to hear that].**
  그것을 알고[듣고] 정말 슬픕니다.

- **That news fills me with such sorrow.**
  그 뉴스를 듣고 슬픔에 가득 찼습니다.

 Casual

How sad!
슬퍼!

플러스 표현 ++

- **Oh, no!** 아, 안 돼!
- **Poor soul!** 불쌍해!
- **You poor thing!** 불쌍하게도!
- **I'm crushed.** 마음이 아파.
- **What a shame!** 마음이 아파!
- **What a letdown[downer]!** 슬퍼!
- **What a pity!** 안됐어!
- **How awful!** 안됐어!
- **How depressing!** 딱하구나!

 회화 연습

동료가 교통사고를 당했을 때

A Tom was in a traffic accident last night.
   He's in Mercy Hospital with multiple fractures.
B Oh no! **I'm sorry to hear that.**

A 탐이 어제 밤에 톰이 교통사고가 났어요. 복합골절로 멀시 병원에 입원했어요.
B 맙소사. 안됐군요.

> multiple fracture : 복합골절

045
문상을 갔을 때

: 상대방이 큰 슬픔을 당했을 때 어떻게 위로해야 할까요? 외국인과 가까운 친분관계를 유지하는 경우 장례식에 조문을 가야하는 상황이 생길 수도 있습니다. 큰 슬픔의 소식을 접하고서 상대방에게 해 줄 수 있는 표현은 I'm so sorry to hear that your grandmother passed away.(할머니께서 돌아가셨다니 정말 안됐네요.)라고 합니다.

 **Standard**

I'm so sorry that your father passed away.
아버님이 돌아가셨다니 정말 안됐어요.

플러스 표현 ++
- **I'm so sorry about the terrible accident. If there's anything I can do, please call.**
  정말로 끔찍한 사고였어요. 제가 할 수 있는 일이 있으면 언제라도 불러주세요.

- **I don't know what to say except I'm sorry to hear about your father's death.**
  아버님이 돌아가셨다니 무어라고 드릴 말씀이 없어요.

- **My deepest[sincere] condolences[sympathies].**
  애도를 표합니다.
  > 조문할 때에는 이런 짧은 말이 자주 쓰인다.
  > 사람이 사망했을 때 우리는 die, dead 등으로 쓰는데 pass away라고 해야 예의 바른 표현이 된다. 이렇게도 쓴다. He's not with us any more.

 **Formal**

I'm most distressed about your father's death.
아버님께서 돌아가셨다니 깊은 애도의 뜻을 표합니다.

플러스 표현 ++
- **You have my deepest sympathy at this difficult time.**
  이런 어려운 때에 진심으로 애도를 표합니다.

- **Please accept my heartfelt condolences.**
  진심으로 애도를 표합니다.

- **I was most distressed to learn about your father's death[passing].**
  부친께서 돌아가셨다는 소식을 접하고 진심으로 애도의 뜻을 표합니다.

Casual

It was such a pity that your father died.
부친께서 돌아가셔서 정말 안됐어.

> It's a pity ~ : ~하다니 안타깝다

플러스 표현 ++

- **It's just awful that your father died.**
  부친께서 돌아가셔서 안됐어.

- **I feel bad that your father died.**
  부친께서 돌아가셔서 슬퍼.

- **It's unfortunate[awful] that your father died.**
  부친께서 돌아가셔서 안됐어.

- **Too bad about your father.**
  부친께서 돌아가셔서 정말 안됐어.

회화 연습

친구를 문상할 때

A **I'm sorry to hear about your father's death.**
   Please accept my condolences.
B Thank you.
A I hope that you will recover from your sorrow soon.

A 아버님이 돌아가셨다고 하더군요. 안되셨어요[애도를 표합니다].
B 고마워요.
A 속히 슬픔에서 벗어나길 바라요.

046 친구를 격려할 때

: 상대방이 걱정거리가 있어 기운이 없거나 우울해 하고 있을 때 Cheer up! (힘내!)이라고 격려를 한다면 고맙게 생각할 것입니다. 어려울 때 옆에서 말 한마디라도 따뜻하게 해준다면 상대방에게는 큰 힘이 될 거라 믿습니다. 다음에 나오는 다양한 격려의 표현을 익혀봅시다.

 **Standard**

You will do fine!
잘 될 거예요!

플러스 표현 ++
- **We are behind you all the way.**
  항상 응원하고 있어요.

- **That's terrific!**
  굉장한데요[잘 하고 있어요]!

- **Keep up the good work!**
  그대로 열심히 해요!

- **You're doing fine[great]!**
  잘 하고 있어요!

- **You did a good job!**
  잘 했어요!

> 상대방을 격려하거나 어떤 행위를 잘 했다고 칭찬할 때 쓴다. Excellent! / Well done! / Terrific! / That's neat. / Good job. 등으로 바꿔 쓸 수 있다.

 **Formal**

I'm standing behind you.
진심으로 지지[응원]합니다.

플러스 표현 ++
- **You have our support[backing].**
  우리가 응원하고 있습니다.

- **You are doing an outstanding job.**
  아주 잘 하고 있습니다.

- **That's most promising.**
  아주 기대됩니다.

- **We have faith in you.**
  믿고 있습니다.
  = We have all the faith in the world in you.

 **Casual**

Go on, you can do it!
그래, 틀림없이 할 수 있어!

플러스 표현 ++
- **Go for it!**
  힘내, 가자!
= Go ahead!

- **Keep it up!**
  포기하지 말고!
= Stick with it!

- **That's the way to go!**
  그런 식으로 계속 해!
= Way to go!
> 열심히 하고 있는 사람을 격려할 때의 관용구

- **I'm with you all the way!**
  끝까지 함께 할게!

- **(Keep your) Chin up!**
  기운 내!
> 직역하면 '턱을 올려라' 이며, 실망하고 있는 사람을 격려할 때의 표현이다.

*Tip 비교 표현을 이용한 격려문
No one can do better. 어느 누구도 더 잘 할 수 없어.
You are the best! 당신이 최고예요!
I could never do as well as you. 나도 너 만큼 잘 할 수 없어.

 회화 연습

영어연설 연습을 하고 있는 사람을 격려할 때
A Oh, I can never give this speech well in English.
B No, don't worry. **You'll do fine.**

A 이 연설을 영어로 잘 할 수 없어.
B 아니에요, 걱정 말아요. 잘 될 거예요.

047 누군가를 위로할 때

: 상대방이 어떤 일로 인하여 침울해 있거나 낙담할 때 위로의 한마디를 건넨다면 상당한 위안과 격려가 될 것입니다. 가령 Don't worry.(걱정 말아요.) / Cheer up.(힘내세요.) / Calm down.(진정해요.)과 같은 표현은 상대방에게 용기를 북돋아 주는 말입니다.

 **Standard**

Please don't worry.
걱정하지 말아요.

플러스 표현 ++
- **You don't have to worry.**
  걱정할 필요 없어요.

  = It's nothing to be concerned about. / No need to worry. / Don't be so anxious.

- **There's nothing to worry about.**
  걱정할 것 없어요.

- **Everything is just fine.**
  잘 될 거예요.

- **I'm sure everything will be okay.**
  모두 괜찮을 거예요.

 **Formal**

Be assured you have nothing to fear.
두려워 할 거 없습니다.

플러스 표현 ++
- **I promise you there is no problem.**
  아무 문제가 없을 거라고 약속합니다.

- **There's really no reason to be upset.**
  걱정할 이유는 전혀 없습니다.

- **Everything has been taken care of, so put your mind at ease.**
  모두 순조로우니까 안심하세요.

  > put one's mind at ease : 마음을 턱 놓다, 안심하다

Casual

You'll do fine.
괜찮아.

플러스 표현 ++

- **Take it easy.**
  편히 해.
  > 여기서는 '쉬엄쉬엄 해.'라는 의미로 '살펴 가.'를 뜻하는 작별 인사로도 많이 쓰이는 표현이다.

- **Calm[Settle] down!**
  진정해.
  = Don't get excited! / Cool it! / Simmer down!(흥분을 가라앉혀!)
  > '조용히 해!'라고 할 때도 쓰인다.

- **Never say die.**
  비관하지 마.
  = Never give up. / Never surrender.
  > 누군가가 I'm washed-up.(완전히 끝났어.) / I'm finished.(난 끝났어.)라고 절망에 빠져 있다면 이렇게 말하며 위로할 수 있을 것이다.

회화 연습

영어 면접시험을 앞둔 사람을 안심시킬 때

A I have to do the interview in English. I don't think I can make myself understood in English.

B **Please don't worry.** You've practiced so many times. I'm sure you'll do fine.

A 영어 면접시험을 봐야 해요. 영어로 제 의사를 확실히 전달할 수 없을 것 같아요.
B 걱정하지 말아요. 여러 번 연습을 했으니까 잘 될 거예요.

048
안도와 안심이 될 때

: 걱정하던 일이 잘 풀려 안심이 될 때 What a relief!(아, 살았다!)라고 말합니다. 이 말은 감탄문이므로 안심하는 마음을 좀 더 강렬하게 나타냅니다. 이런 감탄문이 아니라면 대신 I was relieved.(안심이야.)라고 말하기도 합니다. 다음에 나오는 다양한 안도의 표현을 익혀봅시다.

Standard

That's a relief!
살았어요!

플러스 표현 ++
- **Thank heavens!**
  잘 됐어요!

- **Thank goodness for that!**
  잘 됐어요!

- **What a relief!**
  아, 살았어요!

Formal

I'm relieved that we didn't lose the contract.
계약 기회를 잃지 않아서 안심했습니다.

플러스 표현 ++
- **It's (extremely) relieving to know that a veteran pilot is flying this plane.**
  베테랑 비행사가 이 비행기에 타고 있다니 정말 안심입니다.

- **I couldn't be more relieved to know that the situation resolved itself.**
  사태가 자연히 해결된다니 정말 안심했습니다.

- **I'd like to breathe a sigh of relief that our accounts were not hurt.**
  거래처가 손해를 입지 않아서 한숨 놓았습니다.

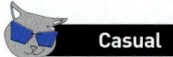

Casual

Whew!
살았다!

> 안도감을 나타낼 때 쓰는 의성어로 phew라고도 한다.

플러스 표현 ++

- **Glad that's over.**
  만사가 끝나서 기뻐.

- **That's a load off my shoulders[mind].**
  이제 안심이구나.
  > load off one's shoulder[mind] : 마음의 짐을 덜다, 안심시키다

- **Now I can sleep at night.**
  이제 안심하고 쉴 수 있어.

* Tip   rest in peace(지하에 잠들다)는 누군가 죽었을 때 표현한다. 절대로 살아있는 사람에게 쓰는 단어가 아니다. 짧게 줄여서 R.I.P. 라고도 쓴다.

회화 연습

회화 거래처와 드디어 계약에 이르렀을 때

A They finally agreed to renew their contract with us.
B **That's a relief!** For a while there, I thought they might terminate it.

A 거래처가 계약 변경에 드디어 합의했어요.
B 살았어요! 해약하지 않을까 생각했어요.

049
누군가를 칭찬할 때

: 사람들은 누구나 다른 사람들로부터 인정받고 칭찬을 받고 싶어 합니다. 미국인을 만나서 상대방의 좋은 점을 칭찬한다면 훨씬 좋은 분위기로 대화를 이끌 수 있을 것입니다. 미국인들은 상대방의 칭찬을 잘합니다. 지금부터라도 상대방이 일을 잘했을 때 Great!(대단해요!) / Wonderful!(훌륭합니다!) 등으로 칭찬합시다.

 **Standard**

The Hanbok is very becoming on you!
한복이 아주 잘 어울리는군요.

플러스 표현 + +
- **What an outstanding performance!**
  멋진 공연이었어요!

- **You did a wonderful job!**
  정말 잘 했어요!
  > 목표를 달성한 사람에게 하는 칭찬의 표현

- **You have very good taste!**
  좋은 취미를 가졌군요!

 Formal

You are to be complimented on your choice of Hanbok.
한복을 선택한 데 대해 찬사를 드립니다.
> compliment on : 찬사를 드리다

플러스 표현 + +
- **May I say how elegant you look?**
  아주 우아해 보입니다!

- **If you permit me to say so, your dress is gorgeous.**
  아주 멋진 드레스입니다.

- **Please accept my compliments on your outstanding performance.**
  탁월한 공연에 찬사를 드립니다.

Casual

Fantastic Hanbok!
멋진 한복이구나!

플러스 표현 ++
- **I like your Hanbok.**
  한복이 마음에 들어.
  > 이때는 Thank you. 라고 100% 대답을 해야 한다. 그것이 예의다.

- **I adore your furniture.**
  좋은 가구구나.

- **What a neat Hanbok!**
  멋진 한복이야!

회화 연습

옷이 잘 어울린다고 칭찬할 때

A The Hanbok is very becoming to you!
B Thank you. I'm glad you like it.
A **You look very nice in it.**
B Thank you for saying so.

A 한복이 아주 잘 어울리는군요.
B 고마워요. 마음에 든다니 기뻐요.
A 아주 멋져 보여요.
B 그렇게 말해 줘서 정말 고마워요.

050 칭찬에 대해 응답할 때

: 칭찬할 때 It's very nice. / I really like it. / How splendid! / That's wonderful! 등으로 표현할 수 있는데 이러한 칭찬을 받으면 이에 대한 감사의 응답표현을 잊지 말아야 합니다. 가장 일반적인 표현이 Thank you.(감사합니다.) / How kind of you to say so.(그렇게 말해 주셔서 정말 감사합니다.) / I'm flattered.(과찬이십니다.)입니다.

 **Standard**

Thank you.
감사해요.

플러스 표현 ++

- **Thank you for saying so.**
  그렇게 말해 주어서 감사해요.
  = Thank you for the compliment. / Thank you for your kind words.

- **It's very nice[kind / sweet] of you to say so.**
  그렇게 말해 주어서 감사드려요.

- **What a nice thing to say! Thanks.**
  그렇게 말해 주어서 고마워요.

- **Do you really think so?**
  정말 그렇게 생각하세요?

- **Do you mean it?**
  정말이에요?

 **Formal**

I thank you very much.
정말 감사드립니다.

> 상대방에 대한 감사의 마음이 커서 Thank you very much. 등으로는 전달하기 부족할 때 How can I ever repay you?(이 은혜를 언제나 갚을 수 있겠습니까?)라고 말하면 된다.

플러스 표현 ++

- **How kind of you to say so.**
  그렇게 말해 주셔서 정말 감사합니다.

- **I appreciate your compliment very much.**
  칭찬의 말씀에 정말 감사드립니다.

- **Your praises put me to shame.**
  칭찬해 주시니 부끄럽습니다.

- **I don't deserve your praise.**
  저는 칭찬 들을 자격이 없습니다.

= I'm not worthy. / I don't deserve it.

 **Casual**

Thanks.
고마워.

플러스 표현 ++

- **I'm flattered.**
  과찬이야.

  = This is very flattering. / You're flattering me.
  > flatter : 통 듣기 좋은 칭찬을 하다, 치켜세우다

- **You are making me blush.**
  얼굴이 빨개지려고 해.

  = I'm embarrassed. / I'm turning red.
  > 상대방의 칭찬에 수줍은 듯이 응답하는 표현이다.

- **Spare me the embarrassment.**
  너무 치켜세우지 마.

- **Don't make me blush.**
  비행기 태우지 마.

Tip 칭찬을 받으면 겸손해하는 것 보다는 기쁘게 받아들이는 것이 좋다. 드물게 사용되지만 겸손의 표현도 알아 두자.

It's nothing special, actually. 아무것도 아닙니다.
I have a lot more to learn. 아직 알아야 할 것이 많아요.
I owe it to my colleagues. 동료들 덕분입니다.
Oh, not really. 아무것도 아니에요.
Nothing to it. 보잘 것 없어요.

 **회화 연습**

일에 대해 칭찬을 받았을 때

A You really did a good job.
B **Thank you. I did my best.**
A How did you get the information?
B Well, it wasn't by chance.

A 정말 잘했어요.
B 고마워요. 최선을 다했어요.
A 어떻게 정보를 얻었죠?
B 예, 우연이었어요.

> by chance : 우연히

051
감사하다는 표현을 할 때

: 미국인을 만나보았거나 외국영화를 주의 깊게 보았다면 다른 사람에게 작은 도움을 받아도 Thank you.(감사합니다.)라고 말하는 것을 알 수 있을 것입니다. 미국인들은 상대방을 배려하고 감사하는 것이 생활화되어 있어서 자연스럽게 감사의 인사를 합니다. 다음의 다양한 표현을 익혀 감사의 뜻을 전해봅시다.

 **Standard**

Thank you.
감사해요.

플러스 표현 ++

- **Thank you for your kindness.**
  친절에 감사해요.
  > 구체적으로 감사의 이유를 밝히고 싶을 때 for를 이용한다.

- **That's very kind of you.**
  친절에 감사해요.
  > 상대방의 도움이나 호의에 대한 감사 표현으로 자주 쓰인다.

- **I'm very grateful to you for your help.**
  도와 주셔서 대단히 감사해요.

- **I appreciate all you've done.**
  (협조에) 감사해요.

 **Formal**

I'm much obliged.
정말 감사합니다.

플러스 표현 ++

- **I am indebted to you for your kindness.**
  친절에 은혜를 입었습니다.

- **Allow me to express my sincere gratitude for your kindness.**
  친절에 진심으로 감사드립니다.

- **How can I repay you for your kindness?**
  친절에 대해 어떻게 감사의 말을 드려야 할지 모르겠습니다.

 Casual

Thanks.
고마워.

플러스 표현 ++

- **Thanks a million!**
  대단히 고마워!
  > million : 명 백만, 무수한
  > Thanks a million!은 약간 과장된 표현으로서 매우 고마울 때 쓴다.

- **Thanks a lot.**
  너무 고마워.
  > Thank you a lot.이나 Thanks very much.처럼 바꿔서 쓰면 어색하게 들리니 주의하자.

- **Appreciate it!**
  고마워!

- **I owe you one.**
  고마워.
  > 직역하면 '신세 한 번 졌다, 너한테 하나 빚졌다.' 라는 뜻으로, 누군가에게 호의를 받았을 때 쓸 수 있는 표현이다.

- **Gee, thanks!**
  고마워!

- **Thanks from the bottom of my heart.**
  진심으로 고마워!

* Tip   '감사합니다만 괜찮습니다.'라고 할 때의 응답

| 일반적 표현 |
No, thank you. (I think I can manage.) 아뇨, 괜찮습니다. (제가 할 수 있어요.)
That's very kind of you, but I can do it myself. 고맙습니다만 제가 할 수 있어요.

| 정중한 표현 |
I truly would love to, but I must be leaving now. 솔직히 그러고 싶지만 떠나야 해요.
* love는 여성적이고, like는 남녀 공용으로 사용할 수 있다.
I'd like to express my deepest appreciation for your offer, but unfortunately, the situation does not allow me to accept it.
당신의 제안에는 진심으로 감사를 드리지만 지금은 그것을 수락할 수 없습니다.

| 친근한 표현 |
Thanks, but I can't. 고맙지만 안 돼요.
Nope, thanks though. 안 돼요, 그러나 고마워요.

여러 가지 장면에서의 감사 표현의 예
여러모로 잘 돌보아 준 사람에게 '여러모로 감사했습니다.'라는 기분을 나타내고 싶을 때에는 Thank you very much for everything, 모르는 것이 있어서 물어 보았지만 상대방도 모른다. 그러나 상대방이 시간을 할애해 주었거나 협조해 주었으므로 '어쨌든 고맙습니다.' 라고 말하고 싶을 때

에는 Thank you anyway[Thank you just the same]. 의뢰서 등 편지의 말미에 '잘 부탁드립니다.' (앞으로의 협조에 감사드립니다.)라고 써서 첨부할 때는 Thank you in advance (for your help with this).

 회화 연습

길을 알려주어 감사하다고 할 때

A What seems to be troubling you?
B I'm trying to find Room 208, but I seem to have gotten lost.
A Here, let me take you. This building can be like a maze sometimes.
B **I really appreciate it.**

A 무슨 일입니까?
B 208호실을 찾고 있는데 찾을 수가 없어서요.
A 그럼, 데려다 드릴게요. 이 건물은 좀 찾기 어려우니까요.
B 정말 감사합니다.

> **maze** : 뗑 미로, 미궁

052 감사의 인사에 응답할 때

: 감사의 표현으로 가장 일반적으로 쓰이는 Thank you.에 대한 화답은 You're welcome. / No problem. / It was my pleasure. 등이 있습니다. 감사의 뜻을 전하는 것만큼이나 중요한 것이 감사 인사에 대한 응답이라고 할 수 있습니다. 다양한 응답표현을 익혀 감사 인사에 답해봅시다. 가끔보면 Don't mention it.이라고 말을 하는데 구닥다리 old 표현입니다.

You're welcome.
별말씀을요.
> 감사의 말을 들었을 때의 응답으로서 가장 자주 사용된다.

플러스 표현 + +
- **Not at all.**
  천만에요.
- **No trouble at all.**
  천만에요.
- **Happy I was able to help.**
  도울 수 있어서 기뻤어요.
- **Don't give it a second thought.**
  마음 쓰지 마세요.

It was my pleasure.
제가 좋아서 한 일입니다.
= My pleasure. / The pleasure was mine. / I was glad to do it.

플러스 표현 + +
- **You're most welcome.**
  별말씀을요.
- **I'm honored that I could be of (some) assistance.**
  도울 수 있어서 영광입니다.
- **I'm delighted to have been able to help you.**
  도울 수 있어서 기쁩니다.
  > be delighted to ~을 기뻐하다
- **I'm sure you would have done the same (in my position).**
  당신도 (제 입장이었다면) 그랬을 겁니다.

 **Casual**

It's O.K.
괜찮아.

플러스 표현 ++
- **(It was) No big deal.**
  별 거 아닌 걸.
  > big deal : 대단한 것

- **No worries.**
  문제없어.

- **No sweat.**
  문제없어.
  = (It's) No big deal.
  > sweat : 명 고역, 힘든 일
  > No problem.과 같이 '별거 아니다, 그리 어려운 일이 아니다' 라는 뜻으로 쓰인다.

- **That's O.K.**
  괜찮아.

- **No problem.**
  신경 쓰지 마.

 회화 연습

감사에 대해 답할 때

A Thanks to you, I was able to find an apartment close to my office.
B **Oh, it was no trouble at all.**

A 덕분에 회사 근처에 아파트를 얻을 수 있었습니다.
B 아뇨, 별 것 아니었어요.

053 사과할 때

: 상대방에게 피해를 주었을 때 사과하는 일은 당연합니다. 미국인들은 사소한 실수에도 Excuse me.(미안합니다.)를 연발합니다. I'm sorry.(미안합니다.)는 다른 사람에게 직접적인 피해를 입혔을 때 사용하고, 상대방에게 약간의 실례가 되는 행동을 했을 때는 Excuse me.라고 합니다. 그런데 여기서 Excuse me?라고 뒤를 올리면 '예? / 뭐라고요? / 다시 한 번 말씀해 주시겠어요?' 라는 의미가 됩니다.

 **Standard**

I'm sorry.
미안해요.

플러스 표현 ++

- **I'm afraid I'm at fault.**
  미안해요.

- **Excuse me.**
  미안해요.

- **I'm so sorry.**
  정말 미안해요.
  > 사과의 마음을 강조하여 표현하고자 할 때는 so, very, awfully, terribly, extremely 등의 부사를 이용한다.

- **How silly[clumsy / stupid] of me!**
  제가 바보예요!

- **Sorry. It's all my fault.**
  미안해요. 모두 제 잘못이에요.
  > 교통사고가 났을 때는 100% 본인의 과실이 아니면 절대로 I'm sorry. My fault.라고 말을 하면 안 된다. 자신의 잘못으로 뒤집어 쓸 수 있으므로 경찰이 올 때까지 기다리고 과실은 경찰의 판단에 맡기자.

 **Formal**

Please forgive me (for ~).
용서해 주십시오.

플러스 표현 ++

- **My apologies.**
  미안합니다.
  > apology는 sorry보다 정중하고 공손함을 나타내는 단어이다.

- **Please accept my (sincere) apology (for ~).**
  (진심으로) 사과드립니다.

- **I ask for your forgiveness.**
  용서를 부탁합니다.

- **I can't tell you how sorry I am.**
  미안합니다.
  > 직역하면 '얼마나 미안한지 말할 수 없다.' 이지만, 정말 말할 수 없다는 부정의 뜻이 아니라 말할 수 없을 정도로 미안하다는 강한 긍정의 뜻이다.

Sorry.
미안해.

플러스 표현 ++
- **Uh-oh, sorry.**
  아, 미안해.

- **Oops.**
  미안.

- **I didn't mean to.**
  고의가 아니었어.
  > mean : 통 의도하다, ~할 작정이다
  > 일부러 그런 게 아니라고 해명하거나 변명할 때 보편적으로 사용되는 표현이다.

책 가지고 오는 것을 잊었을 때

A Did you bring my book?
B **I'm very sorry.** I completely forgot about it.
A I really needed it today.
B I'll go right home and get it.

A 내 책 갖고 왔어?
B 미안해. 깜박했어.
A 오늘 정말 필요한데.
B 당장 집에 가서 가지고 올게.

054
사과에 대해 응답할 때

: 자신이 잘못을 했을 경우 '미안합니다.'라고 먼저 사과하는 것이 예의입니다. 사과할 때는 보통 I'm sorry.(미안합니다.)라는 표현을 쓰며, 이러한 사과의 말에 응대할 때는 That's all right.(괜찮습니다.) 그리고 용서해 달라고 할 때는 Please forgive me.(용서해 주세요.)라고 합니다. 그런데 이 Please forgive me.는 아주 급박한 상황외에서는 절대로 쓰지 않습니다. 정말로 용서를 구할 때 쓰는 표현입니다.

 **Standard**

That's all right.
괜찮아요.

= That's okay.
> That's all right.은 사과에 대한 대답이며, 이와 비슷한 That's right.(네 말이 맞아.)은 상대방의 말에 공감할 때 쓰는 표현이다.

플러스 표현 ++
- **(Please) Don't be sorry.**
  미안해 할 필요는 없어요.

- **(Please) Don't worry (about it).**
  걱정하지 마세요.
  = Don't feel bad about it. / Never mind.

- **Apology accepted.**
  예, 알았어요.

- **You don't have to say you're sorry.**
  사과할 필요 없어요.

 **Formal**

Apology is quite unnecessary.
사과할 필요 없습니다.

플러스 표현 ++
- **It's really of no importance.**
  별 것 아닙니다.

- **I accept your apology.**
  괜찮습니다.

- **I won't hold it against you.**
  용서하겠습니다.
  > 네가 나에게 무슨 잘못을 하긴 했지만 그 문제로 싫어하거나 해를 주지는 않겠다는 뜻이다.

Casual

Forget it.
괜찮아.

플러스 표현 ++
- **Never mind.**
  신경 쓰지 마.

- **No harm done.**
  문제없어.

- **What for?**
  뭐가 말이야?

회화 연습

회의에 늦었을 때

A I'm sorry. Am I late for the meeting?
B **No need to apologize.** The meeting won't start for another fifteen minutes.

A 미안합니다. 제가 늦었지요?
B 괜찮아요. 회의는 15분 뒤에 시작되니까요.

PART 4
묻고 답하기에 관한 100% 표현

Unit

055 > 081

055 길을 물을 때

: 무언가를 물을 때는 상대방에게 양해를 구한다음 질문을 하는 것이 예의입니다. 길을 물을 때는 손으로 툭치거나 잡지 말고 눈을 마주치려고 시도하면서 먼저 Excuse me.(실례합니다.)라고 하고, Could you tell me the way to City Hall?(시청에 가는 길을 가르쳐주시겠습니까?)이라고 묻습니다.

Standard

Please tell me the way to the station.
역에 어떻게 가면 되는지 가르쳐 주세요.
> way to ~ : ~에 가는 법

플러스 표현 ++

- **Could you help me find where I can get a bus to the station?**
  역으로 가는 버스는 어디에서 타면 됩니까?
  > 문장 앞에 Could you ~?를 붙이면 훨씬 정중한 느낌이 든다. 처음 만나는 사람에게 길을 물어보는 것이므로 공손하게 질문하는 것이 좋다.

- **Excuse me, I'm lost. Do you know the way to the post office?**
  실례지만 길을 잃었어요. 우체국이 어디에 있는지 아십니까?

- **Excuse me, but is this the right way to the museum?**
  실례지만 박물관에 가는 길은 이 길이 맞습니까?

Formal

Excuse me. I wonder if you could tell me the way to the station, please?
실례합니다. 역에 가는 법을 가르쳐 주시겠습니까?

플러스 표현 ++

- **Would you mind telling me where Victoria Coach Station is, please?**
  빅토리아 버스 정류장은 어떻게 가면 좋겠습니까?

- **Would you kindly direct me to the National Theater, please?**
  국립극장에 가는 법을 가르쳐 주십시오.
  > direct는 show보다 더욱 공손한 느낌을 준다.

Tip 특정한 사람이 아니라 여러 사람에게 묻는 경우는 다음과 같이 물으면 좋다.
Could anyone tell me where the ANZ Bank is?
어느 분이 ANZ 은행이 어디에 있는지 가르쳐 주시겠습니까?

Do any of you know where I can get the bus for the airport?
공항행 버스는 어디에서 타는지 누가 알고 계십니까?

 Casual

Where is the station, please?
역은 어디야?

플러스 표현 ++
- **How do I get to Information Center?**
  여행안내소는 어디야?
  > get to : 도착하다

- **You know where I can get a ticket?**
  표는 어디에서 사면돼?

- **Got any idea where the police station is?**
  경찰서는 어디인지 아니?

- **How can I get to the station?**
  역은 어떻게 가지?

- **Where am I?**
  여기가 어디야?
  = Where am I standing? / Which Street am I on? / What Street is this?
  > 자신이 있는 곳을 확인하고자 묻는 표현이다.

 회화 연습

시청에 가는 방법을 물을 때

A **Please tell me the way to City Hall.**
B Yes. Go down this road and turn right at the third corner.
  And then you will see it in front of you.
A Thank you very much.
B You're welcome.

A 시청에는 어떻게 가면 되는지 가르쳐 주시겠습니까?
B 예. 이 길을 똑바로 가서 세 번째 모퉁이에서 오른쪽으로 도세요.
  그러면 앞쪽에 보여요.
A 감사합니다.
B 천만에요.

> No problem.(천만에요.)이라고 해도 좋다.

056 이름을 물어볼 때

: 상대방의 이름을 물어볼 때는 What's your name?을 가장 흔하게 쓰며, 좀 더 공손하게 묻고자 할 때는 Can[May] I have your name? / Can you tell me your name? 등을 씁니다. 문장 뒤에 please를 붙이면 더욱 공손한 표현이 됩니다. 친한 사이에는 Can I를 생략하여 간단하게 Your name?이라고도 합니다.

 **Standard**

What's your name?
이름이 뭐예요?

플러스 표현 ++

- **Can I have your name, please?**
  이름을 물어도 돼요?
  > 이름을 물을 때는 Can[May] I have ~? / Can you tell me ~? / I wonder if ~ 등을 붙여 공손하게 묻는다.

- **Can I get your name?**
  이름이 뭐예요?

- **Can you tell me your name, please?**
  이름을 가르쳐 주시겠어요?

- **May I have your name, please?**
  이름을 물어도 돼요?
  > 상대방이 이름을 말해 주었는데 확실히 모르거나 잊어버렸을 때는 망설이지 말고 What's your name again, please?라고 물어 보자.

 Formal

Would you mind telling me your name?
이름을 가르쳐 주시겠습니까?

플러스 표현 ++

- **I wonder if I could have your name, please.**
  이름을 물어도 되겠습니까?

- **I wonder if you could give me your name, please.**
  이름을 가르쳐 주실 수 있습니까?

- **Could I have your full name, please?**
  이름을 물어도 되겠습니까?
  > full name은 <first name(이름) + middle name + last name(성)>을 뜻한다. last name은 family name이라고도 한다.

- **Could you tell me your name, please?**
  이름을 가르쳐 주시겠습니까?

- **Would you give me your name, please?**
  이름을 가르쳐 주시겠습니까?

Casual

Tell me your name.
이름을 말해 줘.

> 문두에 Could you ~?라는 구문이 생략된 명령형의 표현

플러스 표현 ++

- **Your name?**
  이름이 뭐야?

- **Give me your name.**
  이름이 뭐야?

> 모두 무뚝뚝한 어법이다.

* Tip full name은 이름(first name)과 중간 이름(middle name), 그리고 성(last name)을 모두 아우른 정식 이름을 의미하는데 보통 미국인들은 자신의 first name을 불러주기를 원한다.

first name
우리말의 이름을 의미하며, Christian name이나 given name이라고도 한다.

middle name
서양에만 존재하는 중간 이름을 지칭하며, 흔히 첫 글자를 대문자로 사용하여 약칭하는 경향이 있다.

last name
성(姓)에 해당되는 말로 family name, 혹은 surname으로 부르기도 한다.

회화 연습

이름을 물을 때

A **What's your first name, please?**
B **My first name's Cavilleri.**
A **Sorry, I'm terrible at remembering names. Could you spell Cavilleri for me? I'm more likely to remember it that way.**
B **C - a - v - i - l - l - e - r - i.**

A 이름이 어떻게 됩니까?
B 캐빌레리입니다.
A 미안하지만 저는 이름을 잘 기억 못해요. 캐빌레리 스펠링을 말씀해 주시겠어요? 그러면 기억하기가 쉬울 것 같네요.
B C - a - v - i - l - l - e - r - i에요.

057 시간이 되는지를 물어볼 때

: 상대방에게 시간이 되는 지 물을 때는 Are you free ~?(~에 시간 있어요?)를 이용하여 묻습니다. ~에는 시간이나 요일 등이 들어갑니다. 시간이 되는 지 좀 더 정중하고 조심스레 물을 때는 I hope you don't mind my asking, ~. / I was wondering if ~. / Could you tell me ~? 등을 활용하여 물어보면 됩니다.

 Standard

Are you free next Saturday by any chance?
혹시 다음 토요일에 시간 있어요?

> Are you free ~? : ~에 시간 있어요?
> by any chance : 혹시

플러스 표현 ++

- **What's your schedule looking like for Sunday?**
  일요일에 무슨 일정이 있어요?

- **Do you have anything to do next Saturday?**
  다음 토요일에 무슨 일이 있어요?

- **When are you leaving London?**
  언제 런던으로 떠나요?

 Formal

I hope you don't mind my asking, but are you free next Saturday?
물어도 된다면, 다음 토요일에 시간 있습니까?

플러스 표현 ++

- **I was wondering if you are free next Saturday by any chance.**
  다음 토요일에 혹시 무슨 일이 있습니까?
  > 특히 이성에게 데이트를 신청할 때 아주 조심스럽게 I was wondering if ~ 패턴으로 시작한다.

- **Could you tell me when you're leaving Seoul?**
  언제 서울을 떠나는지 가르쳐 주시겠습니까?
  > Could you tell me ~? : ~을 말씀해 주시겠습니까?

- **I hope you don't mind my asking, but how long are you going to stay in Korea?**
  물어도 된다면 한국에 얼마나 체재할 예정입니까?

Casual

You're free next Saturday, aren't you?
다음 토요일에 시간 있어?

> 부가의문문으로 시간이 있는지 확인을 하기 위해 쓰였다.

플러스 표현 ++
- **Are you free next Saturday?**
  다음 토요일에 시간 있어?
- **What's up on Sunday?**
  일요일에 무슨 일 있어?
- **Do you have anything going on Sunday?**
  일요일에 무슨 예정이 있어?
- **Anything happening[going on] next week?**
  다음 주에 무얼 할 거야?
- **When are you leaving Korea?**
  언제 한국을 떠나니?

회화 연습

상대방의 형편을 물을 때

A **Are you free next Saturday by any chance?**
There's going to be a party at the International House. I'd like you to come with me.
B What time will the party start?
A At seven thirty.

A 혹시 다음 토요일에 시간이 있어요? 인터내셔널 하우스에서 파티가 있는데 함께 갔으면 합니다.
B 파티는 몇 시에 시작됩니까?
A 7시 30분이요.

058 잘 알아듣지 못했을 때

: 일반적으로 상대방이 말한 것을 잘 알아듣지 못했을 경우에는 What? / Eh?(뭐라고?) 등과 같은 표현을 즐겨 사용하는 경향이 있는데 이러한 표현은 허물없는 사이일 때만 사용할 수 있으므로 초면일 경우에는 삼가야 합니다. 다소 정중하게 되묻고자 할 때는 I'm afraid ~ / I'm sorry ~ / Excuse me? 등을 활용하여 표현합니다.

 **Standard**

Sorry? What did you say?
실례지만 뭐라고 했어요?

플러스 표현 ++

- **Sorry I didn't catch that.**
  미안하지만 잘 듣지 못했어요.
  = I'm sorry I missed that.

- **What was that again?**
  뭐라고 했어요[한 번 더 말해 줄래요]?
  = Could you repeat that? / Come again?

- **Could you say that a little louder, please?**
  좀 더 큰 소리로 말해 줘요.
  > 상대방의 말을 잘 알아듣지 못해 다시 물을 때는 먼저 '죄송하지만 ~'에 해당하는 Excuse me, but ~ / I'm sorry, but ~ / I'm afraid ~ 등과 같은 인사말을 건넨 후 다시 한 번 요청한다.

- **Sorry, I couldn't hear you[what you just said].**
  실례지만 못 들었어요.

- **Sorry[Pardon]?**
  미안해요[한 번 더 말씀해 주십시오].
  > 일상회화에서는 Sorry?(↗) / Pardon?(↗)이라고 상승조로 물어보는 것에 주의해야 한다.

 **Formal**

Excuse me, please.
실례지만 한 번 더 말씀해 주세요.

플러스 표현 ++

- **Please could you repeat that? I didn't hear it correctly.**
  한 번 더 말씀해 주시겠습니까? 잘 못 들었습니다.

- **I'm sorry. What did you say?**
  미안합니다. 뭐라고 했습니까?

- **Forgive me. I didn't hear what you said.**
  미안합니다. 말씀하신 것을 몰랐습니다.

Casual

Once again, please.
다시 말해 줘.

플러스 표현 ++
- **Say it once more, please.** 다시 한 번 말해 줘.
  > 다시 말해 달라고 요청할 때 What was that? / Come again. / Could you repeat that? 등과 같이 표현한다.

- **What did you say?** 뭐라고 했어?
  > 간판 등에 쓰여 있는 것을 알 수 없어서 '뭐라고 쓰여 있어요?' 라고 묻는 것은 What does it say? 라고 하면 된다.

- **Can you run that by[past] me again?** 다시 한 번 말해 줘.

- **Can you repeat that?** 다시 한 번 말해 줄래?
  > 이 표현은 상대방의 말을 잘못 들어서 다시 말해달라는 의미로 쓸 수도 있고, 들었지만 다시 한 번 듣고 싶을 때도 이렇게 말할 수 있다. 뒤에 again을 붙여서 강조할 수도 있다.

- **What?** 뭐라고?
  > 너무 강한 어조로 묻는다면 무례해 보일 수도 있으니 주의해야 한다. 말할 때는 억양에 따라 그 의미가 달라지므로 상황에 맞게 표현하자.

- **Say it again?** 다시 한 번 말해 줘.

- **Huh?** 뭐라고?

Tip I beg your pardon?은 주로 영국에서 쓰고 Excuse me?는 항상 상승 어조로 말한다.
Do you mean that ~[Does that mean ~]? 등의 표현으로 상대방의 의도를 확인할 수 있다.

| 알아두면 편리한 표현 |
What do you mean? 무슨 말씀입니까[속뜻이 뭡니까]?
I can't quite understand what you mean. 말씀하시는 것을 잘 모르겠습니다.
I'm sorry, I can't follow you. Would you speak more slowly?
실례지만 못 알아 듣겠어요. 좀 천천히 말해 주세요.
Don't beat around the bush. Come to the point.
말을 돌리지 말고 핵심을 말해 주세요.

상대방의 대답을 알아들을 수 없을 때

A What time did you arrive at the airport?
B Well, around 8:30 p.m.
A **Excuse me?**
B I said around 8:30 p.m.

A 공항에는 몇 시에 도착했습니까?
B 예, 오후 8시 반 경입니다.
A 뭐라고 하셨어요?
B 8시 반 경이요.

059 건강·상태를 물을 때

: 모든 사람에게 '건강'이라는 화제만큼 중요하고 공통된 관심사는 없을 것입니다. 건강에 관한 기본 표현으로는 How do you keep yourself fit?(어떻게 건강을 유지하십니까?) / What do you do to stay healthy?(건강 유지를 위해서 무엇을 하십니까?) 등이 있습니다. 다음에서 배우는 다양한 표현으로 건강에 대해 서로 대화해 봅시다.

 **Standard**

How do you feel, Miss Turner?
터너 양, 기분이 어때요?

> How do you feel ~?(~은 어떻습니까?)은 기분이나 상태를 물을 때 사용한다.

플러스 표현 ++
- **Are you feeling okay, Margaret?**
  마가렛, 이제 괜찮아요?

- **Are you better?**
  건강은 좋아졌어요?

- **Is anything wrong?**
  어디가 아파요?
  > What's wrong?이라고도 한다.

- **Does it worry you that I'm driving so fast?**
  제가 너무 과속하고 있나요?
  > 위의 두 표현은 지금까지 건강이 나빴던 사람에게 하는 위로의 말. 나머지 아래 두 표현은 상대방의 기분을 묻는 말

 **Formal**

May I ask how you are feeling, Miss Turner?
기분이 어떤지 물어봐도 되겠습니까, 터너 양?

> 문장 앞에 May I ask ~?를 덧붙임으로서 더욱 정중하고 부드러운 표현이 된다.

플러스 표현 ++
- **If you don't mind me saying so, you seem a bit nervous.**
  조금 긴장하고 계신 것 같습니다.

- **I'm curious; aren't you just a little worried about the interview?**
  면접에 대해 조금 걱정하고 계신 것 같습니다.

- **Am I correct in assuming that you were worried about seeing Mr. Jones?**

존스 씨를 만나는 것을 좀 걱정하고 계신 것 같습니다.

- **May I ask how you're feeling right now?**
지금 기분이 어떤지 물어도 되겠습니까?

 Casual

You all right, Miss Turner?
터너 양, 괜찮죠?

플러스 표현 ++
- **Are you okay, Janet?**
자네트, 괜찮니?

- **Is everything fine?**
모든 일이 잘 되어 가니?

- **You O.K.?**
괜찮아?

> 위의 표현은 상대방의 건강에 관해 묻는 것뿐만 아니라 일반적인 일의 진척 상황에 관해 물을 때도 사용된다.

* Tip 건강·상태에 관한 표현

| 아플 때 |
Where does it hurt? 어디가 아픕니까?
Here. 여기입니다.
Does it hurt? <상처를 입은 사람에게> 아픕니까?
Ouch, it hurts. 아야, 아픕니다.
The pain is killing me. 아파서 참을 수 없어요.
I have a headache. 머리가 아픕니다.
I have a sore eye[throat]. 눈[목]이 아픕니다.
(양쪽 눈이 아프다는 have sore eyes라고 한다.)
I have a toothache[stomachache]. 이[배]가 아픕니다.
I have pains in my chest. 가슴이 아픕니다.
My tooth[stomach] is killing me.
이[배]가 아파서 죽을 지경입니다[죽을 정도로 아프다].

| 감기에 걸렸을 때 |
I have a fever[I'm feverish]. 열이 있습니다.
I'm afraid I have a cold. 감기에 걸린 것 같습니다.
I've come down with the flu. 독감에 걸렸습니다.
(come down with : 병에 걸리다 / influenza는 the가 붙지 않지만 flu인 경우에는 the flu로 하는 것이 보통이다.)
I can't stop sneezing[coughing]. 재채기[기침]를 참을 수 없습니다.
I feel chilly[I have chills]. 한기가 납니다.
I have a runny nose[My nose is running]. 콧물이 나옵니다.
I have a stuffy nose[My nose is stuffed up]. 코가 막혔습니다.

| 피곤할 때 |
I have a poor appetite. 식욕이 없습니다.

I'm exhausted[very] tired. 아주 피곤합니다.
I'm dizzy. 어지럽습니다.
I just can't fall asleep. 잘 수가 없습니다.

| 몸조심하라고 말할 때 |
That's too bad. 안됐군요.
I hope you will get well soon. 빨리 완쾌되길 바랍니다.
Please take care of yourself. 건강에 주의하세요.
Thank you for your concern. 걱정해 주셔서 감사합니다.

터너 양을 걱정할 때

A **How do you feel, Miss Turner?** You look pale.
B I think I'll be okay, if I can sit here for a little while.

A 터너 양, 기분이 어떻습니까? 안색이 좋지 않아 보여요.
B 여기에 좀 앉아 있으면 좋아질 거예요.

060 알고 있는지를 물을 때

: 뭔가에 대해 상대방이 알고 있는지 물을 때 가장 기본적인 표현은 Do you know ~?(~에 대해 아세요?)를 씁니다. 그 외에도 Have you heard ~?(~에 대해 들어본 적 있니?) / Did you hear ~?(~에 대해 들었니?) / Are you aware ~?(~에 대해 아세요?) 등의 문형을 이용해 활용할 수 있습니다.

 **Standard**

Do you know when Mr. Johnson arrives?

존슨 씨가 언제 도착하는지 아세요?

> Do you know when ~?은 '언제 ~하는지 아니?' 라는 간접의문문이다. 이때 주의할 점은 <의문사 + 주어 + 동사>의 형태로 쓴다는 것이다.

플러스 표현 ++

- **Can you help me? Do you happen to know our schedule this evening?**
  도와줄래요? 오늘밤 일정이 어떻게 되는지 혹시 아시나요?

- **Did you hear Dick's leaving Korea next week?**
  다음 주에 딕이 한국을 떠난다는 소식 들었어요?

- **Have you heard the news of Mr. Lee's transfer to Busan branch?**
  이 선생님이 부산 지사로 전근된다는 소식 들었어요?

- **Did Sue let you know the details of the Christmas party?**
  크리스마스 파티에 관해 수에게서 상세한 얘기 들었어요?

- **Do you realize what Gill's saying about you?**
  질이 당신에 관해 어떻게 말하는지 알고 있어요?

 **Formal**

I wonder if you could tell me when Mr. Johnson is scheduled to arrive?

존슨 씨가 언제 도착할 예정인지 말해 줄 수 있습니까?

> be scheduled to : ~할 예정이다

플러스 표현 ++

- **I wonder if you might happen to know that Brenda is divorcing.**
  브렌다가 이혼한다는 것을 알고 계셨습니까?

> I wonder if ~(~인지 아닌지 궁금하다)는 상대에게 부담을 주지 않으면서 1인칭, 3인칭, 상황에 대해 은근하게 물어볼 수 있다.

> that, whether, if를 쓰는가에 따라서 그 의미가 각각 달라진다.
> I wonder if you might happen to know if Brenda is divorcing.
> I wonder if you might happen to know whether Brenda is divorcing.

- **Do you have any information about the book fair?**
  북페어에 관해 좀 알고 계십니까?

- **Are you aware where he's taking you?**
  그가 당신을 어디로 데리고 가는지 알고 계십니까?

 Casual

Do you have any idea when Mr. Johnson will get here?
존슨 씨가 언제 여기에 도착하는지 아니?

> Do you have any idea when ~? : 언제 ~하는지 아세요?

플러스 표현 ++
- **Got[Have] any idea who'll be there?**
  누가 거기에 올 건지 알고 있어?

- **(Have you) Heard the latest (news)? Tony's been fired?**
  토니가 해고 됐다는 최근 소식 알고 있어?

- **Anybody tell you about Mike's accident? He's hurt badly.**
  마이크의 사고에 대해 들었어? 아주 많이 다친 것 같아.

 회화 연습

계획에 대해 아는지 물을 때

A **Do you know about the details of the plan?**
B Not at all, I'm afraid.

A 계획의 세부적인 것을 알고 있습니까?
B 아뇨, 전혀 몰라요.

061
알고 있다고 대답할 때

: 무언가에 대해 알고 있다고 대답할 때 쓰이는 가장 기본적인 표현은 Yes. / No.입니다. 이미 알고 있다고 할 때는 already를 쓰며, 아직 모른다고 할 때는 yet을 씁니다. 이러한 부사를 써서 대답을 더욱 확실하게 표현할 수 있습니다.

Standard

Yes, I'll find that out, thanks.
예, 알고 있어요. 고마워요.
> find ~ out : ~을 알다, 알아내다

플러스 표현 ++

- **Yes, I already knew that, thanks.**
  예, 알고 있었어요. 감사해요.
  > already : ㉘ <긍정문에서> 이미, 벌써 (부정문에서는 yet을 쓴다.)

- **Yes, people say she's been divorced.**
  예, 그녀가 이혼했다고 들었어요.

- **They say he is due to arrive at 7:30 tomorrow morning.**
  그의 도착은 내일 아침 7시 반이라고 들었어요.
  > due to : ~할 예정인

- **I understand he's been promoted to Department Head.**
  그가 부장으로 승진했다고 알고 있어요.

- **Someone called to tell me Gim's resigned.**
  김 선생님이 사직한 것은 알고 있어요.

Tip '알고 있었어?' 라고 물음으로써 자신은 이미 알고 있다는 것을 나타낼 수도 있다.
- **Have you been told he's been hospitalized?**
  그가 입원한 것을 알고 있었습니까? (he's는 여기에서 he has의 단축형)
- **Have you heard about the accident?** 그 사고를 알고 있었습니까?

Formal

So I've been told. But thank you for reminding me about it.
들었습니다만, 그것을 다시 상기시켜줘서 고맙습니다.
> reminding me about : ~에 대해 나에게 상기시키다

플러스 표현 ++

- **Yes, I remembered[did remember] she's leaving Korea tomorrow.** 예, 그녀가 내일 한국을 떠난다는 것은 알고 있었습니다.

- **Yes, I've been informed.** 네, 얘기 들었습니다.
- **Yes, I was given that information recently.** 예, 최근에 알았습니다.
- **It seems Eddie's going to marry Ann.** 에디는 앤과 결혼할 것 같습니다.
- **I understand that Elizabeth got the second prize in the piano contest.** 엘리자베스가 피아노 콘테스트에서 2등상을 받은 것은 알고 있습니다.

> get[win / gain / take] the prize : 상을 받다

Tip 다음과 같이 말하면 '예, 잘 알고 있어요. 새삼스럽게 뭘'이라는 뉘앙스도 나타낸다.
I'm well aware the situation has deteriorated over the past few years.
지난 수년 동안 상황이 나빠지고 있다는 것은 잘 알고 있어요.

또한 아주 정중한 표현(very Formal)으로 다음과 같이 말할 수도 있다.
I have it on good authority that the emperor declined the invitation.
폐하가 그 초대를 거절했다는 것은 알고 있사옵니다.

 Casual

That's the word.
바로 그거야.

플러스 표현 ++
- **So David says.**
  분명 데이비드가 그렇게 말했어.
- **Ron's flying to Cairo tomorrow, know that?**
  론이 내일 카이로로 떠난다고 하지?
- **Word has it that North Korea and South Korea will participate in the tournament as a combined team.**
  북한과 한국은 그 대회에 단일팀으로 나온다고 해.
- **So I hear.**
  그렇게 듣고 있어.

 회화 연습

워크숍 일정이 변경되었을 때

A Do you know there has been a change in the schedule? Dr. Johnson's workshop will be given on the 25th, at the same time.
B Yes, I know, thanks.

A 예정표에 변경이 있다는 것을 알고 계십니까? 존슨 박사의 워크숍은 25일 같은 시간에 진행될 겁니다.
B 예, 알고 있습니다. 고맙습니다.

062 모른다고 대답할 때

: 모른다고 대답할 때 쓰이는 가장 기본적인 표현은 'No'입니다. 하지만, 대답할 때 바로 모른다고 하면 무례하게 들릴 수도 있으므로 문장 앞에 I'm sorry, but ~(미안하지만 ~) / I'm afraid, ~(유감이지만 ~) 등을 덧붙여 말하면 더욱 정중한 표현이 됩니다.

No, I don't know about that.
아니요, 그것에 대해서는 몰라요.

> I don't know about ~. : ~에 대해서는 모른다.

플러스 표현 + +

- **I'm ashamed to say I don't know anything about cricket.**
  크리켓은 전혀 몰라요.
  > ashamed to : ~하기를 수치스러워하는, ~하지 못하는

- **Sorry, but I can't be of any help.**
  미안하지만 잘 모르겠어요.

- **I'm afraid – I have no idea where she's staying.**
  그녀는 지금 어디에 있는지 잘 모르겠는데요.
  > I have no idea ~ : ~에 대해 모르다

- **I'm sorry to say that I have no way of knowing what he's planning to do.**
  미안하지만 그가 무엇을 하려고 하는지 잘 모르겠어요.
  > 위의 표현에서 I'm afraid 또는 I'm sorry는 생략이 가능하다.

I don't have that information.
그것에 대해서는 모릅니다.

플러스 표현 + +

- **I hate to admit it, but I don't know a great deal about that.**
  인정하기는 싫지만, 그것에 관해서는 잘 모릅니다.
  > I hate to ~ : ~하기 싫다

- **I have to tell you I know very little about that.**
  그것에 관해서는 아는 게 별로 없습니다.

- **I can't help you with your inquiry.**
  그 조사 건에 관해서는 그다지 잘 모릅니다.

- **My knowledge is lacking in that area.**
  그 분야에 관해서는 잘 모릅니다.
  > lack in : ~이 모자라다, 부족하다

Casual

Sorry, I just don't know.
미안해, 잘 모르겠어.

플러스 표현 ++
- **Beats me.**
  잘 모르겠어.

- **Sorry, I don't have a clue about that.**
  미안하지만 잘 모르겠어.
  > do not have a clue : 이해 못하다(= have no clue)

- **I can't tell you when he is supposed to get here.**
  그가 언제 여기에 도착하는지 잘 모르겠어.
  > be supposed to : ~하기로 되어 있다

- **Who knows how he's managed to sort it out?**
  그가 어떻게 그 일을 했는지 누가 알겠어?
  > sort ~ out : (일 등을) 해결하다

- **Lord only knows where she lives.**
  그녀가 살고 있는 곳은 아무도 몰라.
  > lord는 '주인, 지배자, 임금' 등의 뜻으로, 그녀가 어디 사는지 오직 lord만 안다. 즉, lord외에 아무도 모른다는 뜻이 된다.

- **(I) Haven't got the foggiest idea.**
  전혀 모르겠어.

- **Dunno[Don't know].**
  모르겠어.

회화 연습

길을 묻는데 잘 알지 못할 때

A Excuse me. Can you tell me where Portman Building is, please?
B **I'm sorry, I don't know.**
A All right. Thank you all the same.

A 실례지만 포트맨 사는 어떻게 가면 됩니까?
B 미안하지만 잘 모르겠어요.
A 좋습니다. 어쨌든 고맙습니다.

063 본격적인 대화를 시작할 때

: 상대방에게 좋아하는지 싫어하는지 의사를 물을 때는 Do you like ~?(~을 좋아합니까?) / Don't you like ~?(~을 좋아하지 않으세요?) 등을 활용해서 묻습니다. 여기서는 '좋다, 싫다'와 관련된 다양한 표현을 익혀 다른 사람과 서로의 관심사에 대해 물어봅시다.

 **Standard**

Do you like to watch professional baseball?
프로 야구 보는 것을 좋아해요?
> Do you like ~? : ~을 좋아합니까?

플러스 표현 ++
- **How do you like heavy metal music?**
  헤비메탈을 좋아해요?

- **Don't you just love[hate] sports?**
  스포츠는 좋아하지[싫어하지] 않아요?
  > '아주 좋아하다'의 의미로 love가 쓰인다.

- **Do you care for classic literature?**
  고전을 좋아해요?
  > care for는 부정문·의문문에서 '~을 좋아하다'의 의미로 쓰인다.

 **Formal**

Mind if I ask if you like professional baseball?
프로 야구를 좋아하는지 물어봐도 되겠습니까?
> Mind if I ask ~? : ~인지 물어봐도 되겠습니까?

플러스 표현 ++
- **Don't you find this book interesting?**
  이 책 재미있지 않습니까?

- **What did you think of the movie?**
  그 영화 어땠습니까?

- **What is your preference for books?**
  어떤 책을 좋아합니까?

Casual

Are you into professional baseball?
프로 야구 좋아하니?

> Are you into ~? : ~을 좋아하니?

플러스 표현 ++

- **You like professional ball?**
  프로 야구 좋아해?

- **Are you keen on rock music?**
  록 음악 좋아해?
  > keen on : ~을 아주 좋아하다

- **Isn't this a great idea?**
  좋은 생각 아니니?

- **Don't you like this plan?**
  이 계획 싫어?

- **Can you get into snowboarding?**
  스노보드 잘 타?
  > get into는 '~에 익숙하다, 몸에 배다'의 뜻으로, 이 문장에서는 snowboard와 함께 쓰여 스노보드를 잘 타는지를 묻는다.

회화 연습

현대미술을 좋아하는지 물을 때

A **Do you like modern art?**

B **No. Not so much. It's quite puzzling, isn't it?**

A 현대미술을 좋아합니까?

B 아뇨. 그다지 좋아하지 않아요. 이해하기 어렵죠, 그렇지 않아요?

064
무엇을 좋아한다고 대답할 때

: Do you like ~?(~을 좋아하세요?)라고 물었을 때 좋아한다고 대답하려면 like ~ / I adore ~ / I'm keen on ~ / I'm fond of ~(저는 ~을 좋아합니다) 등을 활용하여 대답합니다. 여기서는 단순히 '좋아하다'를 나타내는 대표 단어인 like를 이용한 표현 외에 다양한 표현을 연습할 수 있습니다.

 **Standard**

I like listening to rock music.
록 음악 듣는 것을 좋아해요.

플러스 표현 + +
- **I adore ice cream.**
  아이스크림을 아주 좋아해요.
  > adore : 동 아주 좋아하다

- **I'm keen on Chinese food.**
  중국요리를 아주 좋아해요.

- **I really love playing tennis.**
  테니스 치는 것이 취미예요.

- **I've always enjoyed collecting used stamps.**
  다 쓴 우표를 수집하는 것이 취미예요.

- **Flower arrangement is a great hobby.**
  꽃꽂이를 정말 좋아해요.

 **Formal**

I'm very fond of rock music.
나는 록 음악을 아주 좋아합니다.
> be fond of : ~을 좋아하다

플러스 표현 + +
- **I have a particular admiration for Renoir.**
  저는 르누아르 그림을 아주 좋아합니다.
  > admiration for : ~에 감탄하다, 찬양하다

- **What I especially enjoy is reading Dickens.**
  특히 좋아하는 것은 디킨스의 소설을 읽는 것입니다.

- **Playing the guitar is one of my favorite ways to spend my free time.**
  기타를 치는 것이 여가 활용 중 하나입니다.

Casual

I'm really into rock music.
나는 록 음악에 푹 빠져 있어.

> be into : ~에 빠지다

플러스 표현 ++
- **'Indiana Jones' is exciting.**
  「인디아나 존스」는 아주 재미있어.

- **I'm wild about computer games.**
  컴퓨터 게임에 빠져 있어.

  > wild about : ~을 좋아하다

- **It's hard to beat Vic's spaghetti.**
  빅 가게의 스파게티는 정말 맛있어.

  > hard to beat은 직역하면 '정복당하기 어려운'이라는 뜻으로, 이 문장에서는 '정말 맛있다'는 의미로 쓰였다.(= unbeatable)

- **I'm a big fan of theirs.**
  나는 그들의 열광적인 팬이야.

* Tip '그 사람을 좋아한다.' 라는 것도 다음과 같이 여러 가지로 말할 수 있다.

저는 캐럴라인에게 빠져 있어요.
I'm crazy about Caroline.   I'm madly in love with Caroline.
I have it bad for Caroline. I'm smitten with Caroline.
Caroline lights my fire.   I'd die for Caroline.
I'd die to be with Caroline.

회화 연습

취미를 화제로 이야기할 때

A Can I ask what your hobbies are?
B **I like playing rock music.**
A Oh, do you?

A 취미가 무엇입니까?
B 록 음악 연주하는 것을 좋아합니다.
A 아, 그렇습니까?

065 무엇을 싫어한다고 대답할 때

: 어떠한 것을 좋아하는 지 물었을 때, 싫어한다고 부정의 대답을 하는 가장 기본적인 표현은 I don't like ~ (~을 좋아하지 않는다)입니다. '~을 싫어하다' 를 나타내는 단어에는 dislike 뿐 아니라 hate, detest, loathe, despise, disapprove of 등이 있습니다. 이러한 단어를 활용해 싫어한다고 대답해 봅시다. 그러나 여러분은 가능하면 싫다는 표현은 I don't like~ 정도로 표시해야지 hate, dislike 같은 단어는 절대로 쓰지 맙시다.

 **Standard**

I don't like his jokes.
저는 그의 농담을 좋아하지 않아요.

> I don't like ~. : ~을 좋아하지 않는다.

플러스 표현 ++

- **I don't fancy making a speech in front of such a large audience. That has always turned my legs to jelly.**
  그렇게 많은 청중 앞에서 하는 연설은 좋아하지 않아요. 언제나 다리가 떨려요.
  > turn to jelly는 '젤리가 되다' 라는 뜻으로 '벌벌 떨다' 라는 의미로 쓰였다.

- **I'm not fond of Indian food.**
  인도 요리는 그다지 좋아하지 않아요.
  > be fond of : ~을 좋아한다

- **I detest Angela's dress.**
  안젤라의 옷이 마음에 들지 않아요.
  > detest : 통 몹시 싫어하다 (= abhor)

- **Galli is not on[in] my a list of authors.**
  갈리의 작품은 그다지 좋아하지 않아요.

  * Tip 다음의 표현은 사람에 관해 말하는 경우에만 쓴다.
  - I find it difficult to get along with Pauline. 폴린과는 잘 지내기 어려워요.
  (difficult to ~ : ~하기 어렵다 / get along with : 사이좋게 지내다)

 **Formal**

I'm afraid I rather dislike his jokes.
저는 그의 농담을 다소 좋아하지 않습니다.

플러스 표현 ++

- **I have to admit I think his jokes are in bad taste.**
  그의 농담은 질이 나쁘다고 인정할 수밖에 없습니다.

- **I loathe her way of speaking.**
  그녀의 어투는 싫습니다.

> loathe는 '몹시 싫어하다' 라는 뜻으로 dislike, hate, abhor보다 뜻이 강하다.

- **This hat just doesn't appeal to me.**
  이 모자는 그다지 마음에 들지 않습니다.

- **This hat doesn't suit my taste.**
  이 모자는 마음에 들지 않습니다.

- **I have a dislike of people who talk only about themselves.**
  자기 얘기만 하는 사람은 싫습니다.

 Casual

I hate his jokes.
나는 그의 농담을 싫어해.

플러스 표현 ++
- **His recent films are garbage.**
  그의 최근 영화작품은 싫어.
  > garbage : 명 보잘 것 없는 것, 쓰레기

- **I can't stand smoking at dinner.**
  식사할 때 담배를 피우는 것은 못 참겠어.

- **I can't get into Russian novels. They go on and on.**
  러시아 문학은 좋아하지 않아. 너무 길어.

- **I couldn't care less about it.** 그런 것은 전혀 상관없어.

- **That idea stinks!** 싫어!
  > stink : 동 아무 쓸모없다, 질이 나쁘다

- **It's not my bag[thing].** 흥미 없어.

- **It doesn't turn me on.** 흥미 없어.
  > turn on : 흥미를 갖게 하다

- **Yuck!** 싫어!

 회화 연습

뮤지컬을 보러 가자고 권유할 때

A I think 'My Fair Lady' is playing at the Adelphe Theatre now.
B **I'm afraid I don't like musicals.**
A Shall we go to see a cowboy movie, then?
B That's a nice idea.

A 지금 '마이 페어 레이디' 가 아델피 극장에서 공연되고 있는 것 같아요.
B 뮤지컬은 좋아하지 않는데요.
A 그러면 서부 영화를 보러 갈까요?
B 좋아요.

066 기호를 물을 때

: 어떠한 것을 더 좋아하는지 기호를 물을 때 가장 일반적으로 쓰이는 표현은 Do you prefer A or B?(A와 B중 어느 것을 더 좋아합니까?)입니다. 의문사를 사용할 경우 Which would you like, A or B?(A와 B중 어느 것이 좋습니까?)로 물을 수 있으며 간단하게 A or B?라고 묻기도 합니다.

 **Standard**

Do you prefer tea or coffee?
홍차와 커피 중 어느 것을 좋아해요?

> Do you prefer A or B? : A와 B중 어느 것을 더 좋아해요?

플러스 표현 ++

- **Which do you fancy, tea or coffee?**
  홍차나 커피 중에 어느 것을 좋아해요?

- **Which suits you best, the bus or train?**
  버스와 열차 중에 어느 것으로 갈래요?

- **Which would you like, Japanese food or Chinese food?**
  일식과 중식 중에 어느 것이 좋아요?
  > Which would you like, A or B? : A와 B 중 어느 것이 좋아요?

- **What kind of entertainment are you in the mood for?**
  어느 것을 하고 싶어요?
  > in the mood for ~ : ~할 기분이 나서

 **Formal**

Which appeals to you more, tea or coffee?
홍차와 커피 중 어느 것을 더 좋아하십니까?

플러스 표현 ++

- **We can use the subway or the bus. Either is all right with me.**
  지하철이나 버스로 갈 수 있습니다. 저는 어떤 쪽도 괜찮습니다.
  > Either is all right : 둘 다 좋다

- **Does Chinese food or Japanese food sound more appetizing?**
  중식과 일식 중에 어느 것을 더 좋아하십니까?

- **Would you like tea with milk or not?**
  홍차에는 우유를 넣습니까, 넣지 않습니까?

- **It's your choice, Mr. Brown. Which do you relish Korean food or French food?**
  브라운 씨, 한국 요리와 프랑스 요리 중에서 좋아하시는 것으로 드리겠습니다.

- **Would you like to book a Korean style hotel or a Western style hotel?**
  한식 호텔과 양식 호텔 중에 어느 것을 원하십니까?

We can have tea or coffee. What would you like to drink?
홍차와 커피가 있어. 어떤 것으로 마실래?

> 격의 없는 대화에서는 What do you think?를 Whaddaya think?로 표현한다.

플러스 표현 ++

- **Which do you want, tea or coffee?**
  홍차와 커피 중에 어느 걸로 할래?

- **What food do you crave[have a craving for]?**
  어떤 걸 먹고 싶어?

- **Shall we have lunch, or talk about your plan first? Whaddaya wanna do[What do you want to do]?**
  점심을 먼저 먹어도 되고, 네 계획을 먼저 말해도 좋아. 어떻게 할래?

- **Tea or coffee?**
  홍차, 커피?

커피와 홍차 중 좋아하는 것을 물을 때

A **Do you prefer tea or coffee?**
B **I'd prefer tea, please.**

A 홍차나 커피 중에 어느 것을 좋아합니까?
B 네. 홍차를 부탁합니다.

067
기호를 대답할 때

: 어떠한 것을 더 좋아하는지 기호를 답할 때는 I prefer ~ / I'd like ~(저는 ~가 더 좋아요) / I'll have ~ / I'll take ~(~로 할게요) 등의 문형을 쓰며, 그 외에 interest, appeal, favor, opt, yearn 등의 단어를 활용하여 표현할 수 있습니다.

 **Standard**

I prefer tea, if you don't mind.
괜찮다면 홍차로 할게요.

플러스 표현 ++

- **I'd like[I'll have / I'll take] that one, please.**
  〈쇼핑할 때 물건을 고른 뒤에〉 저것을 주세요.

- **As for me, going to the movie is more fun than going shopping.**
  저는 쇼핑가는 것 보다 영화 보러 가는 게 좋아요.
  > A is more ~ than B : A는 B보다 더 ~하다

- **I prefer baroque music to romantic music.**
  로만 음악 보다 바로크 음악을 좋아해요.
  > prefer A to B : A가 B보다 좋다

- **I'd opt to walk to my office.**
  걸어서 출근하는 것이 좋아요.
  > opt to ~ : ~하는 쪽을 택하다, 고르다

 **Formal**

Tea appeals to me more than coffee.
홍차가 커피보다 더 좋겠습니다.
> appeal to ~ : ~가 더 좋다

플러스 표현 ++

- **In my opinion bus tours are more interesting than tours by train.**
  저는 열차 여행보다는 버스 여행을 더 좋아합니다.

- **I have a yearning for German wine.**
  독일 와인을 아주 좋아합니다.

- **I would much rather go to a museum than an amusement park.**
  유원지보다 박물관에 가는 것이 좋을 것 같습니다.

- **Rather than waiting for the bus, I think I'll walk.**
  버스를 기다리는 것 보다 걸어가는 것이 좋을 것 같습니다.
  = Rather than waiting for the bus, I'd prefer walking.
  = Rather than waiting for the bus, I chose to walk.
  > rather than : ~보다

 **Casual**

Tea sounds good.
홍차가 좋겠네.

플러스 표현 ++
- **If it were my choice, I'd pick a French restaurant.**
  고르라고 하면 프랑스 식당이지.

- **French suits[befits] me.**
  프랑스 요리가 좋아.

- **I'll take a soft-boiled egg any time.**
  언제나 반숙이 좋아.
  > a soft-boiled egg : 반숙한 달걀 ↔ a hard-boiled egg : 완숙한 달걀

 회화 연습

손님에게 물을 때
A Would you like tea or coffee?
B I prefer coffee, if you don't mind.
A 홍차와 커피 중에 어느 걸로 하시겠습니까?
B 괜찮으시면 커피를 주세요.

068 흥미·관심을 말할 때

: 상대와 흥미나 관심사에 대해 말할 때 I'm interested in ~(저는 ~에 관심이 있습니다) / I'm wondering ~(~에 대해 궁금합니다) / I'm curious ~(저는 ~이 알고 싶습니다) 등을 활용하여 표현합니다. 상대방에게 관심사에 대해 물어볼 때 좀 더 정중하게 표현하려면 Could you tell me ~?(~에 대해 말씀해 주시겠습니까?)를 문두에 넣어 묻습니다.

 **Standard**

I'm curious what state in America you are from.
미국의 어느 주에서 왔어요?

> I'm curious ~ : 저는 ~이 알고 싶습니다

플러스 표현 + +

- **I'm interested in getting more details about it.**
  그것에 대해 더 상세히 알고 싶어요.
  > be interested in ~ : ~에 흥미가 있다

- **Knowing more about his educational background would interest me.**
  그의 학력을 좀 더 알고 싶어요.

- **Could you tell me more about it?**
  그 일에 관해 좀 더 알려 줄래요?

 **Formal**

I was wondering what state in America you are from.
저는 당신이 미국 어느 주에서 왔는지 궁금합니다.

> I'm wondering ~. : ~에 대해 궁금합니다

플러스 표현 + +

- **I hope you don't mind my asking, but when did your daughter start taking piano lessons?**
  실례지만 따님은 언제부터 피아노 레슨을 시작했습니까?

- **I'm curious to know more about your work in computers.**
  컴퓨터로 무슨 일을 하고 있는지 좀 더 알고 싶습니다.

- **I'm rather interested to know where you got your Ph. D.**
  어디서 박사학위를 받았는지 알고 싶습니다.
  > Ph. D(Doctor of Philosophy) : 박사 학위

- **I'd be intrigued to know what excuse he made for that.**
  도대체 그가 그 일에 어떤 변명을 했는지 듣고 싶습니다.
  > be intrigued to ~ : ~의 흥미[호기심]를 돋우다

- **Would it be impossible to obtain his agenda[schedule] while in Korea?**
  그의 한국에서의 일정을[그가 언제 한국에 도착하는지] 알 수 없겠습니까?
  > Would it be impossible to ~? : ~하는 것이 가능합니까?

Casual

What state in America are you from?
미국 어느 주에서 왔니?

플러스 표현 ++

- **Where'd ya[did you] learn Korean?**
  어디서 한국어를 배웠니?

- **What'd he say about my report?**
  선생님이 내 리포트에 대해 뭐라고 하셨어?

- **Love the blouse. Where'd ya get it?**
  멋진 블라우스네. 어디서 샀어?
  > Where'd ya = Where did you

- **Can you tell me more about it?**
  좀 더 가르쳐 줘.

- **Can you tell me anything else?**
  다른 뭐가 있어?

- **I wanna know more.**
  더 알고 싶어.

회화 연습

사투리를 화제로 이야기 할 때

A **I'm curious what her ethnic origin is.** I notice a peculiar accent in her English.
B Her father is Italian.

A 그녀는 원래 어느 나라 사람일까요. 영어에 독특한 사투리가 있어요.
B 아버지가 이태리 사람이에요.

069 취미 · 관심 · 의향을 물어볼 때

: 사람들은 누구나 여유 시간에 자신이 흥미를 가지고 있는 분야에 대해 시간과 노력을 투자합니다. 그러므로 상대방과 이야기를 나눌 때 상대가 가지고 있는 취미에 대해서 대화를 한다면 한결 부드럽게 진행될 것입니다. 즐기는 취미가 무엇인지 물을 때는 What's your hobby?라고 물어보지 말고 Do you like ~?로 물어보는 것이 좀 더 영어식 질문입니다. 예를 들어 Do you like reading a book? / Do you like travelling?이라고 합니다. 종종 즐기는 취미에 대해서는 What are you interested in?(어떤 것에 흥미가 있으세요?)이라고 묻습니다.

 **Standard**

Are you interested in Korean fine arts?
한국 미술품에 흥미가 있어요?
> 특별히 뭔가를 지칭해서 '~에 관심 있으세요?'라고 물을 때

플러스 표현 ++

- **Are you drawn to ssirum?**
  씨름에 흥미가 있어요?
  > be drawn to : ~에 매력을 느끼다

- **Are you absorbed in this book?**
  이 책에 빠져 있어요?
  > be absorbed in : ~에 열중하다 (= be engrossed in)

- **Do you find modern music stimulating?**
  근대음악에 흥미가 있어요?

- **Shall we talk about politics?**
  정치에 관해 이야기 할까요?

 **Formal**

Do you have an interest in Korean fine arts?
한국 미술품에 흥미를 가지고 있습니까?

플러스 표현 ++

- **Could you tell me whether you are interested in discussing this topic?**
  이 주제에 관해 토론하는데 흥미가 있는지 알려 주십시오.

- **Would you like to discuss this topic?**
  이 주제에 관해 토론할까요?

- **Would you be interested in sharing your views with us?**
  당신의 관점을 우리에게 설명하고 싶습니까?

- **I wonder if you have any interest in science fiction?**
  SF소설에 흥미가 있습니까?

- **Do you share my passion for science fiction?**
  SF소설에 흥미를 가지고 계십니까?

- **Are you at all fascinated by classical ballet?**
  고전 발레에 흥미를 가지고 계십니까?

- **Is my understanding correct that you are a ssirum enthusiast?**
  당신이 씨름에 빠져 있는 것이 사실입니까?

- **Do you have any particular hobbies?**
  특별히 좋아하는 게 있습니까?
  > 취미를 묻는 가장 대표적인 표현이다. 처음 만난 사람에게 쓰기에도 적당하다.

 Casual

Are you into Korean fine arts at all?
한국 미술품에 흥미가 있니?

플러스 표현 ++

- **Wanna[Want to] talk about (that)?**
  이 화제에 관해 이야기 하고 싶어?

- **You're into rock music, right?**
  록 음악 좋아해?

- **Are you a SF junkie?**
  SF팬이니?
  > junkie : 명 ~광, ~팬(= buff / maniac). alcoholic처럼 holic이라는 말을 붙이는 것은 병적으로 심한 경우를 의미하는 경우가 많으므로 조심하자.

- **Do you go for football?**
  축구 좋아해?
  > go for : ~을 좋아하다

- **Are you turned on by westerns?**
  서부영화 좋아해?
  > turn on : 흥미를 갖다

- **What's your hobby?**
  취미는 뭐니?
  > 다소 직접적으로 들리지만 허물없는 사이에 주로 쓴다.

✱ Tip

drama 드라마
Westerns 서부영화
horror movie 공포영화
SF(Science Fiction) 공상과학 소설
documentary film 다큐멘터리
action movie 액션영화

 회화 연습

외국인에게 씨름에 흥미가 있는지 물을 때

A **Are you interested in K1?** I could get a ticket for you.
B Oh, it's very nice of you. I certainly am.

A K1에 흥미가 있습니까? 내가 표 한 장 사드릴 수 있는데.
B 고맙습니다. 아주 좋죠.

세제에 관해 이야기 할 때

A Don't you think we have a relatively good tax system?
B Well, it's hard to say. I really don't know very much about it.
A **Are you engrossed in this topic?**
B To tell the truth, not really.

A 우리 세제는 비교적 훌륭하다고 생각하지 않습니까?
B 저, 대답하기 곤란한데요. 사실 세제에 관해서는 그다지 모릅니다.
A 이 화제에 흥미가 있습니까?
B 솔직히 말해서 흥미가 없습니다.

> be engrossed in ~ : ~에 열중하다, 흥미 있다
> to tell the truth : 사실, 솔직히 말해서 (= really / as a matter of fact / truth to tell)

070
흥미·관심이 있다고 말할 때

: 어떤 일에 흥미가 있는지를 물을 때 What are you interested in?(무엇에 흥미가 있습니까?)이라고 합니다. 흥미나 관심이 있을 때는 I'm interested in ~(~에 흥미가 있습니다) / I'm fascinated by ~(~에 흥미가 있어요) / I'm drawn to ~(~에 관심이 있습니다) 등의 문형을 활용하여 표현합니다.

Standard

I'm interested in pottery.
도자기에 흥미가 있어요.

플러스 표현 ++

- **Collecting old coins is my love.**
  옛날 동전을 수집하는 것이 취미예요.

- **This woman's writing appeals to my sense of romance.**
  이 여성작가는 아주 재미있어요.

- **I'm absorbed in[I'm drawn to] Roman history.**
  로마 역사에 아주 흥미가 있어요.

- **I find cricket a curious sport.**
  크리켓은 꽤 재미있다고 생각해요.

- **My pastime is growing vegetables.**
  야채 재배가 취미예요.
  > pastime : 명 취미, 기분 전환

Formal

I'm deeply fascinated by pottery.
저는 도자기에 아주 흥미가 있습니다.
> be deeply fascinated by : ~에 아주 흥미가 있다

플러스 표현 ++

- **I find this castle amazing.**
  이 성은 아주 매력적입니다.

- **My passion is film developing.**
  사진 현상에 빠져 있습니다.
  > film developing : 사진 현상

- **Roman sculptures entices me.**
  로마 조각은 언제 봐도 질리지 않습니다.
  > entice : 동 유혹하다, 꾀다

- **Gothic architecture intrigues me a great deal.**
  고딕 건축에 관심이 많습니다.
  > intrigue : 동 ~의 호기심을 돋우다 (= fascinate)

 Casual

I'm wild about pottery.
나는 도자기에 흥미가 있어.
> be wild about : ~을 바치다 (= be mad[crazy] about / be excessively fond of)

플러스 표현 ++
- **I'm a Mozart fan[junkie].**
  모차르트 음악을 아주 좋아해.

- **I'm hot on pro tennis.**
  프로 테니스에 빠져 있어.
  > hot on : ~에 빠지다

- **I go for fishing in a big way.**
  나는 낚시하는 것을 아주 좋아해.
  > in a big way : <구어> 열광적으로, 거창하게

- **Fishing lights my fire!**
  낚시보다 재미있는 것은 없어.
  > 이 문장에서 light one's[a] fire는 '~에 불을 지피다'라는 뜻으로 '가장 재미있다'는 것을 의미한다.

- **Hunting bisons interests[grabs] me!**
  들소 사냥에 관심이 있어.

 회화 연습

관광 코스를 선택할 때

A Have you decided which course to take?
B Not yet. But **I'm interested in Course C, it includes a trip to southern France.**

A 어느 코스로 할 건지 결정했어요?
B 아직 못했어요. C 코스는 남부 프랑스가 들어 있어서 재미있을 것 같은데요.

071 흥미·관심이 없다고 말할 때

: Are you interested in ~?(~에 관심이 있으세요?)이라고 물었을 때 흥미나 관심이 없을 경우 I'm not interested in ~(~에 흥미가 없습니다) / I'm not attracted to ~(~에는 관심이 없어요) / I'm not absorbed in ~(~에 흥미가 없어요) 등의 문형을 활용하여 표현합니다.

 **Standard**

I'm not interested in politics.
정치에는 관심이 없어요.

플러스 표현 ++

- **For me, operas are dull.**
  오페라는 지루해요.

- **I don't have much interest in history.**
  역사에는 큰 관심이 없어요.

- **I find ssirum rather tiresome.**
  씨름은 좀 지루하다고 생각해요.
  > tiresome : 형 지루한

- **I'm not attracted to horse racing.**
  경마는 그렇게 재미있다고 생각하지 않아요.
  > be attracted by : ~에 관심을 가지다
  > horse riding : 말타기

 **Formal**

I must admit I'm not fascinated by politics.
저는 정치에 전혀 관심이 없습니다.

플러스 표현 ++

- **I can't say I find his speech engaging.**
  그의 연설은 그렇게 재미있다고 생각하지 않습니다.

- **I'm not absorbed in his proposal.**
  그의 제안은 그렇게 매력적인 것은 아닙니다.

- **I don't suppose promotion satisfies me.**
  저는 승진하는 것이 그렇게 중요하다고 생각하지 않습니다.
  > gratify : 동 만족시키다, 기쁘게 하다

- **Actually, money is a matter of no concern to me.**
  사실 돈에는 별로 관심이 없습니다.

- **As a matter of fact, cricket is at the bottom of my list of interests.** 사실, 크리켓만큼 쓸모없는 것은 없다고 생각합니다.
  > at the bottom of : 쓸모없는

Politics isn't for me.
정치는 몰라.

플러스 표현 ++
- **Operating a computer is not my bag.** 컴퓨터는 잘 몰라.
  > bag : 명 <구어> 좋아하는 것, 취미

- **American football turns me off.**
  미식축구는 그렇게 재미있다고 생각하지 않아.
  > turn off : 흥미를 잃다, 재미가 없어지다

- **I just can't get excited about seeing her.**
  그녀를 만나는 것 같은 일은 흥미 없어.

- **The concept doesn't do anything for me.**
  그런 생각은 나에게 아무 의미도 없어.

- **Music is not up my alley.** 음악은 몰라.
  > up one's alley : 기호에 맞는

- **I'm afraid I don't care who will be the president.**
  누가 회장이 되던 흥미 없어.

- **I'm afraid I couldn't care less about his plan.**
  그의 계획은 전혀 관심 없어.

- **What's so great about that?** 뭐가 그렇게 재미있어?
  > 느낌을 더 강조하려면 so에 강세를 둬서 말한다.

- **His lectures put me to sleep.** 그의 강연은 지루해.

* Tip
NFL : National Football League   CFL : College Football League
NBA : National Basketball Association   MLB : Major League Baseball

미술관에 가자고 권유할 때

A Is it a good idea to go to the art gallery?
B Actually, **I'm not very interested in fine arts.**

A 미술관에 가보지 않겠어요?
B 사실 미술에는 그다지 흥미가 없어요.

072
'왜'라는 질문에 대답할 때

: Why ~?(왜 ~합니까?)라는 질문에 대한 대답은 Because ~(~이기 때문입니다) / The reason is ~(그 이유는 ~입니다) 등으로 합니다. 이 외에 since ~/ as ~를 활용하여 표현할 수도 있습니다. '주된 이유는 ~입니다.'라고 할 때는 The biggest[main] reason is ~라고 합니다.

 **Standard**

다음은 Why are you interested in that movie? (왜 그 영화에 관심이 있습니까?)에 대한 대답

Because it won an Oscar.
그건 오스카상을 받았기 때문이에요.

플러스 표현 ++

다음은 Why are you interested in those old houses? (왜 그런 오래된 집들에 관심이 있어요?)에 대한 대답

- **Since they're so different from the ones in my own country and they look exotic.**
  이 집들은 우리나라의 것과는 아주 다르고 이국적으로 보이기 때문이에요.
  > since : 젭 ~이므로, 이기 때문에
  > 이때 since는 because처럼 직접적인 인과관계를 나타내지 않으며, 미국에서는 '가벼운 이유'를 나타내는 as보다 많이 쓴다.

- **Mainly because, I've seen similar ones in a picture book from my childhood.**
  제가 어렸을 때 이것과 비슷한 집의 사진을 도감에서 보았기 때문이에요.

- **Well, they're just so beautiful.**
  예, 단지 아름답기 때문이에요.

다음은 Why didn't you find the play interesting? (왜 그 연극이 재미있지 않나요?)에 대한 대답

- **Listen, you have to understand that all those characters were just shouting their lines. They should've spoken more naturally.**
  저, 등장인물들이 모두 자신의 대사를 외치고만 있는 것처럼 말하고 있어요. 좀 더 자연스럽게 이야기해야 해요.

- **It was never ending so I was bored to tears.**
  너무 긴 연극이어서 정말 지루했어요.

- **You missed the point, the story is rather flat, and the characters are not interesting.**
  이유는 먼저 이야기가 단조롭다는 것, 등장인물들이 재미가 없다는 것이에요.

- **The biggest reason is I barely understood half of what they said.**
  가장 큰 이유는 그들이 말하는 것의 반도 이해할 수 없었다는 것이에요.

The (main) reason is that it won an Oscar.
(주된) 이유는 오스카상을 받았다는 것입니다.

플러스 표현 ++   다음은 **Why did this book appeal to you?** (왜 이 책이 마음에 들었습니까?)에 대한 대답

- **Actually, it appeals to me because it is written in a very unorthodox style.**
  사실 그 책에 관심이 끌린 것은 일찍이 없었던 문체로 씌어졌다는 것입니다.

- **Foremost it depicts the cruelty of modern society so vividly.**
  뭐니 뭐니 해도 그 이유는 이 책이 현대 사회의 잔혹함을 아주 생생하게 그리고 있다는 것입니다.
  > foremost : 혱 맨 먼저

- **It is interesting for two reasons. First, it is the first 'kitchen sink' novel. Second, it is written by a woman.**
  이 책이 재미있는 이유는 두 가지입니다. 우선 첫째로 그 책이 소위 「부엌소설」의 최초의 작품인 것, 둘째로 그것이 여성 작가에 의해 씌어졌다는 것입니다.

Uh ... it won an Oscar.
어 … 오스카에서 상을 받았기 때문이야.

플러스 표현 ++   다음은 **Why are you crazy about the Beatles?** (왜 그렇게 비틀즈에 빠져 있어?)에 대한 대답

- **Well, you see, they're just terrific.**
  저, 어쨌든 멋져.

다음은 **Why do you go for golf?** (왜 골프를 좋아하니?)에 대한 대답

- **'Cuz[Because] you walk a lot.**
  그 이유는 많이 걷기 때문이야.

다음은 Why are you keen on newspaper-clipping? (왜 그렇게 신문 스크랩에 빠져 있어?)
에 대한 대답

- **You know, the clipping is useful and it's just fun to cut paper and paste it.**
  저, 그건, 스크랩은 유용하고 종이를 자르거나 붙이거나 하는 것이 재미있어.

> clippings는 cuttings라고 해도 좋지만 미국에서는 clippings를 많이 쓴다.

* Tip　**road / freeway / highway / street / alley / path / route**

highway도 road와 같이 두 지점을 연결하는 길이지만 road보다는 큰 2차선 이상이거나 포장이 되어 있는 것을 가리키는 경우가 많다. 우리나라의 국도가 highway에 해당한다. 우리나라의 고속도로는 대부분 유료이지만 미국에서는 무료인 것도 많아서 이것을 freeway라 부르고 영국에서는 motorway라고 한다.

도시 내에 있는「길」은「가」라고 번역되기도 한다. 예를 들면 Oxford Street(옥스퍼드가), Fifth Avenue(5번가)와 같은 것들이다. street은 이러한 것을 말하고 거리의 양측 건물도 포함된다.

dead end란「막다른 길」이라는 것으로서 빠져 나갈 수 없는 좁은 길을 말한다. 산 속에 사람이 걸어서 자연적으로 생겨난 길이나 공원 등의 산책로 등은 path라 한다. 중앙우체국으로 통하는 path도 있을 수 있다.

route는 원래「개척한 길」이라는 의미이고 출발점에서 도착점까지를 말하는 수가 많다.
때문에 a new route to the beach와 같이 사용한다. 이 route는「국도」의 의미로도 사용할 때가 많다. 덧붙여 말하면 U. S. Route 66는 로스앤젤레스와 시카고를 연결하는 간선도로이다. 미국에서는 동서 도로는 짝수 번호로, 남북 도로는 홀수 번호로 나타낸다.

 회화 연습

왜 이 도시의 역사에 흥미를 가지고 있는지 물을 때

A　Why are you interested in the history of this town?
B　**Well, because it was the capital of the country nine hundred years ago.**

A　왜 이 도시의 역사에 흥미가 있습니까?
B　그것은 900년 전에 그 나라의 수도였기 때문입니다.

073 무엇을 기억하고 있는지 물을 때

: 기억하고 있는 지를 물을 때 가장 일반적으로 쓰이는 표현은 Do you remember ~?(~을 기억합니까?) 입니다. 또는 가까운 사이라면 간단하게 Remember ~?(~를 기억해요?)라고 물을 수도 있습니다. 좀 더 정중하게 표현하려면 I was wondering if you remember ~(~을 기억하는지 궁금합니다)라고 합니다.

 **Standard**

Do you remember Gill?
질을 기억해요?

> Do you remember ~? : ~을 기억해요?

플러스 표현 ++

- **Do you still remember the name of the girl standing near the door?**
  문 근처에 서 있는 여자의 이름을 아직 기억하고 있어요?

- **You do recall the deadline, don't you?**
  마감이 언제인지 알고 계시죠?
  > recall : 기억하다

- **You haven't overlooked what I said, have you?**
  제가 말한 것 잊지 않았죠?

 **Formal**

I was wondering if you remember Gill.
저는 당신이 질을 기억하는지 궁금합니다.

플러스 표현 ++

- **Is it possible that you remember the publisher's name?**
  출판사 이름을 기억하고 계십니까?

- **I trust you remember when your father returned from Brazil?**
  부친께서 언제 브라질에서 돌아오셨는지 기억하고 계시죠?

- **By chance, do you remember the title of the book?**
  그 책의 제목을 혹시 기억하고 계십니까?
  > by chance : 혹시

Casual

Remember Gill?
질을 기억하니?

플러스 표현 ++
- **You've gotta remember what I said to you last week.**
  지난주에 내가 말한 것 기억하고 있지?
  > gotta는 get[got] to가 합쳐진 표현으로 발음상 많이 쓰이면서 아예 한 단어로 취급되며 사용되고 있다.

- **You can't remember how she treated you.**
  그녀가 너를 어떻게 대접했는지 잊지 않았겠지?

- **Don't you remember[Forget] Gill?**
  질을 잊었니?
  > Don't you remember what I said?(내가 말한 것을 잊지 않았지?)처럼 부정 조동사를 이용한 경우는 상대방을 책망하는 뉘앙스가 있다.

- **Surely you didn't forget what you're supposed to say as a manager.**
  지배인으로서 무엇을 말해야 하는지 잊은 것은 아니지?

회화 연습

우연히 다시 만났을 때

A **Do you remember we met in Philadelphia last summer?**
B **Was that in the Summer seminar at Pennsylvania State University? Are you Dolores?**

A 작년 여름에 필라델피아에서 만났던 것을 기억합니까?
B 펜실베이니아 주립대학의 여름 세미나였지요? 돌로레스입니까?

074
기억하고 있다고 대답할 때

: Do you remember ~?(~을 기억합니까?)라고 기억하고 있는지 물었을 때 기억하고 있다고 대답하려면 I remember ~(저는 ~을 기억합니다)를 활용하여 표현합니다. 그 외에 How could I forget?(어떻게 잊을 수 있겠어요?) / Now I remember!(이제 생각났다!) / I still remember ~(나는 아직도 ~를 기억하고 있다) 등으로도 쓸 수 있습니다.

 **Standard**

I remember the man was very tall.
저는 키가 매우 컸던 그 남자를 기억해요.

> I remember ~ : 나는 ~을 기억한다

플러스 표현 ++
- **I remember asking Dr. Gim to send me the university catalog in my last letter to him.**
  김 박사에게 대학 편람을 보내달라고 최근 편지에서 부탁한 것을 기억해요.

- **I've memorized his face.**
  그의 얼굴을 기억하고 있어요.
  > 마음에 '새기고 있다' 라는 뉘앙스로 하면 His face is burned in my memory.라고 한다.

- **I'll always treasure those nice days I spent with you.**
  당신과 함께 보냈던 날을 마음에 간직할게요.

- **I remember how hard John hit Caroline's face as if it was yesterday.**
  존이 캐롤라인의 얼굴을 얼마나 심하게 때렸는지 생생히 기억하고 있어요.

- **I vaguely remember that she worked in Busan.**
  그녀는 부산에 근무하고 있는 걸로 어렴풋이 기억해요.

 **Formal**

If I'm not mistaken, the man was very tall.
기억이 맞는다면, 그 남자는 키가 매우 컸습니다.

플러스 표현 ++
- **If memory serves me correctly, they will arrive at Incheon Airport on July 1.**
  제 기억이 맞는다면 그들은 7월 1일에 인천공항에 도착할 겁니다.

- **I seem to recall the reception will start at 5:30.**
  리셉션은 5시 반에 시작된다고 기억하고 있습니다.

> seem to : ~인 듯하다

- **I recollect what she said when she was divorced from Bob.**
  그녀가 봅과 이혼했을 때 한 말은 지금도 기억하고 있습니다.

- **It seems to me, she is the author of the book which won a non-fiction award last year.**
  그녀는 작년에 비소설 상을 수상한 작가라고 기억하고 있습니다.

I know the man was really tall.
나는 키가 매우 컸던 그 남자를 알고 있어.

플러스 표현 ++
- **Now that I think about it, it was from April to September of 2009 that we stayed in London.**
  그러니까, 우리가 런던에 있었던 것은 확실히 2009년 4월부터 9월까지였어.

- **My memory's fuzzy but I think you missed the train, and you got there early the next morning.**
  좀 어렴풋하지만 네가 열차를 놓쳐서 다음날 아침 일찍 거기에 도착했지.

- **Now I understand! I see what she meant then!**
  그때 그녀가 어떤 의미로 말했는지 이제 생각났어.

- **How could I forget?**
  어떻게 잊을 수 있겠어?

- **Now I remember!**
  이제 생각났다!

제니를 알고 있는지 물을 때

A **Do you know Jenny?**

B **As I remember it, she attended the summer seminar at Penn State University with us, didn't she?**

A 제니를 알고 있나요?

B 예, 우리와 함께 펜실베이니아 대학의 여름 세미나에 참석했지요.

075 어떤 것을 잊었다고 말할 때

: 기억하고 있는지를 물었을 때 잊었다고 대답하는 경우 I don't remember ~. (~을 기억하지 못합니다.)를 활용하여 표현합니다. 종종 어떠한 일에 대해 기억하지 못할 때 상대방에게는 실례가 될 수도 있으므로 문미에 I'm sorry ~. / I'm afraid ~.(~해서 유감입니다.) 등을 덧붙이면 좀 더 정중하게 들립니다.

 **Standard**

I've totally forgotten her name.
죄송하지만 그녀의 이름을 완전히 잊었어요.

플러스 표현 ++

- **The meaning of 'au pair' slips my mind.**
  '오 페어'가 어떤 의미인지 도무지 생각나지 않아요.
  > slip one's mind[memory] : 잊어버리다

- **My mind is a blank. I have no idea what time I said I'd see you tomorrow.**
  기억이 나지 않아요. 내일 몇 시에 당신을 만나기로 했는지 잊어 버렸어요.

- **I can't remember where he lives.**
  그가 지금 어디에 살고 있는지 잊어 버렸어요.
  > I can't remember ~ : ~을 기억할 수 없다, 잊어버리다

- **I forgot all about it.**
  전혀 기억이 나지 않아요.

 **Formal**

I'm sorry to say that I don't remember her name.
그녀의 이름이 기억나지 않아 유감입니다.

플러스 표현 ++

- **Keep in mind that I've forgotten what I said to her.**
  그녀에게 말한 것을 잊어버렸다(는 것을 명심해 주십시오).
  > keep in mind : 마음에 두다

- **I don't recall the name of the hotel right now.**
  죄송하지만 호텔 이름은 지금 모르겠습니다.

- **I'm afraid I have no memory of his absence.**
  그가 없었는지는 지금 기억에 없습니다.
  > I have no memory of ~ : ~기억이 없다.

- **I have to admit that I just don't[can't] remember.**
  죄송하지만 기억이 나지 않습니다.

 **Casual**

Her name escapes me.
그녀의 이름이 생각나지 않아.

플러스 표현 ++   장소의 이름을 묻는데 생각나지 않는 경우

- **I can see it but it won't come to me.**
  이름을 잊어버렸어.

- **The name has faded into oblivion.**
  이름을 잊어버렸어.

- **I'm drawing a blank.**
  전혀 기억이 나지 않아.
  > drawing a blank : 허탕 짚다, 헛수고하다

- **Oh! It's on the tip of my tongue.**
  아, 입에서 뱅뱅 도는데 (기억이 나지 않아).
  > on[at] the tip of one's tongue : 말이 입에서 뱅뱅 돌 뿐 생각이 나지 않는다

 회화 연습

레코드를 가지고 왔는지 물을 때

A You've brought the CD's, Tom, haven't you?
B **Oh, I've totally forgotten, I'm afraid.**

A 탐, CD를 가지고 왔겠지?
B 아, 유감이지만 깜빡 했어요.

076
확실함에 대해 물어볼 때

: 어떠한 것이 확실한 지를 물을 때 가장 일반적으로 쓰이는 표현은 Are you sure ~?(~은 확실합니까?) 입니다. 그 외에 Is it definite ~? / Are you convinced ~?(~은 확실합니까?) 등을 활용하여 물을 수 있으며 간단하게 Really? / Definitely?(확실해요?)로 표현할 수도 있습니다.

 **Standard**

Are you sure about her coming this evening?
오늘밤에 그녀가 오는 것이 확실해요?

> Are you sure ~? : ~은 확실합니까?

플러스 표현 ++

- **Is the news of the meeting's postponement accurate?**
  회의가 연기됐다는 것이 확실해요?

- **Is it definite she's coming this evening?**
  그녀가 오늘밤에 온다는 것이 확실해요?

  > Is it definite ~? : ~은 확실합니까?

- **Is that irrefutable[indisputable]?**
  그것은 정말 확실해요?

  > irrefutable : 형 반박할 수 없는

- **Definitely?**
  정말로 확실해요?

 **Formal**

Are you convinced that she's coming this evening?
오늘밤에 그녀가 오는 것이 확실합니까?

> Are you convinced ~? : ~은 확실합니까?

플러스 표현 ++

- **Pardon me, but are you positive?**
  실례지만 확실합니까?

  > positive는 '긍정적인' 이라는 뜻으로 이 문장에서는 '확실한' 이란 의미로 쓰였다. sure보다 더 강하게 확실하다는 느낌을 준다. 따라서 이 문장은 ~are you sure?라고도 할 수 있다.

- **There's no question about that?**
  그것에 관해서는 질문이 없는 겁니까?

- **Perhaps I'm mistaken, but are you confident he resigned?**
아마 제가 잘못 들었는지 모르지만 그가 사직했다는 것이 사실입니까?

 Casual

You're sure she's gonna come this evening.
오늘밤에 그녀가 올 거라고 확신하지?

플러스 표현 ++

- **No mistaking?**
확실하지?

- **Without a shadow of a doubt?**
정말이야?
  > without a shadow of a doubt : 의심할 여지없이, 물론 (= beyond[out of] doubt / beyond the shadow of a doubt)

- **Do you mean he's seriously ill?**
그의 병이 심각하다는 말이니?

- **Really[Positive]?**
확실해[정말이야]?

 회화 연습

비행기 도착 시간에 대해 이야기 할 때

A Excuse me, but what time does Flight 701 arrive, please?
B Sorry to tell you, but it's been canceled, sir.
A **Are you sure about that?**
B I'm quite sure.

A 실례지만 701편은 언제 도착합니까?
B 죄송하지만 701편은 결항되었습니다.
A 확실합니까?
B 틀림없습니다.

184

077 확실함에 대해 대답할 때

: 어떠한 것이 확실한 지를 물을 때는 Are you sure ~?(~은 확실합니까?)라고 하며, 확실하다고 대답할 때는 I'm sure ~(~을 확신합니다) / I have no doubt ~(~을 의심하지 않습니다) / It's obvious ~(~은 틀림없습니다) 등을 활용하여 표현합니다.

 **Standard**

I'm sure they'll succeed in the experiment.

그들이 실험에 성공할 거라 확신해요.

> I'm sure ~ : ~을 확신하다 / succeed in : 성공하다

플러스 표현 ++

- **I have no doubt Susie will get first prize.**
  수지가 우승할 거라 확신해요.
  > I have no doubt ~ : ~을 의심하지 않는다 / get the prize : 상을 타다

- **I'm quite certain about that.**
  그것은 확실해요.

- **She must have lived in an English-speaking country for a long time.**
  그녀는 틀림없이 영어를 쓰는 나라에서 오랫동안 살았어요.

- **Undoubtedly, he'll change his mind.**
  틀림없이 그는 마음을 바꿀 거예요.

  제 3자의 일을 화제로 해서 한쪽이 Do you think she'll be a good nurse?(그녀가 훌륭한 간호사가 될 거라 생각해요?)라고 물을 때

- **She must be.**
  틀림없어요.

 **Formal**

I think it's evident they'll succeed in the experiment.

그들이 실험에 성공할 것은 명백합니다.

플러스 표현 ++

- **There's not a question in my mind that she'll succeed in the audition.**
  제 예상에 그녀는 틀림없이 오디션에 합격할 겁니다.

- **It's obvious he'll be accepted as a visiting researcher.**
  그는 틀림없이 객원 연구원직을 수락할 겁니다.
  > It's obvious ~ : ~은 명백하다, 틀림없다

- **I can't comprehend anyone doubting his devotion to his profession.**
  그가 그의 직분에 충실하다는 것은 의심할 여지가 없습니다.

 Casual

I'd bet my bottom dollar, they'll succeed in the experiment.
그들은 틀림없이 실험에 성공할 거야.
> I'd bet my bottom dollar.는 '확신하다' 라는 뜻의 격이 없는 표현

플러스 표현 + +

- **You can be sure he'll get the license.**
  그가 틀림없이 면허를 취득할 거라고 확신해도 좋아.

- **You can bet[count] on it.**
  확실해.
  > bet[count] on : 확신하다

- **Without a shadow of a doubt.**
  조금도 의심의 여지가 없어.

- **It's clear as glass, isn't it?**
  명백하지?
  > clear as glass는 '유리처럼 맑다' 라는 뜻으로 확실하다고 말할 때 쓰는 표현이다.

 회화 연습

확실하다고 대답할 때

A Do you think President Obama will be elected?
B I'm sure he will.

A 오바마 대통령이 당선될 것 같습니까?
B 예, 확실합니다.

078
무엇인가에 확신이 없을 때

: 어떠한 것이 확실한지 물었을 때 그것에 대한 확신이 없을 때의 대답은 I'm not sure about ~(~에 대해서 확실하지 않다) / I can't conclude ~(~에 대해 결정을 내릴 수 없어요) / I can't decide if ~(~인지 아닌지 결정할 수 없어요) 등의 문형을 활용하여 표현합니다.

 **Standard**

Sorry, I'm not sure about that.
미안하지만, 그것에 대해선 확실하지 않아요.

> I'm not sure about ~ : ~에 대해서 확실하지 않다

플러스 표현 ++

- **I can't conclude whether to refuse his offer or not.**
  그의 제안을 거절해야 되는지 결론을 못 내리겠어요.
  > whether A or B : A인지 B인지

- **I'm of two minds whether or not to come to the party.**
  그 파티에 가야 할지 말아야 할지 모르겠어요.

- **I can't decide[determine] if he's right or wrong.**
  그가 옳은지 모르겠어요.
  > I can't decide if ~ : ~인지 아닌지 결정할 수 없다

- **I'm not certain why he said such a cruel thing to his own mother.**
  그가 어째서 그런 심한 말을 자신의 어머니에게 했는지 모르겠어요.

 **Formal**

I'm afraid I'm not confident about that.
그것에 대해선 확실하지 않습니다.

플러스 표현 ++

- **It's unclear if he'll arrive in time.**
  그가 제 시간에 도착할지는 잘 모르겠습니다.
  > It's unclear if ~ : ~인지는 확실하지 않다

- **I can't resolve who left that bag.**
  누가 그 가방을 잃어버렸는지 잘 모르겠습니다.

- **One can't say unequivocally he'll make a bid for election.**
  그가 선거에 입후보할 지는 아무도 모릅니다.
  > unequivocally : 〔부〕 명백하게
  > bid for election : 선거에 입후보하다

- **His motives for retirement are dubious.**
  그가 왜 퇴직할 생각을 했는지 이해가 되지 않습니다.
  > dubious : 형 이해가 되지 않는, 모호한

- **I'm afraid it's impossible to reach a conclusion[make a decision] from an opinion.**
  그 일에 관해서는 잘 모르겠습니다.
  > reach[arrive at, draw, come to] a conclusion : 결론에 도달하다

 Casual

I can't say for sure about that.
나는 그것에 대해 확신할 수 없어.

플러스 표현 ++
- **Who knows whether he'll need an operation?**
  그가 수술을 받아야 하는지는 아무도 몰라.

- **I wouldn't be cocksure about who he had in mind when talking about that.**
  그 이야기를 했을 때 그가 누구를 마음속에 두고 그 말을 했는지 잘 모르겠어.
  > cocksure는 수도꼭지(cock)처럼 튼튼한의 뜻에서 '확신하다'라는 의미를 지닌다.
  > cocksure about : ~에 확신하다

- **As far as I remember, he wasn't at the party.**
  내 기억으로 그는 그 파티에 없었어.
  > 예를 들면 Is Andy coming the day after tomorrow?라고 묻는데 언제 도착하는지 잘 모를 때 I can't say for sure.(확실히는 모르겠습니다.)라고 답한다.
  > for sure : 확실히, 틀림없이(= for certain)

 회화 연습

비행기의 결항에 관해 이야기 할 때

A Excuse me, is Flight NW701 cancelled?
B **Sorry, I'm not sure.**

A 실례지만 NW701편은 결항입니까?
B 죄송하지만 잘 모르겠어요.

079 맞는지를 물을 때

: 어떠한 것이 맞는 지 물을 때는 Am I right ~?(~은 맞습니까?) / Is it accurate to ~?(~은 사실입니까?) 등을 활용하여 표현할 수 있으며, 간단하게 Is that right?(맞습니까?) / Is it true?(사실인가요?)라고 물을 수도 있습니다. 다음에 나오는 다양한 표현을 익혀 대화에서 응용해 봅시다.

 Standard

I heard Dr. Smith is to arrive at 9:30. Is that right?
스미스 박사님이 9시 반에 도착한다고 하는데 맞아요?

> 간편하게 Is that right?을 문장 끝에 붙여줌으로써 맞는지 물어볼 수 있다.
> Is that right? = Is that so?

플러스 표현 ++

- **Can you correct my pronunciation?**
  제 발음을 바로 잡아 줄래요?

- **Is my pronunciation flawless?**
  제 발음은 정확한가요?
  > flawless : 형 완벽한, 흠 없는

- **I've filled in the form. Did I fill it out correctly?**
  서류를 다 썼는데 바르게 썼나요?
  > fill out[in] the form : 용지에 기입하다

- **I'd like to make sure the form is right.**
  서류는 이렇게 쓰면 되나요?

- **Tell me it's not true that John's been fired.**
  존이 해고됐다는 것이 정말이에요?

 Formal

Am I right in assuming Dr. Smith is to arrive at 9:30?
스미스 박사님이 9시 반에 도착한다는 게 맞습니까?

> Am I right ~? : ~은 맞습니까?

플러스 표현 ++

- **Is it accurate to say coffee is now more popular than tea in England?**
  최근 영국에서는 홍차보다 커피가 인기 있다는데 사실입니까?
  > Is it accurate to ~? : ~은 사실입니까?

- **Am I mistaken in saying like this?**
  이렇게 말하는 것은 틀립니까?
  = Is it a mistake to say it like this?

- **I presume you got the timetable from Mr. White.**
  화이트 씨에게서 예정표를 받으신 걸로 압니다만.

- **I think I'm seeing Mr. Roberts at 10:30. Isn't that right?**
  로버트 씨와는 10시 반에 만나기로 한 것 같은데 맞습니까?

- **I need to verify that I have your correct phone number.**
  당신 전화번호는 이게 맞습니까?

Dr. Smith is coming at 9:30, right?
스미스 박사님이 9시 반에 오시는 게 맞니?

플러스 표현 + +

- **Are my facts straight?**
  내 정보가 맞니?

- **Your room number is 303, yes[ya / isn't it]?**
  네 방 번호가 303호 맞니?

- **Is my spelling off?**
  철자는 이게 맞아?

- **Anything wrong with my calculation?**
  계산이 틀리지는 않았어?
  > Anything wrong with ~ ? : ~에 문제가 있나요?

- **Is it true?**
  사실이니?

대통령의 중국 방문이 취소됐다고 할 때

A I hear the President's visit to China has been canceled. Is that right?
B Yes, that's right. He's going to be hospitalized.

A 대통령의 중국 방문이 취소됐다는데 맞습니까?
B 예, 맞아요. 대통령은 입원할 예정이에요.

080 긍정적인 대답을 할 때

: Am I right ~?(~은 맞습니까?) / Is it true ~?(~은 사실입니까?) 등과 같이 맞는 지 물었을 때 찬성하고 싶을 때는 간단하게 Certainly!(알았습니다!) / Definitely!(맞아요!) / Exactly!(확실히 그래요!) / Perfect. (맞아요.) 등으로 표현하는데 이것은 모두 강한 긍정을 나타냅니다.

 **Standard**

Yes, that's right.
네, 맞아요.

플러스 표현 ++

- **Yes, you're not mistaken.**
  예, 맞아요.

- **Yes, that's exactly correct.**
  예, 정확해요.
  = Yes, that's correct.

- **Of course, her room number is 303.**
  예, 그녀의 방 번호는 303호예요.

- **Correct.**
  맞아요.

- **You haven't met Tony, have you?**
  토니를 만난 적이 없지요?

- **No, I haven't.**
  예, 없어요.

> 부정의문문에서 대답은 우리말의 '예 / 아니요'와 반대이기 때문에 주의할 필요가 있다. 질문이 보통의문문이든 부정의문문이든 '토니를 만난 적이 있으면 대답은 Yes, 토니를 만난 적이 없으면 대답은 No가 된다. 우리말의 '아니요, 있습니다.', '예, 없습니다.'라고 '예 / 아니요'가 영어와는 반대가 되는 것에 유의해야 한다.

 **Formal**

Yes, certainly.
네, 맞습니다.

플러스 표현 ++

- **Definitely.**
  맞습니다.
  = Absolutely. / Certainly. / Exactly.

- **If you ask me, I think he's right.**
  제게 물으신다면 그가 맞는 것 같습니다.

- **I should say he is precisely right.**
  그가 정확히 맞다고 생각합니다.

- **This map is perfectly accurate.**
  이 지도는 완벽히 정확합니다.

 Casual

You're right on.
맞아.

플러스 표현 ++

- **Just right.**
  맞아.

- **Perfect.**
  맞아.

- **Right on (the nose).**
  맞아.

- **That's fair.**
  맞아.

- **Nothing wrong about that way of thinking.**
  맞아.

- **You've hit the nail on the head.**
  맞아.
  > hit the nail (right) on the head : 바로 알아맞히다

- **That's right on target.**
  정확히 맞아.
  > on target : 정확한

 회화 연습

역에서 열차의 운행중지를 확인할 때

A Excuse me. I heard the 11:05 London train was cancelled. Is that right?
B Yes, that's right.

A 실례지만 11시 5분발 런던행 열차가 취소됐다고 들었는데 맞아요?
B 예, 맞습니다.

081
부정적인 대답을 할 때

: 상대가 한 말에 찬성할 수 없을 때는 확실히 그것을 전달해야 합니다. 아무런 응답도 없이 듣고만 있으면 상대방은 찬성으로 받아들일 수도 있기 때문입니다. That's not correct!(그건 옳지 않아요!) / That's wrong.(그건 틀려요!)이라고 반론하는 게 중요합니다.

 **Standard**

Sorry, that's not right.
미안하지만 틀려요.

플러스 표현 ++

- **I'm afraid the date is wrong.**
  날짜가 틀린 것 같은데요.

- **No, that's incorrect.**
  아뇨, 틀려요.

- **It's madness to decline his proposal.**
  그의 제안을 거절하는 것은 옳지 않다고 생각해요.

- **I don't think so.**
  그렇지 않다고 생각해요.
  = I doubt it.

- **Don't mention it.**
  아무것도 아니에요.
  = Not at all. / It's nothing.

 **Formal**

I'd like it to be the case but it isn't.
그랬으면 좋겠는데 실은 그렇지 않습니다.
> 여기에서의 case는 '진상, 사실'의 격의 없는 표현

플러스 표현 ++

- **Pardon me, but may I correct you?**
  죄송하지만 잘못 알고 계신 게 아닙니까?

- **I think the information is misconstrued.**
  정보를 잘못 알고 계시다고 생각합니다.
  > misconstrue : 동 잘못 해석하다, 오해하다(= misunderstand)

- **It seems there's a misinterpretation.**
  오해하고 계신 것 같습니다.
  > misinterpretation : 명 오해

- **It's absurd to call Rosemary Northmore a 'secretary'.**
  로즈메리 노스모어를 '비서'라고 부른 것은 당치도 않습니다.
  > be absurd to : 말이 안 되다

 Casual

No, that's way off.
아니, 완전히 틀려.

> way off : 완전히 틀리다(= totally wrong)

플러스 표현 ++

- **You've got the numbers in his address all turned around.**
  아니야. 그의 주소의 번지를 거꾸로 헷갈리고 있어.
  > turn around : 뒤집다, (방향을) 바꾸다

- **Do you have the correct phone number?**
  맞는 전화번호니?

- **This timetable is a joke, isn't it?**
  이 시간표, 틀리지 않아?

- **Your facts are off.**
  전혀 틀려.

- **That's stupid!**
  엉터리야!

- **Absurd[You jest]!**
  엉터리야!
  > jest : 명 농담(= joke), 장난

 회화 연습

호텔 프론트에서 예약을 할 때

A You booked a twin room for three nights, Mr. Gim. Is that right?
B **Sorry, that's not right.** I booked for two nights.

A 김 선생님, 트윈으로 사흘 밤을 예약하셨죠?
B 아닙니다. 이틀입니다.

> book : 동 (방 등을) 예약하다

PART 5

의뢰·거절에 관한 확실한 표현

Unit

082
>
104

082 식사를 함께 하자고 권유할 때

: 상대방에게 무언가를 제안하거나 권유할 때 무작정 하게 되면 실례가 될 수도 있으므로 정중하게 하는 것이 중요합니다. 제안할 때는 Would you like to ~?(~하시겠습니까?) / How about ~?(~하는 게 어때요?) 등으로 표현합니다. 좋을 때는 Yes, thank you.(네, 좋습니다.), 거절할 때는 No, thank you.(아뇨, 괜찮습니다.)라고 대답합니다.

 **Standard**

Would you join me for dinner tonight?
오늘밤 저녁 식사 함께 할래요?

> Would you ~? : ~하시겠어요?

플러스 표현 ++

- **Won't you join me for a cup of coffee?**
  함께 커피 한 잔 하지 않겠어요?
  > a cup of coffee : 커피 한 잔

- **Why don't we go out to lunch?**
  점심 먹으러 가는 게 어때요?
  > Why don't we ~? : ~하는 게 어때요? / ~하시죠?

- **Why don't we find a place that serves good beer?**
  맛있는 맥주가 나오는 곳을 찾을까요?
  > Shall we ~? : 우리 ~할까요?
  > 일상회화에서 shall은 Shall I ~? / Shall we ~?처럼 주어에 I와 we를 쓴 의문문 외에는 거의 쓰이지 않는다.

- **I want to invite you out for drinks.**
  한 잔 어때요?

 Formal

May I have the pleasure of your company for dinner tonight?
오늘밤 당신의 동료와 저녁 식사 할 수 있는 기쁨을 누려도 되겠습니까?

> May I ~?는 '~해도 좋겠습니까?'라는 허락을 구할 때의 표현이다.

플러스 표현 ++

- **Would you care to join me for a cup of coffee?**
  커피 한 잔 어떻습니까?

- **I would be pleased if you could have breakfast with me tomorrow.**
  내일 아침 식사를 함께 할 수 있다면 기쁘겠습니다.

- **I'd like to invite you to dinner next week.**
  다음 주에 저녁 식사에 초대하고 싶습니다.

  > I'd like to ~(~하고 싶다)는 I would like to의 단축형. want to보다 부드러운 표현으로 대화에서 자주 사용된다.

  > get a bite to eat : 간단히 먹다

Casual

How about us going to get a bite to eat tonight?
오늘밤 간단히 뭐 좀 먹으러 가는 게 어때?

> How about ~? : ~하는 게 어때?

플러스 표현 ++

- **Let's get something to eat.**
  뭐 좀 먹으러 가자.

  > 상대에게 뭔가 제안할 때 <Let's + 동사원형(~합시다)>을 사용하여 표현한다.

- **Let's get some food.**
  무얼 좀 먹으러 가죠.

- **What about getting a beer after work?**
  퇴근 후에 맥주라도 한 잔 하러 가지 않을래?

  > What about ~? : ~하는 게 어때?

- **Come and have breakfast with me tomorrow.**
  내일 아침에 식사하러 와.

회화 연습

저녁 식사를 하자고 제안할 때

A Do you have any plans for this evening?
B No, not really.
A **Would you join me for dinner tonight?**
B Yes, I'd like that very much.

A 오늘밤에 무슨 계획 있어요?
B 아뇨, 특별한 일 없어요.
A 함께 저녁 식사 어때요?
B 예, 아주 좋아요.

083
음료를 함께 하자고 권유할 때

: 음료를 함께 하자고 권유할 때는 Do you want ~? / Why don't you ~? / How about ~? 등을 이용하여 표현합니다. 좀 더 정중하게 권할 때는 Would you like ~? / May I offer ~? 등을 활용하며, 친한 사이에는 Have some ~ / Want some ~?이라 간단하게 표현하기도 합니다.

 **Standard**

Do you want some coffee?
커피 좀 드실래요?

플러스 표현 ++
- **Why don't you have some coffee?**
  커피 좀 드실래요?

- **Why not have some coffee?**
  커피 좀 드시겠어요?
  > Why not ~? : ~하시겠어요?

- **Can I get[give] you some coffee?**
  커피 좀 드릴까요?
  > Can I ~?는 May I ~?보다 허물없는 표현

- **How about some coffee?**
  커피 좀 어떠세요?

 **Formal**

Would you like a cup of coffee?
커피 한 잔 드시겠습니까?

플러스 표현 ++
- **Will you have a cup of coffee?**
  커피 좀 드시겠습니까?
  > Will you ~?는 '~하시겠습니까?' 라고 정중히 묻는 말이다.

- **Can I interest you in a cup of coffee?**
  커피 한 잔 하시겠습니까?

- **May I offer you some coffee?**
  커피 좀 드릴까요?

Casual

Have some coffee.
커피 좀 마셔.

플러스 표현 ++
- **Want some[any] coffee?**
  커피 좀 마실래?

- **Coffee?**
  커피 마실래?

- **Do you want coffee?**
  커피 마실래?

- **I'll fix a cup of coffee for you.**
  커피 한 잔 줄게.

회화 연습

커피를 권할 때

A You still look very sleepy this morning.
B Do I? I stayed up late last night, doing my homework.
A **How about some coffee?**
B Yes, please.

A 오늘 아침은 아직 졸리신 것 같군요.
B 그래요? 어제 밤에는 숙제를 하느라 늦게까지 안 잤거든요.
A 커피 어때요?
B 예, 주세요.

> stayed up late : 밤새우다

084 도움을 줄 때

: 어려움에 처한 사람에게 도움을 주고자 할 때는 Can I help you? / Do you need my help? 등으로 표현합니다. 또한 난처한 일이 발생했을 때 도움을 청하는 필수 표현은 Help me!(도와주세요!)입니다. 트러블은 가급적 피하는 게 좋겠지만, 상대를 제지할 수 있는 최소한의 표현은 반드시 기억해둡시다.

 **Standard**

Can I help you?
도와드릴까요?

플러스 표현 ++
- **What can I do for you?**
  도와드릴까요?
- **Is there anything I can do?**
  제가 도와드릴 게 있나요?
- **Do you need my help?**
  도움이 필요하세요?
- **May[Shall] I help you?**
  도와드릴까요?

 **Formal**

Is there some way I can help you?
도와드릴 게 있습니까?

플러스 표현 ++
- **May[Can] I be of some assistance?**
  도와드릴까요?
- **May I offer to be of assistance?**
  도와드릴까요?
- **I'd like to be of assistance.**
  도와드리겠습니다.
- **I wonder if you can help me.**
  저를 도와주실 수 있나 모르겠습니다.
  > I wonder if you would ~.는 제안을 할 때 쓰는 정중한 표현이다.

Casual

Tell me what to do.
무엇을 해야 하는 지 말해 줘.

플러스 표현 ++
- **Please.**
  부탁할게.
  > 가장 간결한 의뢰 표현이다.

- **Do you need some help?**
  도움이 필요하니?

- **Anything I can do?**
  내가 할 수 있는 일이 있니?

- **Can I do anything for you?**
  도와줄까?

- **Need a hand?**
  도와줄까?

* Tip May[Can] I help you?나 What can I do for you?는 점원이 말하면 '어서 오세요. 뭘 사시겠어요?'의 의미가 된다. 또한 어떤 어려움에 처한 사람에게 '무슨 일입니까?'라고 묻는 경우에도 이용될 수 있다.

A : **May I help you?** 어서 오세요.
B : **No, thank you. I'm just looking around.**
   아뇨, 괜찮아요. 둘러보고 있는 중이에요.
   또는 **Yes, I'm looking for a tie.** 예, 넥타이를 찾고 있어요.

음식점에서

A Waitress, Excuse me.
B Yes. **May I help you?**
A Yes. This looks spoiled.
B Oh, dear. I'll get you another one.

A 아가씨, 잠깐만요.
B 부르셨어요? 뭘 도와 드릴까요?
A 네, 이게 상한 것 같아요.
B 아휴, 맙소사. 다른 걸로 갖다 드릴게요.

085 전화기를 빌릴 때

: 사람이 살면서 다른 사람에게 부탁을 한 번도 하지 않고 산다는 것은 불가능합니다. 다른 사람에게 무언가를 부탁할 때는 Would you do me a favor?(부탁을 드려도 될까요?)라고 하고, 부탁을 들어줄 때는 Sure.(물론이죠.) / With pleasure.(기꺼이 그러죠.)라고 합니다. 거절할 때는 정중하게 유감을 표시하고 그 이유를 함께 말하는 것이 예의입니다.

Can I use your telephone?
전화 좀 써도 될까요?
> Can I use ~? : ~을 사용해도 될까요?

플러스 표현 ++

- **Could I use your telephone?**
  전화 좀 써도 될까요?
  > Can I ~?보다 더욱 정중한 표현이다.

- **Is it okay if I use your telephone?**
  전화를 써도 될까요?

- **I need to make a telephone call. Can I use the telephone?**
  전화를 해야 하는데 사용해도 될까요?
  > make a (telephone) call : 전화를 걸다

I was wondering if I could use your telephone.
전화를 사용해도 되는지 궁금합니다.

플러스 표현 ++

- **I wonder if I could use this telephone.**
  이 전화를 사용해도 되겠습니까?

- **Could I possibly use this telephone?**
  가능하다면 이 전화를 사용해도 되겠습니까?
  > Could I possibly ~? : 가능하다면 ~할 수 있을까요?

- **May I use your telephone, please?**
  전화를 사용해도 되겠습니까?
  > 우리나라 사람들은 영어회화를 할 때 대체로 please라는 말의 사용에 인색한 편이라고 한다. 특히 부탁의 말을 할 때 please라는 단어를 적절히 잘 사용해야 한다.

Casual

Can I use your phone?
전화를 써도 될까?

플러스 표현 ++

- **I need to use the phone. Can I use yours?**
  전화를 해야 하는데 네 것을 써도 될까?

- **Is it okay if I use your phone?**
  전화를 사용해도 될까?

- **I need to make a call. Can I use the phone?**
  전화를 해야 하는데 써도 될까?

- **Can I borrow your phone?**
  전화 좀 빌릴 수 있을까?

  > 전화, 화장실 등 이동이 불가능한 것을 빌리는 경우에는 use를 쓰는 것이 보통이다. borrow는 일정 기간이 되면 반환하는 것을 전제로 빌려 가는 것인 경우에 쓴다. 그러므로 휴대전화를 빌리는 경우에는 borrow를 쓴다.

회화 연습

전화를 빌릴 때

A I have to contact my father in Seoul right now.
   May I use your telephone?
B Sure.
A Excuse me, but I don't know how to use this.
B Dial zero first.

A 서울에 계신 아버지께 지금 연락을 해야 하는데요. 전화를 써도 됩니까?
B 물론이죠.
A 미안하지만 어떻게 거는지 모르겠어요.
B 먼저 0을 누르세요.

203

086 호텔을 예약할 때

: 호텔을 예약할 때는 요금, 입지, 치안 등을 고려해서 정합니다. 호텔의 체크인 시각은 보통 오후 2시부터입니다. 호텔 도착 시간이 오후 6시를 넘을 때는 예약이 취소되는 경우도 있으므로 늦을 경우에는 호텔에 도착시간을 전화로 알려두는 것이 좋습니다. 방의 형태, 설비, 요금, 체재 예정 등을 예약이나 체크인 할 때 확인하도록 합시다.

 **Standard**

I'd like to reserve a room at your hotel tonight.
오늘밤 호텔에 방을 예약하고 싶어요.
> reserve a room : 방을 예약하다

플러스 표현 ++

- **I'd like to reserve a table for three at seven tonight.**
  오늘밤 7시에 3인 자리를 예약하고 싶어요.
  > reserve a table : 자리를 예약하다

- **Can you reserve me a table for three tonight?**
  오늘밤 3인 자리를 예약을 할 수 있을까요?

- **I'd like to book a table for three tonight, please.**
  오늘밤 3인 자리를 예약을 하고 싶어요.

 **Formal**

I wonder if I could reserve a room at your hotel tonight.
오늘밤 호텔에 방을 예약할 수 있습니까?

플러스 표현 ++

- **I'd like to make a reservation for three this evening, please.**
  오늘 저녁 3인 예약을 하고 싶습니다.

- **I wonder if I could book three seats at your restaurant for seven this evening.**
  레스토랑에 오늘 저녁 7시에 3인 자리를 예약할 수 있습니까?

- **Could I possibly book three rooms at your hotel tonight?**
  가능하다면 오늘밤 방 3개를 예약할 수 있습니까?
  > 영어에서 '호텔을 예약하다'는 보통 book a room이라고 한다.

- **Do you have any seats available on the 7:30 flight?**
7시 반 출발하는 비행편에 자리가 있습니까?

I want a room for tonight, please.
오늘밤 방을 부탁해.

이런 표현도 있어요!
- **I wanna book two tickets for tonight.**
오늘밤 표 2장을 예약하고 싶어.

- **Two seats for tonight, please.**
오늘밤 표 2장 줘.

- **Can I have two tickets for the 2:30 matinee, please?**
2시 30분 낮공연 표 2장 줄래?
> matinee는 '낮 공연, 낮 흥행'

표 예약을 제안할 때

A I'll have to go to Busan on business tomorrow.
B Really? **Do you want me to book a seat on a train for you?**
A No, thanks. I don't think the train will be crowded.
B I hope not.

A 내일은 부산으로 출장을 가야 해요.
B 그래요? 그러면 열차표를 예약해 드릴까요?
A 아뇨, 됐습니다. 열차는 혼잡하지 않을 것 같아요.
B 그러면 좋겠어요.

087 가능성에 대해 물어볼 때

: 상대에게 뭔가에 대해서 가능한 것인지 물을 때는 Can you ~?(~할 줄 아세요?)라는 표현을 사용합니다. 에에 대해 가능한 것일 때는 I can ~(~할 수 있어요)이라고 표현하고, 반대로 불가능한 것일 때는 I can't ~(~할 수 없습니다)라고 합니다. 참고로 can / could와 대체가능하지만, 특별한 일을 수행할 수 있는 능력을 나타낼 때는 be able to를 더 많이 사용하는 경향이 있습니다.

 **Standard**

Can you use this software?
이 소프트웨어를 사용할 줄 아세요?

플러스 표현 ++

- **Are you able to speak French?**
  프랑스어를 할 수 있어요?
  > be able to : ~을 할 수 있다

- **Is she capable of telling a lie?**
  그녀가 거짓말을 할 수 있어요?
  > capable of : ~이 가능한
  > tell a lie : 거짓말 하다

- **Can you lift up this heavy trunk?**
  이 무거운 트렁크를 들 수 있어요?
  > lift up : 들다, 올리다

 **Formal**

I was wondering if you could use this software?
이 소프트웨어를 사용할 줄 아는지 궁금합니다.

플러스 표현 ++

- **Will it be possible for you to take over for Tom while he's gone?**
  톰이 없는 동안에 그의 일을 맡을 수 있습니까?
  > Will it be possible for ~? : ~하는 것이 가능합니까?
  > take over : 떠맡다, 대신하다

- **Is it feasible to do this while doing that?**
  그걸 하면서 이것도 할 수 있습니까?
  > feasible to : ~할 수 있는, 가능한

- **Is it within your capacity to get this job done?**
  이 일을 끝마칠 수 있습니까?

> capacity to : ~할 능력

Casual

Do you know how to use this software?
이 소프트웨어를 어떻게 사용하는지 아니?

플러스 표현 + +

- **Can you do it?**
  할 수 있어?

- **Can it be done?**
  할 수 있어?

- **Is it possible, or not?**
  할 수 있어, 없어?

- **I wonder if you could possibly help me carry this trunk to the front door.**
  이 트렁크를 현관까지 나르는 것을 도와줄래?

- **Could you possibly help me with my homework now?**
  가능하면 지금 숙제를 도와줄래?

- **Would it be possible for you to help me?**
  좀 도와 줄래?

- **Please help me.**
  도와 줘.

- **Please give me a hand.**
  도와 줘.

- **I need a hand here.**
  지금 도움이 필요해.

회화 연습

소프트웨어를 사용할 줄 아는 지 물을 때

A **Can you use this software?**
B **I'm sorry but I don't know. Have you asked Jane?**
A **Okay. Jane is skilled in using this software.**

A 이 소프트웨어를 사용할 줄 아세요?
B 모릅니다. 제인에게 물어보는 게 어때요?
A 그래요. 제인은 소프트웨어 다루는데 능숙하니까요.

088

견학을 의뢰할 때

: 부탁이나 의뢰를 할 때 Would you ~? / Could you ~? / Won't you ~? / How about ~? 등을 활용해서 물으며, 이러한 부탁에 관한 질문의 유형에 따라 그 응답도 다양하게 표현할 수 있어야 합니다. 또한 처해 있는 상황에 따라 응답의 방법도 달라지므로 유의해야 합니다.

I want to visit your factory to observe how it's run.

공장이 어떻게 운영되는지 견학하고 싶어요.

> I want to ~ : ~하고 싶다
> 이 문장에서 run은 '경영, 관리'의 의미로 쓰였다.

플러스 표현 ++

• **I'd like to visit your kindergarten and watch some of your classes.**
유치원을 방문해서 수업을 좀 참관하고 싶어요.
> I'd like to ~ : ~하고 싶다

• **Can[Could] I visit your kindergarten and watch some of your classes?**
유치원을 방문해서 수업을 참관할 수 있을까요?
> Can[Could] I ~? : ~할 수 있을까요? Could I ~?가 좀 더 정중한 표현이다.

• **May I observe the operations of your factory?**
공장 시설 좀 살펴봐도 될까요?

May I have permission to visit your factory to observe?

당신의 공장을 견학해도 되겠습니까?

> May I have permission to ~? : ~하는 것을 허락해 주시겠습니까?

플러스 표현 ++

• **Would you mind if I visited your school to observe some classes?**
학교수업을 참관해도 되겠습니까?
= Would it be possible ~?
> Would you mind ~? : ~해 주실 수 없습니까?

• **I was wondering if I could observe your workshop.**
당신의 사업장을 견학해도 되겠습니까?

- **Could I possibly visit your new factory to observe the factory floor?**
  가능하다면 새 공장의 작업장을 견학해도 되겠습니까?
  > factory floor : 공장의 작업장

- **Would you allow me to observe?**
  좀 살펴봐도 되겠습니까?
  > Would you allow me ~? : ~하는 것을 허락해 주시겠습니까?

 Casual

Can I see your factory?
공장 좀 볼 수 있을까?
> Can I see ~? : ~를 볼 수 있을까?

플러스 표현 ++

- **I want to visit your kindergarten to watch some classes.**
  유치원을 방문해서 수업을 참관하고 싶어.

- **I want to go to some of your kindergarten classes.**
  유치원 수업을 좀 보러 가고 싶어.

- **I'll come to some of your kindergarten classes.**
  유치원 수업을 좀 보고 싶어.

- **Can I sit in on some of your classes?**
  수업에 참관할 수 있을까?
  > sit in on : 참관하다, 견학하다

- **Can I check out your assembly line?**
  작업 공정을 살펴봐도 되니?
  > assembly line : 작업 공정, 조립 라인

 회화 연습

사무실을 방문하고 싶다고 할 때

A **I'd like to visit your office tomorrow.**
B **All right. What time would you like to come?**
A **Could I possibly see you at 10:30 a.m. at your office?**
B **Certainly. That'll suit me.**

A 내일 당신 회사를 방문하고 싶습니다.
B 좋아요. 몇 시에 오시겠습니까?
A 회사에서 오전 10시 반에 만날 수 있습니까?
B 알겠습니다. 좋습니다.

089
숙식에 대해 물어볼 때

: 숙식에 대해 이야기 할 때는 기본적으로 stay(머무르다)라는 동사를 알고 있어야 합니다. ~에 머물러도 되는지 물을 때는 May I stay ~?(제가 ~에 묵어도 될까요?)라고 하며, 좀 더 정중하게 물을 때는 I wonder if I could possibly stay ~(제가 ~에 묵을 수 있을지 궁금합니다)라고 합니다. 격의 없는 사이에서는 I want to stay ~(~에 묵고 싶습니다)라고도 합니다.

 **Standard**

May I stay at your house for a year?
당신 집에 1년간 묵어도 좋아요?

> stay at : ~에 머무르다

플러스 표현 + +
- **May[Can / Could] I stay at your house during the Summer holidays?**
  여름방학 동안 당신 집에 묵어도 좋아요?
  > during : ㉒ ~동안 (내내). during은 특정한 기간 동안에 관하여 쓰고, for는 불특정의 기간에 관해서 쓴다.

 **Formal**

I wonder if I could possibly stay with you and your family for a year.
당신 그리고 당신 가족과 1년간 함께 지낼 수 있겠습니까?

플러스 표현 + +
- **If it's not an imposition, may I stay with you for a couple of weeks over Christmas break?**
  부담이 되지 않는다면, 크리스마스 연휴에 몇 주간 함께 지내도 되겠습니까?
  > imposition : ㉫ 부담, 짐

- **Would you mind if I stayed at your house during the Summer holidays?**
  여름방학 동안 당신 집에 머물러도 되겠습니까?

- **Can I possibly stay at your house during the Summer holidays?**
  여름 방학 동안 당신 집에 머무를 수 있겠습니까?

Casual

I want to stay with you for a year.
1년간 너와 머무르고 싶어.

플러스 표현 ++
- **Can I stay with you during the Summer holidays?**
  여름방학 동안 너와 머물러도 될까?

- **I need a place to stay during the Summer holidays. Can you put me up?**
  여름방학에 묵을 곳을 찾고 있어. 네 집에 묵어도 괜찮겠어?
  > 친한 사람에게 부탁하는 것. put up은 '(식사와 함께) 묵다'라는 격이 없는 표현

- **Can I stay at your house?**
  네 집에 묵어도 괜찮을까?

회화 연습

외국인 친구가 한국 유학을 하려고 할 때

A I'm going to Korea to study the Korean language.
B That's great. Do visit my family in Seoul.
A **I'm just wondering if I could possibly stay with your family in Seoul for a couple of months.**
B Why not? I'm sure it will be exciting for my family, too.

A 저는 한국에 가서 한국어를 배우려 합니다.
B 좋아요. 꼭 서울에 있는 우리 가족을 방문하세요.
A 2~3개월간 서울에 있는 당신 집에 묵어도 되겠습니까?
B 물론이죠. 틀림없이 우리 가족들도 좋아할 거예요.

090 돌봐 달라고 부탁할 때

: 누군가를 돌봐 달라고 부탁할 때는 Can you look after ~?(~를 돌봐 주시겠습니까?)라고 합니다. 좀 더 정중하게 부탁할 때는 Could you possibly look after ~?(~를 돌봐 줄 수 있습니까?)라고 하며, 격의 없는 사이에서는 Look after ~(~를 돌봐 주세요)라고도 표현합니다.

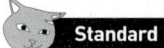 **Standard**

Can you look after my baby while I'm out?

외출하는 동안 아기를 돌봐 줄래요?

> 부탁할 때에 Can I ask you a favor?라고 먼저 말해 두면 오래 걸리지 않는다고 상대방에게 주의를 환기시킬 수 있다.
> look after : ~을 돌보다

플러스 표현 ++　　쇼핑을 할 때

- **I hate to trouble you but, can you take care of my little boy while I'm shopping?**
  방해하고 싶지는 않지만, 쇼핑하는 동안 제 아들을 돌봐 줄 수 있어요?
  > take care of : ~을 돌보다

　　저녁 식사 준비를 할 때

- **Will you watch the baby while I cook dinner?**
  저녁 식사를 준비하는 동안 아이를 봐 줄래요?

　　잠시 동안 아이를 부탁할 때

- **Could you look after this baby for me for a while?**
  잠시 동안 이 아이를 돌봐 주실 수 있어요?
  > look after : ~을 돌보다
  > for a while : 잠시 동안

 **Formal**

Could you possibly look after my baby while I'm out?

외출하는 동안 이 아이를 돌봐 줄 수 있습니까?

플러스 표현 ++　　외출할 때

- **Would it be possible for you to look after my baby while I'm out?**
  외출하는 동안 제 아이를 돌봐 줄 수 있습니까?

우체국에 갔다 올 때

- **I don't want to impose on you, but would you be able to tend to my child while I go to the post office?**
  당신에게 강요하고 싶지는 않지만, 우체국에 다녀오는 동안 제 아이를 돌봐 주시겠습니까?

  > impose on : ~을 강요하다

Casual

Look after my baby while I'm out, will you?
외출하는 동안 내 아이를 돌봐 줄래?

플러스 표현 + +

- **Watch my daughter for me, O.K.?**
  내 딸을 봐주지 않겠니?

- **Can you keep an eye on the baby for a while?**
  잠깐 아이를 봐주지 않겠니?

  > keep an eye on[upon] ~은 위의 예문처럼 watch carefully(잘 돌보다)라는 뜻의 격이 없는 표현이다.

- **Keep an eye on the baby while I'm out, please.**
  외출하는 동안 아이를 돌봐 줘.

*Tip 일반적으로 허가나 부탁을 청할 때 쓰는 표현들을 그 공손함의 정도에 따라 나열하면 다음과 같다.
Will you ~? ＜ Can you ~? ＜ Would you ~? ＜ Could you ~? ＜ Would you please ~?
＜ Could you please ~? ＜ Would you mind -ing?

아기를 돌봐달라고 부탁할 때

A **Can you look after my baby while I'm out?**
B **I'm sorry but I have an appointment. Have you asked Sandy?**
A **She is having an exam tomorrow.**
B **Then, I will postpone my appointment to tomorrow.**

A 외출하는 동안 아기를 돌봐 주시겠습니까?
B 미안하지만 나는 약속이 있어요. 샌디에게 물어보는 게 어때요?
A 샌디는 내일 시험이 있데요.
B 그럼 내가 약속을 내일로 미룰게요.

213

091 물건 값을 깎을 때

: 쇼핑을 할 때 가격이 너무 비싸면 깎아달라고 부탁을 하게 됩니다. 물건에 대한 가격을 흥정하고 나서 살 물건을 결정하는 경우도 있습니다. 가격을 물을 때는 How much is it?(얼마입니까?)이라고 하며, 가격이 너무 비쌀 때는 It's too expensive.(너무 비싸요.), 깎아 달라고 할 때는 Can you give me a discount?(할인해 주시겠습니까?)라고 합니다.

 **Standard**

Can you give me a discount?
할인해 주시겠어요?

> give[allow] a discount : 할인을 하다. discount는 할인된 가격을 말하는 것이고 discount 대신 a better price라고 하면 더 좋은 가격에 달라는 의미가 된다.

플러스 표현 ++

- **Can you mark down the price?** 더 낮은 가격으로 해 주세요.
  > mark[bring] down the price : 값을 내리다

- **Is there a discount on this?** 이걸 깎아 줄 수 있어요?

- **Could we talk about the price?** 가격을 상의할 수 있어요?

 Formal

Could you make the price a little more reasonable?
좀 더 적당한 가격으로 해 주실 수 있습니까?

> reasonable : 형 (값 등이) 비싸지 않은, 적당한

플러스 표현 ++

- **I'm afraid the price is way beyond our means.**
  유감이지만 우리의 예산을 넘어서는 가격입니다.
  > mean : 명 예산

- **Can you offer a more reasonable price?**
  좀 더 적당한 가격으로 해 줄 수 있습니까?

- **Perhaps we can negotiate the price.**
  가격을 상의할 수 있습니까?
  > negotiate the price : 가격을 상의하다

- **Unfortunately, we can't afford such an expense right at the moment. Do you have any other suggestions?**
  미안하지만 지금 이런 고액을 지불할 수 없습니다. 무슨 다른 제안은 없습니까?
  > can't afford : ~살[할] 여유가 안 된다

- **I would reconsider your proposal if the price was more reasonable.**
  가격이 더 적당하면 당신의 제안을 고려해 보겠습니다.

 Casual

Come on. Give me a better price.
좀 더 저렴한 가격으로 해 줘.

플러스 표현 ++

- **How about a discount?** 할인해 줄래?
  > How about ~?은 '~는 어때요?' 라는 의미로 명사나 동명사를 이용하여 간단히 질문을 만들 수 있다. How about going to a movie?라고 하면 '영화 보러 가는 게 어때?' 가 되며 간단히 How about a movie?라고만 해도 영화 보러 가자는 제안의 표현이 된다.

- **Can you make it cheaper?** 더 싸게 해 줄래?

- **Can we make a deal?** 깎아 줘.
  > make a deal : 협상하다, 흥정하다. 물건 값을 깎으려고 끈질기게 흥정하는 것을 haggle이라고 한다.

- **Can't you cut the price?** 깎아 줄 수 있어?
  > cut the price : (가격을) 인하하다, 싸게 하다

- **Too expensive[high]!** 너무 비싸.

- **Come down (in the price) a little.** 가격을 깎아 줘.

- **I don't have that kind of money.** 그런 돈 없어.

* *Tip* 일반적으로 백화점에서는 정가 판매되지만 시장 등에서는 할인 흥정을 하는 것이 보통이다.

 회화 연습

컴퓨터 가격을 깎아 달라고 할 때

A **Can you give me a discount on this computer?**
B **Well, it's not easy, sir.**
A **I'll pay in cash.**
B **Well, in that case, I can give you a ten percent discount.**

A 이 컴퓨터 값을 깎아 주시겠습니까?
B 저, 어려운데요.
A 현금으로 내겠어요.
B 그러면 10퍼센트 깎아 줄 수 있어요.

092 상대방에게 승낙할 때

: 상대방의 의견에 동의하거나 일상적인 요청에 수락할 때 O.K.라는 말을 자주 사용하는데 그밖에 Sure. / That's all right.이라는 표현도 흔히 사용됩니다. 또한 보다 강하게 '물론' 이라고 표현할 때는 Exactly. / Absolutely. / Certainly. / Definitely. 등과 같은 부사를 사용하기도 합니다.

|1| 기쁘게 ~한다고 말할 때

That'll be fine.
좋아요.

플러스 표현 ++
- **I think that's fine.** 좋다고 생각해요.
- **I agree with that.** 찬성이에요.
  > agree with ~ : ~에 찬성하다
- **I don't see why not.** 안 될 이유 없어요.
- **I approve.** 동의해요.
- **I willingly accept.** 기꺼이 수락할게요.
  > willingly : 〈부〉 기꺼이

I'm ready to accept your proposal.
그 제안을 기쁘게 받아들이겠습니다.
> be ready to : 기꺼이 ~하는

플러스 표현 ++
- **That will be satisfactory.** 만족합니다.
- **I think that will provide a suitable solution.**
  그걸로 해결이 잘 되리라고 생각합니다.
- **We are in agreement.** 동의합니다.
- **That's a very acceptable idea if you ask me.**
  괜찮은 생각이라고 생각합니다.

Yes, I will.
응, 그렇게.
> 여기서 will은 의지형 조동사로써 '그렇게 할게요' 라는 뜻으로 사용된다.

플러스 표현 + +
- **Okay[Sure / Fine].** 좋아.
  > 상대의 제안 등을 그대로 받아들일 때의 표현
  > 관용표현으로 Okay-dokey.(그렇고말고.)라고 말하기도 한다.

- **Excellent[Wonderful].** 좋아.

- **Why not?** 좋아.
  > 승낙하는 표현이지만 not을 넣어 반어적으로 표현했다.

|2| 만일 ~면 …한다고 할 때

Yes, I will, if you come with me.
네, 당신과 함께라면 할게요.

플러스 표현 + +
- **Of course, as long as you come, too.**
  물론, 당신도 가면 가지요.
  > as long as : ~하는 한

- **I'll only say yes if we can go together.**
  우리가 함께 갈 수 있으면 동의해요.

- **Will you come, too, if I agree?**
  제가 동의하면 당신도 가겠어요?

- **I will only go ahead with your plan if you are present.**
  당신이 참석하면 당신의 계획을 진행할게요.
  > go ahead : 진행하다

I agree, on the condition that you accompany me.
당신이 함께 한다면 동의하겠습니다.
> on[upon] the condition that : ~라는 조건으로 ; 만약 ~이라면(if)

플러스 표현 + +
- **I'll consent, if you agree to my conditions.**
  당신이 제 조건에 찬성하면 동의하겠습니다.
  > agree to : ~에 동의하다

- **My answer is yes, but only if you accompany me.**
  당신이 저와 동행해 준다면 대답은 예입니다.

- **I'll agree only on the condition that I have an interpreter all day.**
  하루 내내 통역이 있다면 좋습니다.

 Casual

Okay, but I want you with me.
너와 함께 한다면 좋아.

플러스 표현 ++
- **Only if you do, too.** 너도 한다면.
- **Yes, but only if you come, too.** 너도 온다면 좋아.
- **I will, if you will.** 네가 그러면 나도 그러지.

 회화 연습

기꺼이 자원봉사를 할 사람이라고 말할 때

A I hear he volunteered to help the people in Angolla right after the big earthquake.
B Oh, did he?
A I think he is the type of person who is always ready to help people in trouble.
B **Yes. I quite agree with you.**

A 그는 대지진 직후 자원봉사자로 앙골라 사람들을 도왔다고 해요.
B 아, 그랬습니까?
A 그는 언제나 어려움에 처한 사람을 기꺼이 도와주는 사람이라고 생각해요.
B 예, 아주 동감입니다.

> in trouble : 어려움에 처한
> I quite agree with you.에서 quite 대신 totally / completely 등을 쓸 수 있다.

'당신도 간다면'이라는 조건을 붙여 대답할 때

A He said he is going to go fishing in the river tomorrow.
B Did he? He is crazy about fishing, isn't he?
A Not really. He seems to want you to go with him.
B **I will if you go, too.**

A 그는 내일 강으로 낚시하러 간다고 했어요.
B 그래요? 그는 낚시에 빠져 있죠?
A 그렇지도 않아요. 그는 당신과 함께 가고 싶은 것 같아요.
B 당신이 가면 저도 가죠.

> go fishing : 낚시하러 가다. <go + -ing>는 '~하러 가다'의 의미를 지닌다.
> crazy about : ~에 빠지다

093 즉답을 피하고 싶을 때

: 상대의 질문에 언제나 분명한 대답을 할 수 있는 것은 아닙니다. 즉답을 피하고자 할 때는 Probably.(그렇겠지요.) 또는 It depends.(때와 경우에 따르죠.)라고 하며 이러한 표현을 익히는 것도 대화의 중요한 요령입니다. 의사표현을 정확하게 하는 것이 서구 사회에서는 일반화 되어 있지만 분명한 대답보다 다소 애매모호한 응답을 해야 할 때가 종종 있습니다.

 **Standard**

If Nancy joins us, I'll come, too.
낸시와 함께라면 저도 갈게요.

플러스 표현 ++

- **It all depends.**
  모두 상황에 따라 달라요.

- **I'll do that if I can get up in time.**
  제시간에 일어나면 그렇게 할게요.

- **I'll play tennis, weather permitting.**
  날씨가 허락하면 테니스를 칠게요.

 **Formal**

I'd like to travel abroad, but it all depends on my financial situation.
해외여행을 하고 싶지만 모두 경제적인 사정에 달려 있습니다.

> depends on : ~에 따라 다르다

플러스 표현 ++

- **The possibility of that is dim.**
  그럴 가능성은 적습니다.

- **I'll consider it carefully when the time comes.**
  때가 오면 신중히 생각하겠습니다.

- **It's a distinct possibility.**
  가능성은 높습니다.

Casual

I might.
그럴지도 몰라.

플러스 표현 ++
- **I don't know.**
  모르겠어.
  > '모른다'라고 할 때 I wouldn't know.라 말하는 경우도 있는데, I don't know.는 단순히 모른다는 뜻이지만 I wouldn't know.는 모르지만 굳이 알고 싶지도 않다는 아주 냉소적 표현이다.

- **Maybe.**
  글쎄.

- **It depends.**
  때와 경우에 따르지.

회화 연습

내일의 일정을 정할 때

A I'll go fishing in the lake if the weather is good tomorrow.
B Will you? What kind of fish do you expect to catch at this time of the year?
A Trout.

A 내일 날씨가 좋으면 호수로 낚시하러 갈 거예요.
B 그렇습니까? 이맘때는 어떤 고기가 잡힙니까?
A 송어입니다.

094 내키지 않는다고 말할 때

: 서양인들은 우리와 다르게 자신의 의사를 분명하게 스스럼없이 표현하는 것을 종종 보는데 우리는 대개 상대의 의견에 동의하지 않을 경우 상대방과의 관계성을 중시하여 직접적인 표현을 회피하거나 우회적으로 표현하는 경향이 있습니다. 하지만 애매한 표현은 오히려 오해를 불러일으킬 소지가 있으므로 부정의 의사 표시는 분명히 피력해야 합니다.

 **Standard**

I don't really care to go to the concert.
저는 정말로 콘서트에 가고 싶지 않아요.
> care to : ~하고 싶다

플러스 표현 ++
- **I prefer not to do that.**
  그건 하고 싶지 않아요.

- **I really would rather not go there.**
  가능하면 거기에는 정말로 가고 싶지 않아요.

- **Somehow, that idea doesn't appeal to me.**
  어쩐지 그 생각은 관심이 없어요.

- **I just can't get excited about going to a soccer game.**
  왠지 축구경기를 보고 싶은 마음이 없어요.

 **Formal**

I'm afraid the idea of going to the concert doesn't appeal to me.
유감이지만 콘서트에 가자는 의견은 마음에 들지 않습니다.

플러스 표현 ++
- **I have to admit that I would rather not go to that party.**
  가능하면 그 파티에 가고 싶지 않다는 것을 인정해야겠습니다.

- **If you don't mind, I prefer not to go along with that idea.**
  만일 괜찮으시다면 저는 그 생각에는 찬성할 수 없습니다.
  > go along with : 찬성하다

- **No offense (is intended[meant]), but I don't care to do that.**
  기분을 상하게 해 드리려는 것은 아닙니다만 그렇게 하기 싫습니다.

Casual

I don't want to go to the concert.
콘서트에 가고 싶지 않아.

플러스 표현 ++
- **That's not for me.**
  내게는 맞지 않아.

- **I'm not game for it.**
  그럴 생각 없어.

- **I don't feel like it.**
  내키지 않아.

- **The thought doesn't thrill[excite] me.**
  그건 재미없어.

회화 연습

콘서트 가는 것이 내키지 않는다고 말할 때

A The Modern Jazz Septet is playing at the Civic Center.
   I have two tickets, so why don't we go together?
B **To be honest, I don't really care to go their concert.**
A O.K. Maybe we can do something else some other time, then.
B That sounds good to me.

A. 시민회관에서 모던재즈 셉테트 공연이 있어요.
   표 2장이 있는데 같이 가지 않겠어요?
B. 솔직히 그들의 콘서트에는 가고 싶지 않아요.
A. 좋아요. 그럼 다른 기회에 하지요.
B. 그게 좋겠어요.

> Why don't we ~? : ~하는 게 어때요?
> to be honest : 솔직히(= frankly speaking / to speak honestly / in plain words / to be frank with you)

095 상대방에게 거절할 때

: 상대방으로부터 '~해도 될까요?'라는 질문을 받았을 때 '그럼요.'라고 기분 좋게 흔쾌히 승낙하는 경우도 필요하며, 또한 개인적인 사정으로 '아뇨, 안 됩니다.'라고 거절하는 표현을 하게 되는 불가피한 상황이 발생하기도 합니다. 거절할 때 문두에 I'm sorry ~ / I'm afraid ~ 등을 덧붙이면 정중하게 거절하는 표현이 됩니다.

|1| 할 수 없다, 무리라고 대답할 때

 **Standard**

Sorry, but I can't.
미안하지만 할 수 없어요.

플러스 표현 ++

- **I'm afraid I can't.**
  미안하지만, 할 수 없는데요.
  > I'm afraid ~ : 유감스럽지만 ~, 미안하지만 ~

- **I'm afraid not.**
  못 하겠는데요.

- **I'm sorry, but it's not possible. Maybe some other time?**
  미안하지만 가능할 것 같지 않아요. 다음 기회에는 어때요?

 **Formal**

I'm afraid I won't be able to honor your request.
미안하지만 당신의 요구를 받아들일 수 없습니다.

플러스 표현 ++

- **I'm afraid I won't be able to accommodate your request.**
  죄송하지만 당신의 요구를 수용할 수 없 것 같습니다.

- **Unfortunately, I won't be able to oblige that request.**
  안됐지만 기대에 응할 수 없습니다.
  > unfortunately : 불행하게도

- **I deeply regret to say that circumstances will prevent me from doing that.**
  사정상 그렇게 할 수 없다고 말씀드리게 되어서 죄송합니다.
  > regret to : ~하게 되어 유감이다

 **Casual**

Sorry, I can't.
미안하지만 할 수 없어.

플러스 표현 ++
- **No way!** 싫어!
- **Sorry I can't help you out.** 안 돼. 도와 줄 수 없어.
- **Wish I could, but I can't.** 그렇게 하고 싶지만 할 수 없어.
- **Fraid[Afraid] not.** 안 되겠는데.

|2| 권유·부탁을 거절할 때

 **Standard**

No, thank you.
아뇨, 됐어요.

플러스 표현 ++
- **That's quite all right.**
  괜찮아요.
- **I'm fine, but thanks, anyway.**
  괜찮아요. 어쨌든 감사해요.
- **Thank you, but everything is O.K. as it is.**
  감사해요. 모든 것이 잘 되고 있어요.

 **Formal**

No, thank you, but I appreciate your offer.
아뇨, 됐습니다만, 제안에는 감사드립니다.

> 상대의 요구나 제안 등을 거절할 때에는 그 이유를 덧붙여서 부탁하는 사람의 마음을 배려하는 것이 좋다.

플러스 표현 ++
- **Thank you for offering, but I'm quite fine, really.**
  제안 감사합니다. 그렇지만 정말 괜찮습니다.
- **No, that's quite all right but it was nice of you to offer.**
  아뇨, 신경 쓰지 마세요. 제안에 감사드립니다.
- **That's very kind of you to offer, but everything is fine at the moment.**
  제안에는 정말로 감사드립니다만 지금은 괜찮습니다.

- **It was generous of you to ask, but I can't accept.**
  친절에 감사드립니다만 거절하겠습니다.

- **I appreciate your invitation but, sadly enough, I won't be able to attend.**
  초대해 주어서 감사합니다만 애석하게도 참석할 수 없을 것 같습니다.
  > sadly enough : 애석하게도

No, thanks.
아니, 됐어.

플러스 표현 ++

- **That's O.K.** 괜찮아.
- **No, don't bother[Don't bother].** 걱정 마[신경 쓰지 마].
- **No, that's all right.** 괜찮아.
- **No, don't trouble yourself.** 신경 쓰지 마.
  > trouble oneself : 속을 썩이다

레슨 신청을 거절할 때

A Could you teach English to my children?
B **I'm sorry, but I can't.** I'm just too busy.
A That's too bad. Can you recommend someone else?
B I wish I could, but I don't know anyone who can do the job.

A 제 아이들에게 영어를 가르쳐 주시겠어요?
B 죄송하지만 할 수 없어요. 너무 바쁩니다.
A 안됐군요. 다른 사람을 소개해 주시겠어요?
B 그렇게 하고 싶지만 할 수 있는 사람을 모르겠어요.

코트 보관을 거절할 때

A Can I get you something to drink from the lounge?
B No, thank you.
A I'll check your coat if you'd like.
B **That's quite all right.** I'll keep it here with me.

A 라운지에서 마실 것을 좀 가져올까요?
B 아뇨, 됐습니다.
A 괜찮다면 코트를 맡기십시오.
B 괜찮습니다. 옆에 두겠습니다.

096
허가를 요청할 때

: 상대방에게 뭔가에 대해서 허가를 구할 때 기본적으로 쓰이는 문형은 Can I ~? / May I ~?(~해도 돼요?)입니다. 또한 정중하게 무엇인가를 의뢰하거나 허가를 구하는 표현인 Would[Do] you mind ~?(~해도 되겠습니까?) 구문은 형태는 긍정 의문문이지만, 대답할 때는 부정의문문과 같이 합니다. 그 이유는 mind가 '꺼리다, 싫어하다' 라는 부정적인 의미를 갖고 있기 때문입니다.

 **Standard**

May I drive your car?
당신 차를 운전해도 될까요?

> ~해도 좋은지 물을 때 May I ~?나 Could I ~? 등을 이용해서 묻는다.

플러스 표현 ++
- **May I use this knife, please?**
  이 나이프를 빌려도 될까요?

- **Could I use this calculator?**
  이 계산기를 빌려도 될까요?

- **May I close the door?**
  문을 닫아도 될까요?

 **Formal**

I wonder if I could possibly drive your car.
당신 차를 운전해도 되겠습니까?

플러스 표현 ++
- **Could I possibly use your umbrella?**
  당신 우산을 빌려도 되겠습니까?

- **Could I borrow this book, please?**
  이 책을 빌려도 되겠습니까?

- **Do you mind if I borrow[use] this umbrella, please?**
  당신 우산을 빌려도 되겠습니까?
  > 구어에서 사용되는 mind는 '꺼려하다, 싫어하다' 의 의미를 지닌 부정의 뜻을 내포하고 있다. 따라서 응답할 때 유의해야 한다.

- **Would you mind if I opened the window?**
  창을 열어도 되겠습니까?

Casual

Can I use this car?
이 차를 써도 될까?

플러스 표현 + +
- **Is it okay if I open the window?**
  창을 열어도 괜찮니?

- **I'll use this one. Okay?**
  이것을 쓸게. 괜찮지?

- **I've gotta use the car. Okay?**
  그 차를 사용해야겠는데 괜찮겠어?
  > gotta : ~을 해야 한다(= (have) got to)

- **Will you let me drive?**
  운전해도 돼?

회화 연습

사전을 잊고 와서 친구의 것을 빌릴 때

A I've got to put this passage into Korean before the fifth class starts.
B Oh, really?
A But I left my dictionary at home. **I wonder if I could use yours.**
B Sure. Here you are.

A 5교시 전까지 이 문장을 한국어로 번역해야 해요.
B 그래요?
A 그런데 집에 사전을 두고 왔어요. 당신 것을 빌릴 수 있는지요.
B 좋아요. 여기 있어요.

> put ~ into : ~을 번역하다

097
무엇인가를 허락할 때

: May I ~?(~해도 될까요?)라고 상대의 허락을 구하는 표현에 대한 응답 표현에는 Yes, it is.도 있지만 That's right. / Sure. / Okay. / Exactly. / Of course. / Why not? / I think so. / I agree with you. 등이 있습니다. 물론 상황에 따라 그 의미는 약간 다르게 사용됩니다.

 **Standard**

Yes, sure.
예, 괜찮아요.

플러스 표현 ++
- **Yes, you may.**
  좋아요.
  > you may / you can은 '~해도 된다'는 허락을 나타낸다.

- **That's fine.**
  좋아요.

- **That'll be okay.**
  좋아요.

- **That'll be fine.**
  좋아요.

 **Formal**

Of course.
물론입니다.

플러스 표현 ++
- **Why not?**
  왜 안 되겠습니까?
  = Sure.
  > 반어적으로 쓰였지만 부탁에 승낙하는 표현이다.

- **Yes, indeed.**
  예, 좋습니다.

- **Yes, as you wish.**
  예, 원하시는 대로 하십시오.

- **That'll be most satisfactory.**
  예, 더할 나위 없이 좋습니다.

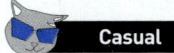

Casual

No sweat.
좋아.

플러스 표현 ++
- **Okay.**
  좋아.
  = All right. / I got it. / Got it. / Whatever.('그러든지 말든지.' 의 뜻으로 부탁 승낙하긴 하지만 그리 호의적인 것은 아니므로 주의해서 써야 한다.)

- **Yes.**
  좋아.

- **Great[Super].**
  좋아.

- **I don't see why not?**
  안 될 것 없어.

좋다고 허락할 때

A I hear you have collected lots of old French stamps.
B Yes. I've been collecting them for ten years.
A Oh, have you? Can I look at some of them?
B **Okay.** I'll bring them from the study right now.

A 옛 프랑스 우표를 많이 수집했다고 하더군요.
B 예, 10년 동안 모으고 있어요.
A 그랬어요? 몇 장 봐도 돼요?
B 좋아요. 서재에서 곧 가지고 올게요.

229

098
무엇인가를 허락하지 않을 때

: 상대의 의견에 반대하거나 어떠한 행동을 허락하지 않을 때 쓰는 기본적인 표현에는 I don't think so.(저는 그렇게 생각하지 않아요.) / I'm afraid you can't.(안 되겠는데요.) / No way.(절대 안 돼요.) 등이 있습니다. 그리고 허락하지 않는 다는 것을 간접적으로 표현할 때는 I'm sorry ~(~해서 유감입니다)라고 말합니다.

 **Standard**

No, you can't.
아뇨, 안 돼요.

플러스 표현 ++

- **No, you can't do that.**
  아뇨, 그렇게 하면 안 돼요.

- **No, that's not allowed here.**
  아뇨, 여기에서는 그것을 할 수 없어요.

- **No, you mustn't do that.**
  아뇨, 그렇게 해서는 안 돼요.
  > mustn't[must not]는 may not보다 강한 금지를 나타낸다.

- **It's not permitted.**
  그것은 허락되지 않아요.

- **That's forbidden.**
  그것은 금지되어 있어요.

 **Formal**

I'm afraid you can't.
안 되겠습니다.

플러스 표현 ++

- **You may not do that.**
  그것은 곤란합니다.
  > You may not ~. 이 표현은 윗사람이 아랫사람에게 하는 느낌이 듦으로 주의해서 사용해야 한다.

- **I'm afraid you are not allowed to do that.**
  죄송하지만 그렇게 하는 것은 금지되어 있습니다.
  > be not allowed to : ~하는 것을 금지하다

Casual

No.
안 돼.

플러스 표현 ++
- **No, don't do that.**
  안 돼, 하지 마.

- **No, it isn't allowed.**
  안 돼, 그건 안 돼.

- **No way.**
  절대 안 돼.

- **That's a no-no.**
  그것은 안 되는 거야.

  > no-no : 해서는 안 되는 일, 금지사항

잔디밭에 들어가선 안 된다고 말할 때

A This is such a beautiful lawn.
B Yes, it is. We are proud of it.
A Can I walk on it?
B **I'm afraid you can't.** It's against the rules of this college.

A 이 잔디는 아주 아름답군요.
B 예, 우리의 자랑입니다.
A 안에 들어가도 됩니까?
B 안 되는데요. 이 대학의 교칙 위반이에요.

> be proud of : ~을 자랑하다
> be[go] against the rule : 규정에 반하다

099
상대방에게 권유할 때

: '~하라고 할 때'는 May I suggest ~?(~을 제안해도 될까요?) / You'd better ~(~하는 게 좋다) / You ought to ~(~해야 한다) 등의 문형을 활용하여 사용할 수 있습니다. 이것은 명령의 의미가 있어 상대방에게 무례하게 들릴 수도 있으므로 문미에 I think ~ / I'm afraid ~ 등을 넣으면 좀 더 정중한 표현이 됩니다.

 **Standard**

I think you need to.
그러는 것이 좋을 것 같아요.

플러스 표현 + +

- **I think you have to pay now.**
  지금 지불해야 할 것 같아요.

- **I think you must wait here.**
  여기서 기다려야 할 것 같아요.

- **I don't think you can get away with that.**
  그것을 무사히 넘길 수 없을 것 같아요.
  > get away with : 무사히 넘기다

- **I'm afraid you can't sit here.**
  여기에는 앉을 수 없는데요.

 **Formal**

I urge you to do it.
당신이 그것을 해야 합니다.

플러스 표현 + +

- **I'm afraid you'd better come.**
  죄송하지만 오시는 편이 좋을 것 같습니다.

- **I can't see how it's possible for you to avoid coming.**
  죄송하지만 오시지 않을 수 없을 것 같습니다.

- **May I suggest that it would be better for you to come?**
  오시는 게 좋다고 생각합니다만 ….
  > May I suggest ~? : ~을 제안해도 되겠습니까?

 **Casual**

You'd better do it.
네가 그것을 하는 게 좋겠어.

> You'd better ~ : ~하는 게 좋다 / 좀 더 낫다고 생각하는 것을 추천하거나 충고할 때 쓴다. 하지만 때로 명령이나 은근한 경고의 느낌이 있어 친하거나 아랫사람에게 You'd better ~를 쓰는 것이 좋다.

플러스 표현 ++
- **I don't see how you can get away with that.**
  그것을 피할 수 없어.

- **(I'm afraid) You must come.**
  와야 할 것 같아.

- **You'd better come.**
  오는 게 좋아.
  > 만일 오지 않으면 나쁜 결과가 일어날지도 모른다는 것이 포함되어 있는 표현. Casual한 회화에서는 You better ~라고 한다.

- **You should come.**
  와야 해.

- **You ought to come.**
  안 오면 안 돼.
  > ought to : ~해야 한다 / 여기서는 '꼭 와야 한다' 는 강한 느낌이 있다.

*Tip Casual한 표현은 말할 때의 인토네이션에 주의할 필요가 있다. 특히 마지막 네 문장은 명령적인 인토네이션이 아니라 설득적인 인토네이션으로 한다. You를 must, better, should, ought to보다 강하게 발음하면 설득적인 어조가 된다.
You'd better come. You'd는 You had의 축약. You had better ~는 '~하는 편이 좋다' 의 뜻. 강요하는 강한 뉘앙스도 있으므로 손윗사람에게는 사용을 피하는 것이 좋다.

 **회화 연습**

모임에 나오도록 설득할 때

A I'm expecting you to come to the meeting.
B I'm sorry. I don't think I can go. I've so much work.
A You can't disappoint everyone. They all want to see you.
  I think you have to come.
B Okay. I'll do my best.

A 모임에 나오세요.
B 미안하지만 갈 수 없을 것 같아요. 할 일이 많아요.
A 모두를 실망시키면 안 돼요. 모두 당신을 만나고 싶어 하니까요.
  꼭 와야 할 것 같아요.
B 좋아요. 최선을 다해 올 수 있도록 하겠어요.

233

100 상대방에게 할 필요가 없다고 할 때

: '~을 할 필요가 없다'라는 의미의 표현은 don't have to(~할 필요는 없다) / don't need to(~할 필요는 없다) / It's not your responsibility(~은 의무는 아니다) 등을 활용하여 나타냅니다. 그 외에 It's up to you.(스스로 판단하세요.) / Your choice.(당신에게 달렸어요.) 등으로도 표현할 수 있습니다.

 **Standard**

You don't have to do that.
그것을 할 필요는 없어요.

> don't have to ~ : ~할 필요는 없다

플러스 표현 ++

- **Eating carrots is not a must.**
  당근은 먹지 않아도 좋아요.
  > must는 명사로 쓰여 '절대로 필요한 것'을 의미한다.

- **You don't need to hand that in.**
  그것은 제출하지 않아도 좋아요.
  > don't need to ~ : ~할 필요가 없다
  > hand in : 제출하다

- **It's not your responsibility to hand that in.**
  그것은 제출하지 않아도 좋아요.
  > It's not your responsibility ~ : ~이 의무는 아니다

- **It's not your place to pay the bill.**
  당신이 그것을 지불해야 할 이유는 없어요.

 **Formal**

You are not obligated to, if you don't want to.
당신이 원하지 않으면, 의무는 아닙니다.

> obligated to : ~할 의무가 있다

플러스 표현 ++

- **You are not required to do that.**
  그것을 하지 않아도 괜찮습니다.
  > be required to : ~하도록 요구되다

- **Showing your passport is not required.**
  여권을 제시하지 않아도 괜찮습니다.
  > burden : 영 부담, 짐

- **You are not compelled to sign this form.**
  여기에 서명할 필요는 없습니다.
  > be compelled to : 할 수 없이 ~하다

Casual
Don't have to, if you don't like to.
네가 원하지 않으면 할 필요 없어.

플러스 표현 ++
- **You don't have to.** 할 필요는 없어.

- **(You) Don't need to.** 필요 없어.

- **(There's) No need.** 필요 없어.

- **(It's) Not necessary.** 필요 없어.

- **Don't worry about it.** 신경 쓰지 마.
  > '~하지 않아도 좋다'라고 할 때 상대방의 판단에 맡긴다는 어법으로 할 수도 있다.

- **I'll leave it up to you to decide.** 네가 결정하도록 맡길게.
  > leave ~ up : ~을 맡기다

- **It's up to you.** 스스로 판단해.
  = It depends on you.

- **The choice is yours.** 알아서 결정해.

- **To go or to stay, the choice is yours.**
  갈 것인지 가지 않을 것인지 선택은 네가 해.

- **You are free to choose for yourself.**
  네가 자유롭게 결정해도 괜찮아.

- **Your choice.**
  네게 달렸어.

회화 연습

그것을 할 필요가 없다고 말할 때

A What's this form?
B It's for additional information, It's for our convenience,
but **if you don't feel like it, you don't have to fill it out.**
A Well, in that case, I'll leave it blank[alone].

A 이 양식은 뭐지요?
B 보충 정보용입니다. 우리에게는 있는 편이 편리하니까요.
싫으시다면 가입하실 필요는 없어요.
A 그렇다면 그대로 두죠.

> I'll leave it blank.는 I won't do it.이나 I'd rather not do it.이라고 할 수도 있다.

101 명령과 금지를 말할 때

: 다른 사람에게 명령할 때나 명령을 들을 때는 주의하지 않으면 안 됩니다. 대개의 경우 상대방의 기분이 좋지 않을 때나 내가 잘못했을 경우가 많기 때문입니다. 미국인들은 화가 났을 경우 우리나라 사람과는 달리 목소리가 가라앉고 말이 느려지므로 금방 알아차릴 수 있습니다.

Standard

I don't think it's a good idea to park there.
거기에 주차하는 것은 좋은 생각이 아닌 것 같아요.

> I don't think ~ : ~라고 생각하지 않는다

플러스 표현 ++

- **You mustn't ask for too many favors.**
  너무 많은 걸 부탁해서는 안 돼요.

- **You mustn't take things for granted.**
  만사를 당연한 걸로 간주해서는 안 돼요.
  > take ~ for granted : 당연한 일로 생각하다

- **I don't think you're supposed to take off your shoes.**
  구두를 벗어야 한다고는 생각하지 않아요.
  > be supposed to : ~해서는 안 된다
  > take off : (신발 등을) 벗다

- **You shouldn't really talk so loudly.**
  그렇게 큰 소리로 이야기해서는 안 돼요.

- **You can't cross the street here.**
  여기에서 길을 건널 수 없어요.
  > cross the street : 길을 건너다

- **Smoking is not really allowed here.**
  여기는 금연이에요.

- **Don't leave here until I come back.**
  제가 돌아올 때까지 여기를 떠나지 마세요.

Formal

I don't really think you should park there.
거기에 주차하면 정말로 안 됩니다.

플러스 표현 + +
- **It's imperative for you not to ask too many favors.**
  이렇게 너무 많은 부탁을 해서는 안 됩니다.

- **It's your duty not to give up the work now.**
  그 일을 지금 포기해서는 안 됩니다.
  > give up : 포기하다

- **You have an obligation not to be late for the meeting.**
  회의에 늦어서는 안 됩니다.
  > have obligation to : ~할 의무를 지다

- **You're forbidden to smoke in this room.**
  이 방에서 흡연은 금지되어 있습니다.
  > be forbidden to : ~이 금지되어 있다

- **Allow me to inform you that smoking is not permitted in this cafe.**
  죄송하지만 이 카페에서는 금연인 것을 알려 드립니다.

- **May I suggest using the other door?**
  다른 문을 사용해 주시겠습니까?

- **May I request that you move your car?**
  차를 옮겨 주시겠습니까?

- **On no account must you let others take advantage of you.**
  어떤 상황이라도 남들에게 이용당하면 안 됩니다.
  > on no account는 '결코 ~않는다' 문두에 오면 어순이 바뀐다. Under no circumstances should you ~라고도 한다.
  > take advantage of : ~을 이용하다

 Casual

Don't park there.
거기에 주차하면 안 돼.

플러스 표현 + +
- **It's not good to ask too many favors.**
  너무 많은 부탁을 해서는 안 돼.

- **It's not good to drink too much coffee.**
  커피를 너무 많이 마시면 안 돼.

- **Don't you say that again!**
  두 번 다시 그런 말하면 안 돼.

- **Don't do it.**
  그러지 마.

- **You mustn't say that.** 그런 말을 해서는 안 돼.

- **You'd better not do it.** 그만 두는 것이 좋아.

- **You can't do that.** 그런 것을 해서는 안 돼.

- **Stop it!** 그만 둬!

- **Cut it out.** 그만 둬.

  > cut it out은 매우 화가 난 표현으로 화자의 불쾌감을 강하게 나타내고 있다. 아이들이 못된 장난을 할 때 부모들이 자주 쓰는 것을 볼 수 있다.

- **Why on God's green earth[in the world / the hell] did you do that?** 도대체 왜 그런 일을 했니?

  > on ~ earth : 도대체 <의문사를 강조>

- **It's a bad idea to park here.** 여기에 주차하는 것은 좋지 않아.

주차해서는 안 된다고 할 때

A I'm really in a hurry. Do you think it is okay to park here?
B Well, you're blocking the driveway. **I don't think it's a good idea to park there.**
A It won't be a minute.
B You shouldn't really park there.

A 급합니다. 여기에 주차해도 됩니까?
B 출입구를 막게 되니까 여기에 주차해서는 안 될 것 같습니다.
A 1분도 걸리지 않습니다.
B 정말로 여기에 주차해서는 안 돼요.

> in a hurry : 급히

전원이 찬성할 거라 생각해서는 안 된다고 할 때

A I'm confident that the new plan I'll propose to the committee is perfect.
B Yes, but **you mustn't assume that everyone will agree with you.**
A Why not?
B Because they might think your plan is too costly.

A 제가 이사회에 제출할 예정인 새 계획은 완벽하다고 자신합니다.
B 그렇지만 전원이 찬성하리라고는 생각하지 않는 게 좋아요.
A 왜죠?
B 왜냐면, 비용이 너무 많이 든다고 생각하는 사람도 있을지 모르니까요.

102
지시를 확인할 때

: 어떠한 내용이나 지시사항을 확인할 때는 Do I have to ~?(제가 ~을 해야 합니까?) / Is it necessary for ~?(~할 필요가 있습니까?) / Should I ~?(제가 ~해야 합니까?) / Is it essential to ~?(~할 필요가 있습니까?) 등의 표현을 활용하여 표현합니다. 다음에 나오는 표현들을 잘 알아둡시다.

 **Standard**

Do I really have to do that?
그것을 정말 해야 해요?

> Do I have to ~? : 제가 ~을 해야 해요?

플러스 표현 ++

- **Is it necessary for me to go?**
  가야 해요?

  > Is it necessary for ~? : ~할 필요가 있어요?

- **Do they insist I come?**
  제가 와야 한다고 해요?

- **Should I be there?**
  제가 있어야 해요?

- **Are they counting on me to make a speech?**
  제가 연설하기로 되어 있어요?

  > counting on : ~을 기대하다 / make a speech : 연설하다

 **Formal**

Is it absolutely necessary for me to do that?
그것을 꼭 해야 할 필요가 있습니까?

플러스 표현 ++

- **Am I required to write it down?**
  메모해 두어야 합니까?

- **Is it essential to write it down?**
  메모해 둘 필요가 꼭 있습니까?

- **Am I obligated to write an apology?**
  서면으로 사과할 필요가 있습니까?

- **Are we required (by law) to give a refund?**
  우리가 당신에게 환불할 책임이 있습니까?

Casual

Do I have to?
내가 해야 해?

> Do I gotta?도 같은 뜻. 여기에서 gotta는 have got to와 같은 의미

플러스 표현 ++
- **Must I?**
  해야 해?

- **Should I?**
  해야 해?

* Tip   같은 상황이라도 1인칭 단수보다 1인칭 복수(we)를 사용하는 것이 보다 Formal한 인상을 준다.
  - Do I have to write an apology? 서면으로 사과해야 합니까?
  - Are we obligated to write an apology? 서면으로 사과를 전할 필요가 있습니까?

회화 연습

토요일에 출근을 하는지 확인할 때

A Could you come to work this Saturday?
B Oh, no! I've got something planned for Saturday.
  Do I really have to come?
A I'm sorry, but there's going to be an important meeting, and I want you to attend.
B I see. In that case, I'll come.

A 이번 토요일에 출근해 주시겠어요?
B 맙소사! 토요일에는 예정이 있는데요. 정말 출근해야 합니까?
A 안됐지만 아주 중요한 회의가 있는데 당신이 참석하기를 바랍니다.
B 알았습니다. 그럼 출근하겠습니다.

103 상대방의 조언을 구할 때

: '~하는 게 좋아요.'라고 조언하는 표현에도 '~하는 게 좋지 않을까요?'라는 완곡한 표현부터 '~하세요.'라는 명령에 가까운 표현까지 여러 표현이 가능합니다. Why don't you ~?나 How about ~? 등을 활용하여 표현할 수 있으며 좀 더 강하게 표현하고자 할 때는 Must I ~?를 쓰면 됩니다.

 Standard

What do you think, should I go and see Mr. Connors?
코너스 씨를 만나 뵙는 게 어떨까요?

> What do you think ~? : ~하는 게 어떻습니까?

플러스 표현 ++
- **Must I report this to the manager?**
  이 일을 지배인에게 보고해야 할까요?
  > Must I ~?는 '~해야 합니까?'의 뜻으로 강한 의무를 나타낸다.

- **What gift would be practical as a Christmas present?**
  크리스마스 선물로 무엇이 실용적일까요?

- **What's your advice?**
  당신 생각은 어때요?

- **Could you help me with this?**
  이걸 좀 도와줄래요?

 Formal

I'd be happy if you could advise me on whether I should go and see Mr. Connors.
제가 코너스 씨를 만나 뵈야 할지 당신이 조언을 해줬으면 좋겠습니다.

플러스 표현 ++
- **I would appreciate your advice[suggestions / recommendations / comments].**
  당신 생각을 말씀해주시면 고맙겠습니다.

- **Could you suggest a publisher for me to call first?**
  어느 출판사에 먼저 전화하면 좋을지 가르쳐 주시겠습니까?

- **I'd like to ask where to visit in this city.**
  이 도시는 어디를 보면 좋을지 가르쳐 주십시오.

- **What would you recommend I buy in this shop?**
  이 상점에서는 무엇을 사면 좋겠습니까?

- **I was wondering what your reactions would be.**
  당신의 반응을 궁금해 하고 있었습니다.

Casual

Do you think I should go and see Mr. Connors?
코너스 씨를 만나 뵈야 할까?

플러스 표현 ++
- **What would you do if you were me?**
  내 입장이라면 어떻게 하겠어?

- **Do ya think I should call her?**
  그녀에게 전화할까?

- **What do you think I should do?**
  어떻게 하면 좋다고 생각해?

- **Can you give me some input on what you'd do?**
  너라면 어떻게 할지 가르쳐 주겠니?
  > input : 명 정보

- **Can you help me out with my travel plans?**
  내 여행 계획을 좀 도와 줄 수 있니?

- **Can you help me sort it out?**
  이거 좋은 생각 좀 없니?
  > sort ~ out : ~을 해결하다. 직역하면 '그것을 해결하도록 도와줄 수 있니?' 의 뜻으로 좋은 의견은 없는지 조언을 구하는 표현이다.

회화 연습

실수했다고 생각하는 사람을 격려할 때

A **What do you think, should I apologize to her?**
B **I don't think so. You said quite reasonable things to her.**

A 그녀에게 사과하는 것이 좋을까요?
B 그럴 필요 없을 것 같아요. 도리에 맞는 말을 했어요.

> 끝 문장은 **You were right to say what you did.** 라고 해도 같은 뜻

104 상대방에게 충고할 때

: 상대방에게 충고나 조언은 조심스럽고, 다소 부드럽게 제시할 필요가 있습니다. 충고할 때 주로 쓰이는 had better는 명령이나 강제에 가까운 표현이므로 손윗사람에게는 쓰지 않는 것이 좋습니다. 따라서 '~하는 게 좋습니다'에 해당 하는 should나 ought to를 사용하는 것이 일반적입니다. You might as well ~(~하는 것도 좋지 않을까요?)은 위의 것보다는 완곡한 표현입니다. I don't think you ought to ~는 '~하지 않는 게 좋겠어요'의 의미를 나타내는 자연스런 표현입니다.

| 1 | ~하라는 충고

I'd suggest you take the subway.
지하철을 타는 게 좋다고 생각해요.
> I'd suggest ~. : ~을 제안합니다.

플러스 표현 ++
- **I recommend you see a doctor.**
  의사의 진찰을 받는 게 좋다고 생각해요.
  > I recommend ~ : ~을 권하다

- **I think there's only one choice – to accept the invitation.**
  그 초대를 수락할 수밖에 없을 것 같아요.

- **I suggest sending it (as by) registered mail.**
  그 편지는 등기로 부치는 편이 좋을 것 같아요.

Might it be a good idea to take the subway?
지하철을 이용하는 편이 좋지 않겠습니까?

플러스 표현 ++
- **Have you ever considered sending it by surface mail?**
  그것을 선편으로 보내는 것을 생각해 보셨습니까?

- **Hiring another baby-sitter would be advisable.**
  다른 보모를 구하는 게 좋겠습니다.

- **I would advise you to read it in the original English version, not the Korean translation.**
  그것은 한국어 번역본이 아니라 영어 원전을 읽는 편이 좋다고 생각합니다.

- **If I were in your situation, I would buy it.**
  저라면 그것을 사겠습니다.

Casual

Listen to me and take the subway.
내 말 듣고 지하철 타.

플러스 표현 ++
- **You'd better change your shirt. It's dirty.**
  셔츠를 갈아 입어야겠어. 더러워.
  > 조언과 충고할 때 주로 쓰이는 had better는 명령이나 강제에 가까운 표현이므로 손윗사람에게는 쓰지 않는 것이 좋다. 따라서 '~하는 게 좋다'에 해당하는 should나 ought to를 사용하는 것이 일반적이다.

- **Why don't you go and see the Rembrandt Exhibition?**
  렘브란트 전을 보러 가는 게 어때?
  > Why don't you ~?는 다소 정중한 충고나 조언을 나타내는 표현이다.

- **No question about it, I would stay at the Lotte Hotel.**
  나라면 두말없이 롯데 호텔에 묵겠어.

- **Just take a couple of days off.**
  2~3일 쉬어.
  > take ~ day off : ~일 쉬다

- **It would be smart to take warm clothes with you.**
  따뜻한 옷을 가지고 가는 게 좋겠어.

* Tip 사람이 처음부터 완벽한 존재로 태어나 완벽하게 살아갈 수 없다면 타인의 충고를 받아들이는 것은 불가피하다고 할 수 있으며, 자신의 발전에 도움이 되는 충고를 하면 마땅히 고맙게 여겨야 할 것이다.

조언·충고·권고 등은 You'd better ~ / I suggest ~의 구문보다는 Why don't you ~? / How about ~?의 문형을 선호하는 경향이 있다.
In my opinion, ~ 제 의견으로는, ~

As I see it, ~ 제가 보는 바로는, ~

흔히 쓰이는 I think ~ 보다는 좀 더 격식을 차린 표현이다.
Unless I'm wrong, ~ 제 판단이 잘못된 것이 아니라면, ~
Unless I'm mistaken, ~ 제가 잘못 알고 있지 않는 한, ~

|2| ~하지 말라는 충고

I don't think it's wise to smoke in the dining hall.
식당에서는 담배를 피면 안 된다고 생각해요.

플러스 표현 ++
- **If you take my advice, you won't buy that red one.**
  빨간색은 사지 않는 게 좋을 것 같아요.

- **I don't think you ought to discuss that with him. It's a waste of time.**
  더 이상 그와 의논할 필요가 없다고 생각해요. 그것은 시간 낭비예요.

  Is this his new novel?(그것이 그의 신간 소설이에요?)에 대한 대답
- **Yes, but I wouldn't buy it if I were you. It's quite boring.**
  예, 그런데 저라면 사지 않겠어요. 아주 지루한 작품이에요.

I wouldn't advise you to smoke in the dining hall.
식당에서는 담배를 피지 않는 게 좋다고 충고합니다.

플러스 표현 ++
- **It would be prudent not to wear that tie to the party.**
  이 넥타이는 파티에 매고 가지 않는 게 좋다고 생각합니다.

- **I would advise against selling the house.**
  그 집은 팔지 않는 게 좋다고 충고하겠습니다.

- **I'm not able to endorse Karajan's Bach.**
  카라얀 지휘의 바흐 작품은 추천해 드릴 수 없습니다.

- **I'd urge you not to tell her about that.**
  그녀에게 그 일을 말하지 않는 것이 좋을 것 같습니다.

 **Casual**

Don't smoke in the dining hall.
식당에서 담배 피지 마.

> 이 문장은 명령문으로 문장의 앞이나 뒤에 please를 붙이면 좀 더 정중한 표현이 된다.

플러스 표현 ++
- **Trust me, don't keep it secret.**
  이 일은 비밀로 하지 않는 게 좋아.

- **Just don't get involved in her private affairs.**
  그녀의 사적인 문제에는 관여하지 마.

- **If you know what's good for you, I wouldn't take him to the psychiatrist.**
  그를 신경과 의사에게 데리고 가지 않는 것이 좋다고 생각해.

- **You should forget about seeing her again.**
  그녀는 더 이상 만나지 않는 것이 좋겠어.
  > Forget seeing her again.이라고도 한다.

 회화 연습

귀국을 생각하고 있는 학생에게 충고할 때

A I'm considering stopping my studies at this university, and going back to Korea.
B **I'd suggest you stay, and carry out your research.**

A 이 대학에서의 공부를 중지하고 귀국을 생각하고 있습니다.
B 그대로 계속 연구를 하는 편이 좋을 것 같습니다.

> carry out : 계속하다, 수행하다

계약서에 사인하지 말라고 충고할 때

A **I don't think it's wise to sign the contract.**
B Why?
A Because Article 2 is very disadvantageous to you.

A 이 계약서에는 사인하지 않는 게 현명할 것 같은데요.
B 왜죠?
A 제 2조는 당신에게 매우 불리해요.

PART 6
드디어 영어토론에 도전하는 표현

Unit 105 > 125

105 의견 · 느낌을 물을 때

: 상대방의 의견을 물을 때 '~은 어떻습니까?'에서 우리는 무조건 How ~?로 표현하려고 하기 쉬운데, 가장 일반적으로 쓰이는 표현은 What do you think ~?(~에 대해서 어떻게 생각합니까?)입니다. 그러나 기호나 느낌을 물을 때는 How do you like ~?(~은 어때요?) 등의 문형을 활용하여 표현합니다.

 **Standard**

What do you think about this plan?
이 계획에 대해 어떻게 생각하세요?

> What do you think ~? : ~에 대해서 어떻게 생각하세요?
> What do you think ~? 대신 What do you say ~? / What's your opinion ~? / How do you feel ~? 등으로도 쓸 수 있다.

플러스 표현 ++
- **What's your view of the new president?**
  새 회장을 어떻게 생각하세요?

- **What's your impression on the suggested plan?**
  제안된 계획을 어떻게 생각하세요?

- **How do you feel about that?**
  그것을 어떻게 생각하세요?

- **Can you make some comments on it?**
  그것에 관해 어떤 의견이 있어요?

- **What's your outlook on the policy of the new government?**
  새 정부의 정책을 어떻게 생각하세요?

 **Formal**

Could you give me your comment on this plan?
이 계획에 대해 당신의 의견을 말씀해 주시겠습니까?

플러스 표현 ++
- **I wonder if you could possibly make some observations on that.**
  그 일에 관해 어떻게 생각하고 계신지 가르쳐 주십시오.

- **I was wondering how you felt about her performance.**
  그녀의 연주에 관해 어떤 감상을 가지고 계신지 가르쳐 주십시오.

- **I'd be happy to hear your accounting of the coming election.**
  이번 선거에 관한 의견을 말씀해 주시면 기쁘겠습니다.

- **Could you make some comments on it?**
  어떤 의견이 있으면 말씀해 주시겠습니까?

  > comment를 써서 Would you care to comment on the situation? 또는 Would you care to make a comment on that? 등으로 표현을 할 수도 있다.

- **What's your response to the communique?**
  이 공동성명에 관해 어떻게 생각합니까?

  > communique : 명 공동성명, 코뮈니케

- **Have you passed judgement on the issue?**
  그 문제에 관해 무슨 특별한 생각이 있습니까?

- **What is your theory on tax reform?**
  세제개혁에 관한 의견이 있습니까?

- **If you don't mind, would you share your opinion on the new policy?**
  괜찮으시면 새 정책에 관한 당신의 의견을 들려주십시오.

Casual

What about this plan?
이 계획은 어때?

플러스 표현 ++

- **What's up with the election?**
  선거는 어떻게 생각해?

- **How does the tax reform set with you?**
  세제 개혁에 관해 어떻게 생각해?

- **What's your feeling about the story?**
  저 이야기 어떻게 생각해?

- **How do you like her new dress?**
  그녀의 새 드레스 어떻게 생각해?

- **I don't think much of the new scheme, do you?**
  그 새 계획은 그다지 좋은 것 같지 않은데, 너는 어떻게 생각해?

- **I like his idea. Whaddaya[What do you] think about it?**
  나는 그의 아이디어가 마음에 드는데, 너는 어떻게 생각해?

  > 마지막 문장은 Whaddaya think?라고도 한다.

- **Some people suggest that a nuclear power station should be built in this town. How would you feel about that?**
  이 도시에 원자력 발전소를 건설하는 것이 좋다고 생각하는 사람도 있는 것 같은데, 그 의견에 대해 어떻게 생각해?

- **Give me your feedback.**
  네 의견을 내게 줘.

  > feedback : 몡 의견; 반응

* Tip interesting / interested / interest

interesting은 '흥미를 끄는, 재미있는' 이라는 의미의 형용사로 an interesting dictionary와 같이 명사도 수식할 수 있고, be동사 뒤에 놓여서 서술적으로 쓰일 수도 있다. 또한 be interesting 다음에 「사람」을 나타내는 말이 오면 Volleyball is interesting to me.와 같이 to를 쓰는 경우가 많고, Volleyball is interesting for me.와 같이 for를 쓸 수도 있다. 그러나 interesting 뒤에는 in ~이 올 수 없다.

interested는 '(사람이) 흥미를 가지고 있는' 이라는 의미의 형용사로 be interested in ~과 같이 전치사 in을 붙여서 쓰지만, ~ is interested to me와 같이 말할 수는 없다.
'~하고 싶어 하다' 라는 뉘앙스일 때에는 be interested 뒤에 to 부정사를 연결하는 것도 가능하다. He is very much interested to know the results. (그는 그 결과를 매우 알고 싶어 한다.)

interest에는 '흥미' 라는 명사적 용법과 '흥미를 일으키게 하다' 라는 동사적 용법도 있다. '흥미를 잃다' 는 lose interest in과 같이 전치사는 in을 쓴다.

 회화 연습

계획에 관한 의견을 물을 때

A **What do you think about this plan?**
B **I think it's pretty good. But it could be better.**

A 이 계획을 어떻게 생각합니까?
B 좋은 것 같습니다. 그런데 좀 더 나을 수 있을 것 같습니다.

106 자신의 의견을 말할 때

: 자신의 의견을 밝힐 때는 Would you mind if I gave you a suggestion?(제가 제안을 한 가지 해도 될까요?)이라고 먼저 상대방에게 의사를 물어본 후 이야기를 꺼내는 것이 좋습니다. 그 외에 In my opinion ~(제 의견으로는 ~) / As far as I'm concerned ~(제 생각으로는 ~) 등을 활용하여 표현할 수 있습니다.

 **Standard**

I suppose it's one of the best choices.
가장 좋은 선택 가운데 하나라고 생각해요.

플러스 표현 ++

- **I think it's very reasonable.**
  아주 합리적인 것 같아요.
  > 의견을 말할 때는 흔히 I think ~를 써서 표현합니다.

- **I'm certain that it is the best choice.**
  아주 좋은 선택이라고 믿어요.

- **Considering the options, there were better choices.**
  더 좋은 선택이 있었을 것 같아요.

- **I understand it is unreasonable.**
  저는 비합리적이라고 생각해요.

- **In my opinion, it was a bad choice.**
  잘못 선택했다고 생각해요.
  > in my opinion ~ : 제 의견으로는(= in my view ~ / my point of view is ~ / what I think is). 토론이나 발표와 같이 공식적인 자리에서도 쓸 수 있는 표현이다.

 **Formal**

I'm persuaded that it is one of the best choices.
가장 좋은 선택 가운데 하나인 것 같습니다.

플러스 표현 ++

- **I'm of the opinion that we should wait and see.**
  저는 기다려 보는 게 좋다고 생각합니다.
  > be of (the) opinion that ~ : ~라고 생각하다

- **I tend to consider such behavior very immature.**
  저는 이와 같은 행동은 매우 미숙하다고 생각합니다.

- **I'm inclined to believe[think] that the question needs to be studied further.**
  문제를 보다 상세히 검토할 필요가 있을 것 같습니다.

- **I'm convinced that he was too rash in signing the contract.**
  저는 그가 계약체결을 너무 서둘렀다고 생각합니다.

 Casual

It's the best choice.
가장 좋은 선택이야.

플러스 표현 ++

- **To my thinking, that's a whole lot of nonsense.**
  전혀 엉뚱하다고 생각해.
  > a whole lot of ~ : 많은 ~

- **Bear in mind, he must be crazy.**
  그는 제 정신이 아니라고 생각해.

- **I have no doubt he made a wrong decision.**
  그의 판단이 틀렸다고 확신해.

- **I'm sold on the fact that he made a mistake.**
  그의 잘못이라고 확신해.
  > be sold on : ~을 인정하다

*Tip 자신의 의견을 말할 때는 가능하면 주어로 I를 사용하는 것이 영미인에게는 성실하고 성의가 있다고 받아들여진다. someone 또는 they를 주어로 하지 않도록 주의하자. 서양인들은 말을 할 때 unclear 하게 하는 것을 절대 싫어한다.
- **I think it's good.** (○)
- **They said it was good.** (×)
- **I heard someone say it was good.** (×)

 회화 연습

결정에 대한 자신의 의견을 말할 때

A Did you hear about the decision?
B Yes, I did.
A What do you think of it?
B I suppose it's one of the best choices.

A 결정에 관해 들었습니까?
B 예.
A 어떻게 생각해요?
B 가장 좋은 선택 가운데 하나라고 생각해요.

107 의견이 없다고 말할 때

: 자신의 의견을 제시할 때는 분명하게 표현하고 피력하는 습관을 길러야 합니다. 특히 의견이 없을 때는 얼버무리지 말고 확실하게 의사를 표시하는 것이 좋습니다. I don't know.(모릅니다.)가 가장 일반적으로 쓰이는 표현이며 좀 더 정중하게 말하려면 I'm afraid ~나 I'm sorry ~를 문미에 덧붙여 표현합니다. 하기야 요즘 10대들이 가장 많이 쓰는 말이 '몰라요, 그냥' 이라고 합니다.

 **Standard**

I've not come to a conclusion.
별다른 의견은 없어요.

플러스 표현 ++

- **I don't have an opinion about it.**
  그것에 관한 의견은 없어요.

- **I don't know what to say about it.**
  그것에 관해 뭐라고 말하면 좋을지 모르겠어요.

- **It doesn't make any difference to me.**
  저는 그 일에는 관심 없어요.

- **I have no feelings one way or the other.**
  그것에 관해 특별한 의견은 없어요.

 **Formal**

I'm afraid I really don't have any opinion about it.
미안하지만 정말로 그것에 관한 어떤 의견도 없습니다.

> '~라고 생각하다' 라고 표현할 때 좋은 일일 때는 I hope ~, 나쁜 일일 때는 I am afraid ~로 표현한다.

플러스 표현 ++

- **I haven't formulated my judgement on that matter.**
  그것에 관해 특별한 의견이 없습니다.

- **I haven't given it a lot of thought.**
  그와 같은 일에 관해 깊이 생각한 적은 없습니다.

- **I haven't given much thought[consideration] to that subject.**
  그 문제를 깊이 고려한 적은 없습니다.

 **Casual**

I have no thoughts on that.
그것에 관한 어떤 생각도 없어.

플러스 표현 ++

- **I don't know.**
  모르겠어[의견이 없어].
  > I don't know.는 글자 그대로 번역하면 '모른다' 이지만 여기의 예에서도 알 수 있듯이 '의견이 없다' 라는 의미로도 이용되는 경우가 많다.

- **It makes no difference to me.**
  나는 관심 없어.

- **Doesn't matter one way or the other.**
  아무래도 좋아.

- **I don't care either way.**
  아무래도 좋아.
  > Who cares?도 같은 뜻이다.

- **I couldn't care less.**
  전혀 관심 없어.

 회화 연습

선거제도에 관한 의견이 없다고 말할 때

A What do you think about the election system?
B I'm sorry. I've not come to a conclusion.

A 선거제도에 관해 어떻게 생각합니까?
B 미안하지만 별다른 의견은 없습니다.

108 의견을 얼버무릴 때

: 대화 도중에 의견을 얼버무리거나 혹은 적당한 말이 떠오르지 않아 둘러대는 표현이 요구되는 경우가 종종 발생합니다. I'd rather not comment on ~ (~에 관해서 말하고 싶지 않습니다) / I don't want to say ~(~에 대해서 말하고 싶지 않습니다) 등과 같은 표현을 익혀 두어 적절히 활용합시다.

 Standard

I'd rather wait to say anything about it.
그것에 관해서는 지금 대답할 수 없군요.

플러스 표현 ++
- **I'd rather not comment on it.**
  그것에 관해서 말하고 싶지 않아요.

- **It's almost impossible to know which is right.**
  어느 쪽이 바른지는 판단하기 어렵군요.

- **I suppose it depends on where you stand.**
  어떤 입장에 있는지에 따라 다르겠지요.

- **I don't have the answer to that question.**
  그 질문에는 대답할 수 없어요.

 Formal

I prefer not to comment on that subject.
그 문제에 관해서는 말하지 않는 게 낫습니다.

플러스 표현 ++
- **I can't respond on that subject.**
  그 문제에 관해서는 대답할 수 없습니다.

- **I'm not free to comment about that.**
  그것에 관해 말할 입장은 아닙니다.

- **My situation doesn't enable me to voice my opinion right now.**
  제 입장에서는 의견 표명을 할 수 없습니다.

> enable ~ to : ~을 할 수 있다

Casual

I don't want to say anything on that.
그것에 대해서는 어떤 것도 말하고 싶지 않아.

플러스 표현 ++

- **Could be.**
  글쎄.

- **What's there to say?**
  뭐라고 해야 하지?

- **That all depends.**
  상황 나름이지.

- **Well, who knows?**
  누가 알겠어?

- **No comment, thank you.**
  할 말이 없어.

- **Depends on your view.**
  네가 생각하기 나름이지.

회화 연습

소득세에 관해 의견을 묻는데 얼버무릴 때

A I think income taxes are ridiculously high. Don't you think so?
B I'd rather wait to say anything about it.

A 소득세는 터무니없이 높다고 생각해요. 그렇게 생각지 않아요?
B 그것에 관해서는 지금 대답할 수 없군요.

> ridiculously : 〔부〕 터무니없이

256

109 동의·판단을 구할 때

: 상대의 의견에 동의하거나 판단을 구할 때는 먼저 의견을 말하고 그 뒤에 Wouldn't you agree? / Don't you agree? / Don't you think?(그렇게 생각하지 않습니까?) 등을 덧붙여 묻습니다. 그 외에 O.K.?(찬성인가요?) / Yeah?(좋아요?) / Right?(맞아요?)으로 간단하게 동의를 구할 수도 있습니다.

 **Standard**

His proposal is quite reasonable. Wouldn't you agree?

그의 제안은 꽤 합리적이에요. 그렇게 생각하지 않아요?

> Wouldn't you agree? = Don't you agree? = Don't you think so?

플러스 표현 + +

- **He is a very good tennis player, isn't he?**
  그는 테니스를 아주 잘 한다고 생각하는데 그렇지 않아요?

- **American people speak too fast, don't you think?**
  미국인은 말하는 게 빠르다고 생각하는데 그렇지 않아요?

- **Korean people work too much, or am I imagining it?**
  한국인은 과로한다고 생각하는데, 틀려요?

- **Do you agree to his plan?**
  그의 계획에 찬성해요?
  > Do you agree ~?는 '~에 찬성해요?'의 뜻으로 동의를 구할 때 쓰는 표현

- **Didn't it appear that he was a little rude to the guests?**
  그의 태도는 손님에게 무례하다고 생각하지 않아요?

- **Am I not correct?**
  제가 틀렸어요?

- **You would approve, wouldn't you?**
  저에게 찬성하는 거지요?

 **Formal**

Would you concede that his proposal is reasonable?

그 제안이 합리적이라고 생각하십니까?

> Would you concede ~? : ~을 인정하십니까?

플러스 표현 ++
- **Would you agree with Richard?**
  리차드의 생각에 찬성하십니까?
- **Could I ask you to agree with the plan?**
  그 계획에 찬성해 주시도록 부탁합니다.
- **Would you concur that Kevin is the best man for the job?**
  그 일에는 케빈이 최적이라고 생각하는데 찬성하시겠습니까?
- **I hope you will agree to support the organization.**
  그 조직을 지원하는 것을 동의해 주시길 희망합니다.
- **You don't dispute that, do you?**
  그것에 반대하지 않으시리라 생각하는데 어떻습니까?
- **You would agree with that plan, wouldn't you?**
  그 계획에 찬성하는 겁니까?
- **Do you find my proposal agreeable?**
  제 제안에 찬성합니까?

 Casual

I think his proposal makes sense. Don't you think so?
그의 제안은 타당한 것 같은데 그렇게 생각하지 않니?

> make sense : 이치에 닿다, 뜻이 통하다

플러스 표현 ++
- **You'd go along with that?**
  찬성하니?
  > go along with : ~에 찬성하다
- **Am I way off?**
  내가 틀렸니?
- **O.K. by you?**
  찬성이니?
- **O.K.[Okay]?**
  찬성이지?

- **Yeah?**
  좋아?

- **Right?**
  맞아?

한국인이 과로를 한다는 점에 동의를 구할 때

A I think the Koreans are working too hard. I think they should enjoy life more. **Wouldn't you agree?**
B Yes, I do. I think they should take longer vacations.

A 한국인은 과로를 한다고 생각합니다. 인생을 더 즐겨야 한다고 생각해요. 그렇게 생각하지 않습니까?
B 예, 동감입니다. 더 긴 휴가를 가져야 한다고 생각해요.

데이빗의 의견에 대한 느낌을 이야기할 때

A I think his idea is fantastic. **Don't you agree?**
B I don't think so. It seems to be good. But it's unrealistic and would cost too much, after all.

A 그의 아이디어가 멋지다고 생각하는데, 그렇게 생각하지 않아요?
B 그렇게 생각하지 않아요. 좋게 보이는 것 같지만 비현실적인데다가 비용도 너무 많이 들어요.

의견에 동의할 때

: 대부분의 미국인들은 자신의 의사를 'Yes' 또는 'No'로 분명하게 표현합니다. 상대방의 의견에 동의하거나 찬성할 때는 I agree.(동의합니다.) / I think so, too.(저도 그렇게 생각합니다.) / You're right.(맞아요.) 등으로 말합니다. 이 외에 Fine.(좋아요.) / Right.(맞습니다.) / Yeah.(네)와 같은 간단한 표현으로 동의를 나타낼 수 있습니다.

I agree.
동의해요.

플러스 표현 ++

- **I agree with you.**
  당신에게 동의해요.

- **That's true.**
  맞아요.

- **Agreed.**
  찬성이에요.

- **You're right.**
  맞아요.

- **You're 100% correct.**
  100% 맞는 말씀이에요.
  = I'm with you 100%.

I agree with you whole-heartedly.
당신에게 진심으로 동의합니다.

> whole-heartedly : 진심으로

플러스 표현 ++

- **I agree entirely with your opinion.**
  당신의 의견에 전적으로 찬성합니다.

- **My own views are exactly the same as yours.**
  제 의견은 당신과 같습니다.

- **No one can disagree with you.**
  반대할 사람은 아무도 없습니다.
  > disagree with ~ : ~에 반대하다

- **Affirmative!**
  전적으로 찬성합니다!

> 이 표현은 호의나 토론, 법정 등 공식적인 자리에서 많이 쓰인다.

 **Casual**

Okay.
그래.

플러스 표현 ++

- **I'm in.**
  찬성해.
  > '난 찬성해, 난 할래.' 등의 의미로 다른 사람의 의견을 지지할 때 쓰는 가장 간단한 표현이다.

- **Right on!**
  그래.

- **Dead[Absolutely] right.**
  정말 맞아.

- **I'm with you there.**
  찬성이야.

- **Yes[Ya]!**
  그래.

 **회화 연습**

여행 권유에 동의할 때

A How about taking a week off for a short trip?
B A whole week? That's too long.
A It's not too long if we are going to Hawaii.
B **Yes, you're right.** I agree. Let's go to Hawaii.

A 짧은 여행을 위해 1주일 휴가 어때요?
B 일주일이요? 너무 길어요.
A 하와이에 간다면 그렇게 길지 않아요.
B 그렇군요. 동감입니다. 하와이에 가죠.

261

111 의견에 반대할 때

: 다른 사람의 의견에 동의하지 않거나 반대할 때는 I don't think so.(저는 그렇게 생각하지 않습니다.) 라고 표현하거나 I'm afraid I can't agree with you.(유감이지만 동의하지 않습니다.)와 같이 I'm afraid ~.를 사용하여 표현합니다. 우회적으로 반대할 때는 I don't know.(저는 모릅니다.) / Sorry.(죄송합니다.) 등으로 나타냅니다.

 **Standard**

I don't agree.
동의하지 않아요.

= I disagree. / I'm against that idea. / I don't share your point of view.

플러스 표현 ++

- **I don't know about that.**
  잘 모르겠어요.

- **No, I don't think so.**
  아뇨, 그렇게 생각하지 않아요.
  = Not really. / I have a different opinion about this.

- **I can't agree.**
  찬성할 수 없어요.

- **Definitely not.**
  절대 아니에요.
  > definitely는 화자의 강한 의지를 보다 분명하게 전달한다.

 **Formal**

I'm afraid I do not agree.
미안하지만 동의하지 않습니다.

플러스 표현 ++

- **I'm afraid I can't agree with you.**
  미안하지만 동의할 수 없습니다.

- **I see things rather differently myself.**
  저는 조금 다른 견해를 가지고 있습니다.

- **I'm afraid I must take issue with you.**
  미안하지만 당신과 의견이 일치하지 않습니다.
  > take issue with ~ : ~와 의견이 대립하다

- **I must admit I have some reservations.**
  약간의 의문이 있다고 말씀드리지 않을 수 없습니다.

- **I would find it extremely difficult to agree with you.**
  당신에게 동의하는 것은 아주 어렵다고 말할 수 있습니다.

| Casual |

No.
아니.

플러스 표현 ++

- **I can't go along with that.**
  동의할 수 없어.

- **Unh-unh.**
  안 돼, 안 돼. / 아뇨.

- **No way.**
  절대 안 돼.

- **I disagree.**
  난 반대야.
  > disagree라는 말은 상당히 직접적이고 딱딱한 표현이므로 I'm afraid ~.와 같은 표현을 앞에 붙이면 부드러운 표현이 된다.

- **Nope.**
  안 돼.

- **Certainly not.**
  안 돼.

- **Forget it.**
  더 이상 말하지 마.

| 회화 연습

상대방의 의견에 반대할 때

A The colors are just fantastic. I've never seen such talent before.
B There is no shape to it.
A The artist is a genius. Don't you agree?
B **No, I don't agree.** The painting does not impress me.

A 색이 멋지군요. 이와 같은 재능은 본 적이 없어요.
B 모양이 없어요.
A 이 화가는 천재예요. 그렇게 생각하지 않아요?
B 아뇨, 그렇게 생각하지 않아요. 그 그림에는 그다지 감동이 없네요.

112 상대방이 옳다고 말할 때

: 상대가 기발한 의견이나 훌륭한 답변을 했을 때는 You're right.(맞습니다.) / You've got it.(잘 아셨군요.) / You bet.(맞아요.) / That's it!(바로 그겁니다!) / What a good idea!(좋은 생각이군요!) 등의 표현으로 상대의 의견이 옳다고 말합니다.

Yes, that's right.
예, 맞아요.

플러스 표현 ++
- **Yes, you're right.**
  예, 맞아요.

- **Yes, that's quite correct.**
  예, 옳아요.

- **Yes, there's no question about it.**
  예, 말씀대로예요.

Yes, you are correct.
예, 맞습니다.

플러스 표현 ++
- **That is perfectly[absolutely] correct.**
  맞습니다.
  > 상대방이 옳다고 좀 더 강하게 말할 때는 perfectly, absolutely, completely, entirely 등의 부사를 넣어 표현한다.

- **I should say that is correct.**
  정확합니다.

- **Yes, your information is correct.**
  예, 말씀하신대로입니다.

Right.
맞아.

플러스 표현 ++
- **Correct.**
  맞아.

- **You're dead[absolutely] right.**
  꼭 맞아.

- **You bet.**
  맞아.

> You can bet on it.(그것에 대해 내기를 해도 좋습니다.)의 줄인 말로 상대방의 말이 맞음을 강조할 때 쓸 수 있는 표현이다. 이 말을 빨리 발음하면 You betcha!가 되며 짧게 Bet you!라고 해도 된다. 비슷한 말로는 That's correct. / You got it. / Bingo! 등

- **That's fine.**
  맞아.

= That's it. / Quite so. / Exactly.

- **Yeah.**
  맞아.

- **You've got it.**
  잘 알았구나.

- **Of course.**
  물론이지.

> 상대방의 의견에 적극적으로 찬성하거나 동조의 뜻을 피력할 때 사용하는 표현

- **Sure.**
  틀림없어.

= It must be.

비행기 도착 시간의 지연을 확인할 때

A I understand that flight 207 is arriving 3 hours late.
B **Yes, that's right.**

A 207편은 3시간 연착한다고 알고 있는데요.
B 예, 맞습니다.

113 찬성·반대를 잘 모를 때

: 상대방으로부터 뭔가 질문을 받았는데 즉시 응답할 수 없거나 적절한 대처 요령을 모를 경우 그냥 묵묵히 있는 것은 좋지 못한 매너입니다. 이럴 때는 I'm afraid I don't know. / I've never heard of it.(모르겠습니다.)이라고 분명하게 자신의 의사를 표현해야 합니다. 확실하지 않을 때는 Probably. / I guess so. / Sort of.(아마도.) 등으로 표현합니다.

 **Standard**

I don't agree with you entirely.
전혀 동의할 수 없어요.

= I disagree completely. / I'm totally opposed to that.
> 상대방의 의견에 강하게 동의할 수 없을 때 부사인 entirely, completely 등을 넣어 표현한다.

플러스 표현 ++

- **I can't[don't] agree with you one hundred percent.**
  100퍼센트 동의할 수는 없어요.

- **I understand, but did you consider the expense involved?**
  알겠습니다만 드는 비용을 생각해 봤어요.

- **I can see your point view, but I also understand his point.**
  당신의 생각은 알겠습니다만 그의 생각도 알겠어요.

- **To some degree, yes, but there's another aspect to the problem.**
  어떤 점에서는 그렇습니다만 다른 측면도 있어요.

 **Formal**

I'm sorry to say I don't agree with you entirely.
유감이지만, 전혀 동의할 수 없습니다.

플러스 표현 ++

- **On the whole that's true, but there are some reservations.**
  전체적으로는 사실이지만 꺼림칙한 부분도 있습니다.

- **Much of what you say is true, however, we need to consider the reaction.**
  당신이 말씀하시는 것은 사실인 것도 많습니다. 그러나 사람들의 반응도 고려할 필요가 있습니다.

- **Yes, that's true in principle, but reality is far more complex.**
  원칙적으로는 찬성합니다만 현실은 더 복잡합니다.

> in principle : 원칙적으로, 대체로

Casual

Not entirely.
완전히 그런 것은 아니야.

> 부분부정을 나타낸다.

플러스 표현 ++

- **Probably.**
  아마도.
  > probably : 图 아마, 형편에 따라서는, 혹시, 어쩌면(= perhaps)

- **Sort of.**
  아마 그럴 거야.
  > Sort of.는 부사적으로 쓰이며 '다소, 얼마간, 말하자면' 의 뜻이다.

- **I guess so.**
  그럴 거야.
  > guess : 图 ~라고 생각하다, 추측하다

- **Yeah, but I can't see the logic.**
  응, 그런데 논리를 모르겠어.

- **Might be, but I'm not sure.**
  글쎄, 확신은 없어.

- **I can see where you're coming from but I feel there are points you're missing.**
  그것은 알겠지만 빠뜨린 것이 있는 것 같아.

- **I know what you're driving at, but I can't say that I think the same.**
  주장하는 것은 알겠는데 역시 의문이 남아.

- **I can agree with part of it, but I have some doubts.**
  부분적으로는 동의하지만 몇 가지 의문점도 있어.

회화 연습

상대방의 의견에 일부 찬성할 때

A I think the service in this hotel is super, don't you?
B **I don't agree with you entirely.**
   They forgot to give us fresh towels yesterday.

A 이 호텔의 서비스는 최고라고 생각하는데 그렇지 않아요?
B 전적으로 동의할 수는 없습니다. 어제 타월을 교체하는 것을 잊었어요.

267

114 합의에 도달했을 때

: 의견이 서로 일치하지 않았다가 합의에 이르게 됐을 때 We agree.(의견이 일치됐어요.) / We have reached an agreement.(합의에 도달했습니다.) / It's a done deal.(자, 이것으로 결정됐습니다.) 등으로 표현하며 간단하게 Agree.(동의해요.)라고도 합니다.

 Standard

Good, we agree.
좋아요, 의견이 일치됐어요.

플러스 표현 ++
- **I'm glad we agree.**
  합의되어서 기뻐요.
  > I'm glad (that) ~ : ~되어 기쁘다

- **Well, we've got the same idea.**
  그럼 이것으로 같은 의견이 되었어요.

- **So, we're agreed.**
  그럼, 의견이 일치됐군요.

 Formal

We have reached an agreement.
합의에 도달했습니다.
> reach an agreement : 합의에 이르다

플러스 표현 ++
- **It seems that we are in complete accord.**
  우리 모두 완전히 일치한 것 같습니다.
  > be in accord : ~와 일치하다

- **Our opinions match on every point.**
  모든 점에서 의견이 일치된 것 같습니다.

 Casual

Agreed.
동의해.

플러스 표현 ++
- **It's a done deal.**
  자, 이것으로 결정됐어.

- **Looks like we're of the same mind.**
  의견이 일치된 것 같아.

> looks like ~ : ~인 것 같다

* Tip　**all / whole**

all과 whole은 의미에 큰 차이는 없지만 용법상의 차이가 있다. all이 정관사 the나 대명사의 소유격 등과 함께 쓰일 경우 the all, his all이라고 할 수 없고 반드시 all the, all his와 같은 어순으로 해야 한다. whole은 all과는 다르게 the whole, his whole의 어순으로 된다. all은 가산, 불가산의 모든 명사를 수식할 수 있지만, whole은 juice 등의 불가산명사는 수식할 수 없다. (단, 우유의 한 종류에 whole milk라는 것이 있는데, 이것은 지방분을 제거하지 않은 완전한 우유를 가리킨다.) for five whole days는 「만 5일」이라는 의미로 for the whole five days라고 할 수도 있다.

덧붙여서 all을 포함한 숙어적 표현을 하나 살펴보자.

I don't think he can be a carpenter because he is all thumbs.
(그는 무능해서 훌륭한 장인이 될 수 없다고 생각한다.)

 회화 연습

여행에 대해 의견을 나눌 때

A　I would like to spend this summer up in the mountains.
B　I was thinking of going to Onyang Spa actually.
　　There are nice mountains up there.
A　That sounds great. I'd like to go there.
B　**Good, we agree.**

A　올 여름은 산에서 보내고 싶습니다.
B　저는 온양온천에 갈까하고 생각하고 있어요. 거기에는 좋은 산이 많아요.
A　좋은 데인 것 같군요. 저도 거기에 가고 싶어요.
B　좋아요. 그럼, 결정됐어요.

115 다른 사람의 잘못을 지적할 때

: 다른 사람의 잘못을 지적할 때는 상대의 기분이 상하지 않도록 조심스레 해야 합니다. 지적하기 전에 Actually ~ / In truth ~ / In fact ~(사실은 ~) / As far as I know ~(제가 아는 바로는 ~) / Excuse me ~(미안한데 ~) 등을 먼저 말하면 좀 더 부드러운 표현이 됩니다.

|1| 다른 사람의 잘못을 지적할 때

 Standard

Actually, ….
사실은, ….

= in truth / truly / in fact / to tell the truth / sincerely / heartily / honestly

플러스 표현 ++

- **Well, in fact, that's not quite right.**
  저, 사실은 좀 정확하지 않은데요.

- **Well, in reality I didn't say that. I said ….**
  저, 사실 저는 그렇게 말한 게 아니고 이렇게 말했어요.
  > in reality : 실은, 사실

- **As far as I know, what you said is not correct.**
  제가 아는 바로, 당신이 말씀하시는 것은 정확하지 않아요.
  > as far as : ~하는 한

- **If the truth be known, that's not quite right.**
  저, 사실 그것은 정확하지 않아요.

 Formal

Excuse me. Allow me to restate that.
미안하지만, 바르게 고쳐서 말씀 드리겠습니다.

> restate : 동 고쳐 말하다

플러스 표현 ++

- **It would be more precise to say that we still do not know the entire truth.**
  전체적인 진실을 모른다고 말씀드리는 것이 정확할 것 같습니다.

- **Forgive me, but I have to dispute what you said.**
  허락해 주신다면 당신이 말한 것에 대해 이견을 표하고 싶습니다.

 **Casual**

That's not right.
옳지 않아.

플러스 표현 ++
- **No, it's Monday.**
  아니, 월요일이야.

- **Correction! I think it's from seven o'clock.**
  맞아! 7시부터라고 생각해.

- **Wait. It's to the left.** 잠깐만. 왼쪽이야.

- **You're wrong.** 네가 틀렸어.

- **That's a mistake.** 틀렸어.

- **You goofed.** 틀렸어.
  > goof : 통 실수하다, 바보짓을 하다

- **Your facts are all screwed up.** 엉터리야.
  > screw up : 망치다, 엉터리다

- **You've got it all wrong.** 전혀 틀렸어.

Tip 첫 번째 ~ 세 번째 예문은 상대방이 말한 것을 수정하는 것으로 다음과 같은 상황에서 일어난다.
A : **What's today? It's Tuesday, isn't it?** 오늘은 무슨 요일입니까? 화요일인가요?
B : **No, it's Monday.** 아니오, 월요일입니다.

|2| 일이 틀렸음을 지적할 때

 **Standard**

Sorry, that's not right.
미안하지만, 옳지 않아요.

플러스 표현 ++
- **Sorry, that can't be right.** 실례지만 맞지 않는데요?

- **I'm afraid that's incorrect.** 죄송하지만 틀렸어요.

- **I'm afraid that's wrong.** 죄송하지만 틀렸어요.
  > wrong이라고 하는 것보다 not right이라고 하는 것이 좀 더 부드러운 느낌을 준다.

- **That doesn't sound right.** 옳은 것 같지 않아요.

- **I'm afraid there's been some (kind of) mistake.**
  무슨 실수가 있는 것 같은데요.

 **Formal**

I wonder if that's quite accurate.
그것이 아주 정확하다고는 생각하지 않습니다.

플러스 표현 ++
- **If memory serves me correctly, that was not the case.**
  기억이 틀림없다면 그건 그렇지 않습니다.

- **I feel I should inform you of this error.**
  이것은 틀리다는 것을 알려 드려야 할 것 같습니다.
  > inform A of B : A에게 B를 알리다

- **Pardon me, but it seems there's been a misinterpretation of the situation.** 죄송하지만 무슨 오해가 있었던 것 같습니다.
  > misinterpretation : 명 오해

 **Casual**

That's wrong.
틀렸어.

플러스 표현 ++
- **No way, that's right.** 아니야, 그게 맞아.
- **Got it right?** 알겠니?
- **No, that can't be.** 아니, 그럴 리 없어.
- **You're off base.** 완전히 틀렸어.
  > 구어에서 자주 쓰는 표현으로, 의견이 기초나 근거에서 벗어나 완전히 틀렸다는 것을 의미한다.

 회화 연습

이름이 틀렸음을 지적할 때

A I just want to add to what Gim just said.
B **Well, actually I'm Jin, not Gim.**

A 김 선생님이 지금 말한 것에 첨가하고 싶습니다.
B 저, 제 이름은 진이지 김이 아니에요.
> add to : ~을 첨가하다

점원에게 합계액이 틀렸다고 지적할 때

A That'll be $2,150, ma'am.
B **Sorry, that's not right.** I think it's $1,150.
A I'm terribly sorry, ma'am. You're right.

A 전부 2,150달러입니다.
B 실례지만, 맞지 않아요. 1,150달러 같습니다.
A 대단히 죄송합니다. 맞습니다.

본인의 잘못을 인정할 때

: 잘못했을 때는 먼저 I'm sorry.(미안합니다.)라고 하면 되지만 무턱대고 먼저 미안하다고 하면 모든 책임을 져야 할 수도 있으므로 상황에 따라 적절하게 사용하는 것이 좋습니다. 다음에 나오는 잘못을 인정할 때의 다양한 표현을 익혀봅시다.

 **Standard**

Oh, yes, you must be right.
오, 그래요. 당신이 맞아요.

> must be는 '틀림없이 ~하다'는 뜻으로, 이 문장에서는 '확실히 당신이 맞다'고 강조하고 있다.

플러스 표현 ++
- **Yes, sorry. I made a mistake.**
  아, 미안해요. 제가 실수했어요.
  > make a mistake : 실수하다

- **Perhaps I was wrong.**
  아마 제가 틀렸을 거예요.

- **Yes, you could be right.**
  그렇군요. 당신이 옳을지도 모르겠어요.

- **I guess you're right.**
  당신이 옳은 것 같아요.

 **Formal**

Do forgive me. I was wrong. You're right.
용서하세요. 제 잘못이었습니다. 당신이 맞습니다.

플러스 표현 ++
- **Yes, I must have overlooked that fact.**
  그렇군요. 제가 그 점을 간과해 버린 것 같습니다.

- **Yes, I'm afraid I didn't take that into account.**
  그렇군요. 제가 그 점을 고려하지 않은 것 같습니다.
  > take ~ into account : ~을 고려하다(= take account of)

- **Yes, I must admit you are right.**
  그렇군요. 당신이 옳다고 인정해야겠군요.

 **Casual**

Yeah, I'm wrong.
내 실수야.

플러스 표현 ++
- **My fault[mistake].**
  내 실수야.

- **Sorry, nobody's perfect.**
  미안해. 누구도 완벽할 수는 없지.
  > 이 표현은 실패했을 때의 위로의 말로도 사용된다. Oh well, we all make mistakes, 'To err is human.'

- **What a dope I am.**
  정말 내가 바보인가 봐.
  > dope : 형 멍청이, 바보 <구어>

- **Thanks for catching[pointing out] my mistakes.**
  실수를 지적해 주어서 고마워.
  > catch out : ~을 지적하다

 회화 연습

캘리포니아 주의 주도를 잘못 말했을 때

A Los Angeles is the state capital of California.
B I'm afraid that's not right. Sacramento is the state capital.
A **Oh, yes. You must be right.**

A 캘리포니아 주의 주도는 로스앤젤레스입니다.
B 틀린 것 같은데요. 새크라멘토가 주도입니다.
A 아, 그래요. 당신이 맞아요.

117 상대방을 설득할 때

: 상대방을 설득할 때는 You heard me.(제 말 들으세요.)라고 하고, 상대방의 주장에 따를 때는 All right, if you insist.(정 그러시다면 좋습니다.)라는 표현을 쓸 수 있습니다. 또한 상대의 어떤 결정 요구에 대해서 아직 결정하지 못했을 때는 I haven't decided yet.(아직 결정하지 못했습니다.)이라고 하며, 결정을 위해서 시간이 필요할 때는 I need some time to think about that.(생각할 시간이 좀 필요합니다.)이라고 합니다.

Standard

Won't you ~, please?
~해 주시지 않겠어요?

플러스 표현 ++
- **Won't you try this, please?**
  이것을 시험해 보지 않겠어요?
  > 일반적으로 Won't you ~?를 쓰지만 더욱 공손하게 제안·권유를 할 때는 Would you ~? / Would you care for ~?라는 표현을 활용한다.

- **Why don't you see if the other door is open?**
  다른 문이 열려있나 보지 그래요?
  > Why don't you ~? : ~하는 게 어떻습니까?

- **Let me explain how it works.**
  어떻게 조작하는지 설명하겠어요.
  > Let me ~ : 제가 ~하겠습니다

Formal

I strongly urge you to ~.
~하도록 강하게 권합니다.

플러스 표현 ++
- **In my opinion it would be a shame not to give it a try.**
  이것을 시험해 보지 않는 것은 정말 유감이라고 생각합니다.
  > give a try : 시험해 보다

- **May I suggest you reconsider the offer?**
  그 제의를 재고해 볼 것을 제안해도 되겠습니까?
  > May I suggest ~? : ~을 제안해도 됩니까?

- **Surely the best solution is to restructure.**
  가장 좋은 해결책은 재구성하는 것입니다.

 **Casual**

I'll tell you what.
내게 좋은 생각이 있어.

플러스 표현 ++
- **Oh, come on!**
  어서. 〈동의해서〉
- **Think about it!**
  부탁해!
- **Give me a break!**
  부탁해. 도와줘!

 회화 연습

계획을 재검토 해달라고 설득할 때

A Let's adopt plan A.
B Plan A is good. But, **won't you look at plan B again, please?** I think it's better than plan A.
A O.K.

A 계획 A를 채택합시다.
B A는 좋은 계획입니다. 그런데 계획 B를 재검토해 주시지 않겠습니까? 저는 A보다 더 좋다고 생각합니다.
A 좋아요.

118 상대방의 의견에 반론을 표시할 때

: 어떠한 의견에 반대의 의견을 가지고 있을 때는 But don't you think ~?(그런데 ~라 생각하지 않으세요?)라고 묻습니다. 또는 How about ~?(~은 어때요?) / Have you considered ~?(~에 대해 생각해 봤나요?) 등으로 상대방의 의견을 묻기도 합니다.

But don't you think ~?
그런데 ~라 생각하지 않으세요?

플러스 표현 ++

- **How about looking at it this way?**
  이런 견해는 어떨까요?

- **Have you ever stopped to consider that you'd have to work longer?**
  그런데 한편으로는 근무시간이 늘어난다는 것을 생각해 보셨나요?

- **Look on the bright side. You don't have bigger problems.**
  다른 방향으로 좋게 생각해 보면 큰 문제에 부딪히지 않았다는 거예요.

That's one way of looking at it. Have you considered ~?
그렇게도 볼 수 있겠네요. ~에 대해 생각해 보셨습니까?

플러스 표현 ++

- **I think we have to look at it from a different perspective[angle]; the situation is not that bad.**
  다른 각도에서 본다면 상황은 그렇게 나쁘지 않습니다.

- **I respect your point of view, but I think we need to consider the reaction this may cause.**
  당신의 의견은 압니다만 이것이 일으킬 수 있는 반응을 고려할 필요가 있다고 생각합니다.

- **Consider it from a different vantage point.**
  다른 유리한 점에서 생각해 주십시오.

  > a vantage point : 유리한 점

 **Casual**

Yes, but you've gotta ~.
그래, 하지만 ~.

플러스 표현 ++
- **Wait a sec.**
  생각해 봐 줘.
  > second를 줄여서 sec이라고도 한다.

- **Put your head on straight.**
  이렇게 생각해 봐.

- **You can't mean that.**
  그런 것은 생각하지 마.

 회화 연습

상대방의 마음을 바꾸고 싶을 때

A I think this copy machine is very convenient.
   I'd like to get it.
B **But don't you think it's a little too expensive?**
A Well, you're right. The old one is still working well, too.

A 이 복사기는 아주 편리할 것 같군요. 사고 싶어요.
B 그런데 너무 비싸다고 생각하지 않아요?
A 그렇군요. 지금 것도 아직 충분히 쓸 수 있어요.

119 상대방에게 주의를 줄 때

: 무엇인가를 잊지 말라고 주의를 줄 때는 다른 사람의 기분이 상하지 않도록 조심스레 말해야 합니다. Please don't forget to ~.(~하는 것을 잊지 마세요.) / Do you remember ~?(~을 기억하죠?) / Let me remind you ~ (~을 알려드려요) 등을 활용해서 표현할 수 있습니다.

 **Standard**

Please don't forget to mail the letter, Richard.

편지 부치는 것을 잊지 말아 주세요, 리차드.

> 명령문에 please를 문장의 앞이나 뒤에 넣으면 정중하게 부탁하거나 요청하는 표현이 된다.

플러스 표현 ++

- **May I remind you to meet Mr. Wilkins at the View Hotel at seven tomorrow morning?**
  그런데 내일 아침 7시에 뷰 호텔에서 윌킨스 씨 만나는 것을 잊지 않았겠죠?

- **Don't let picking her up at 5:30 slip your mind.**
  5시 반에 그녀를 태우러 가는 것을 기억하세요.
  > slip one's mind[memory] : 잊어버리다

- **Remember the piano concert?**
  피아노 연주회를 잊지 않았죠?

- **You won't forget to call her at six-thirty, will you?**
  6시 반에 그녀에게 전화하는 것을 잊지 않았죠?

- **Do you remember what he said at the party?**
  그가 그 파티에서 말한 것을 기억하죠?
  > 어떠한 일을 기억하고 있는지 묻는 가장 기본적인 표현이므로 꼭 알아두자.

 **Formal**

Mrs. Johnson, please remember to mail the letter.

존슨 씨, 편지 부치는 것을 잊지 말아 주십시오.

플러스 표현 ++

- **I'm sure I needn't remind you that smoking is prohibited in this room.**
  죄송하지만 이 방은 금연으로 되어 있다는 것을 알고 계실 텐데요.

- **Let me remind you the train will leave two minutes from now.**
  열차는 2분 뒤에 출발합니다.

- **Maybe I should remind you to put the envelope in your bag.**
  봉투를 가방에 넣는 것을 잊지 마십시오.

- **I hope you don't mind me reminding you it's time to leave.**
  이제 가봐야 할 시간이라고 생각합니다.

- **Just in case, I want to remind you the next stop is the one you want.**
  혹시나 해서 말씀드리는 건데요, 내리실 곳은 다음 정류장입니다.

Remember to mail the letter, Brian.
편지 부치는 것을 잊지 마, 브라이언.

플러스 표현 ++

- **You're gonna tell Mary I'll be a little late.**
  메리에게 좀 늦는다고 말해 줘.

- **You'll call my father tonight, won't you?**
  오늘밤에 우리 아버지에게 전화해 줘.

- **Make sure you don't forget the trip to Windsor on Sunday.**
  일요일에 윈저에 가는 것을 잊지 마.
  > Make sure to remember ~, 또는 Make sure not to forget ~, 또는 Don't forget to ~ 등 다양한 표현이 가능하다.

- **What's up with the ticket?**
  그런데 표는 어떻게 됐어?

- **Just to jog your memory ~.**
  기억하고 있다고 생각하는데 ~.

스미스 씨와의 약속을 확인할 때

A **Please don't forget the appointment with Mr. Smith.**
B **Don't worry. I've put the time and date in my notebook.**

A 스미스 씨와의 약속을 잊지 마세요.
B 걱정 마세요. 일시를 수첩에 적어 놓았으니까요.

120 무엇인가를 가르쳐 줄 때

: 무언가를 다른 사람에게 가르쳐 줄 때는 대부분 일정한 순서에 따라 말하게 됩니다. Follow ~(~을 따라 하세요) / It's like this.(이와 같이 합니다.)라고 먼저 말하고, First ~, second ~, … and last ~(첫째로 ~, 둘째로 ~, … 마지막으로 ~입니다)를 활용해서 표현합니다.

 **Standard**

Lift the lid, then put the cassette tape there and press the FWD button.

카세트 덮개를 열고 테이프를 넣은 다음 FWD 버튼을 누르세요.

> FWD는 forward의 약어 ↔ BWD : backward

플러스 표현 + + 홍차를 타는 방법

- **It's clear. Warm the tea pot and your cup. Then you put in two spoonfuls of tea and pour boiling water. You brew it for three minutes. Then serve it with cold milk.**
  쉬워요. 우선 홍차 포트와 컵을 데웁니다. 다음에 홍차를 두 스푼 넣고 뜨거운 물을 붓습니다. 그리고 3분이 지난 다음 찬 우유를 넣어 주십시오.

- **Follow my example.** 이렇게 하세요.

- **It's like this.** 이와 같이 해요.

- **Let me show you.** 보여 줄게요.
  > Let me ~ : 내가 ~하겠다

 **Formal**

The following procedure should be adopted: first, lift the lid; second, put the cassette tape there and last, press the FWD button.

다음과 같은 순서로 조작해 주십시오. 우선 카세트 덮개를 열고, 두 번째로 테이프를 넣습니다. 그리고 마지막으로 FWD 버튼을 누르십시오.

플러스 표현 + + 영어 연설 원고 쓰는 법

- **The first step is to choose two or three topics you'd like to talk about; the second step is to write, in one sentence, the message you want to convey to your audience; the third step is to write an outline of the speech, and; the** final step is to write the whole script and check for stylistic problems and grammatical errors.

먼저 당신이 말하고 싶은 화제를 2~3개 고릅니다. 다음에 청중에게 전하고 싶은 주제를 하나의 문장으로 나타냅니다. 다음에 연설 전체의 윤곽을 쓰고 마지막으로 연설 전체의 초고를 쓰고 전체 문장의 문체를 정돈하고 문법적인 오류를 검사하세요.

- **Please follow my instructions.** 제 지시를 따라 주십시오.
- **Please take your places according to the seating plan.**
  좌석표에 따라 앉아 주십시오.

 Casual

It's easy, just lift the lid, put the cassette tape there and press the FWD button.

쉬워. 카세트 덮개를 열고 테이프를 넣은 다음 FWD 버튼을 눌러.

플러스 표현 + +
- **I'll tell you how (to do it). Just watch me. First you take four cards each. Then pull one card, in turn, from the pile. The first person who gets more than one card of the same number will be the winner.**
  이렇게 하면 돼. 봐. 먼저 각각 4장의 카드를 갖고 묶에서 순서대로 1장씩 꺼내. 같은 수의 카드를 빨리 2장 이상 모으는 쪽이 이기는 거야.
- **Make sure you press the red button ~.** 먼저 빨간 단추를 누르고 ~.
- **It's a snap. First you press the red button ~.**
  하는 방법은 아주 간단해. 먼저 빨간 단추를 누르고 ~.

 회화 연습

예금을 인출하는 방법을 알려줄 때

A Excuse me. I'd like to know how to fill out this slip.
B Do you want to withdraw money?
A Yes.
B O.K. First you put today's date here. Then you write the amount of money you want in words in the box. The last thing you do is put your signature.

A 미안하지만 이 청구서를 쓰는 방법을 알고 싶어요.
B 돈을 인출하고 싶습니까?
A 예.
B 좋아요. 우선 여기에 오늘의 날짜를 쓰고 그리고 인출하고 싶은 금액을 철자로 박스 안에 씁니다. 마지막으로 서명을 하면 됩니다.

121 다시 한 번 확인할 때

: 자신이 한 말을 상대가 이해했는지 물을 때는 Do you understand?(이해하시겠어요?) 또는 See?(알 겠어?) / You got it?(알겠어?)이라고 합니다. 이에 대한 응답으로 상대의 말에 이해했을 때는 I understand.(이해했어요.)라고 하고, 반대로 이해하지 못했을 때는 I don't understand.(이해가 안 되는데요.)라고 표현합니다. 되물을 때는 Pardon me?(다시 한 번 말씀해 주시겠어요?)라고 하면 됩니다.

 **Standard**

You know what I mean?
제가 말하는 의미를 알겠어요?

플러스 표현 ++

- **You know what I mean, don't you?**
  제가 말하는 의미를 알겠어요?
  = Do you know[see] what I mean?
  = Do you understand what I'm saying?
  > 이러한 표현은 어떤 설명 뒤에 이용하는 것이 보통이다.

- **Does that make sense?**
  그걸로 의미가 통합니까?
  > make sense : 뜻이 통하다

- **Write the amount of the money you want in letters, not in numbers, if you follow what I mean.**
  인출하고 싶은 금액을 숫자가 아니라 문자로 쓰세요. 제 말 뜻을 아시겠어요?

- **I hope it's understood.**
  아시겠어요?

- **You follow that, don't you?**
  이해가 됐어요?

- **That's crystal clear, isn't it?**
  잘 알겠죠?

- **Do you get what I mean?**
  알겠어요?

- **Have you got it all?**
  전부 이해하셨어요?

- **Do you get the picture?**
  사정[내용]을 알았어요?
  > 그림이 그려지냐는 말이므로 '감이 오세요?'라는 뜻이다. 참고로 I got the picture.라고 하면 '감 잡았어.'라는 말이 된다.
  > 이 문장에서 picture는 전체적인 '상황, 정세(situation), 상황파악' 등의 의미로 쓰였다.

 **Formal**

Am I making myself understood?
이해하셨습니까?

> make oneself understood : 자기의 말[생각]을 남에게 이해시키다

플러스 표현 ++
- **Do I make myself understood?**
  이해하셨습니까?
  = Am I making myself understood?

- **Is that clear enough?**
  이해하셨습니까?

- **I'm not sure if I am making myself clear.**
  이해하셨는지요.
  = I'm not certain if I'm making myself clear.

Tip 사실관계가 아니라 의논이나 견해의 내용 이해에 관해 확인하는 경우는 다음과 같이 물을 수 있다.

Those are my views on that problem, if you follow me.
그 문제에 관한 제 견해는 이상과 같습니다만 이해하시겠습니까?
Those are my views on that issue, if you comprehend my meaning.
그 문제에 관한 제 의견은 이상과 같습니다만 제 말뜻을 이해하시겠습니까?
That's the primary reason I would reject his proposal, if you get my point.
그것이 제가 그의 제안에 반대하는 주된 이유입니다만 이해하시겠습니까?

또한 충분한 시간을 소비해서 설명한 뒤의 확인으로는 다음의 표현을 쓴다.

Have I made myself understood?
충분히 이해하셨습니까?
If there's anything you don't follow, please say so.
모르는 것이 있다면 말씀해 주십시오.

 **Casual**

Do you follow me?
알았어?

플러스 표현 ++
- **O.K.?**
  이해돼?
  > 무언가를 설명해 준 후에 상대방이 모두 이해했는지 확인하는 의미로 O.K.?라고 덧붙이는 게 좋다.

- **You see what I mean?**
  알겠어?

- **(Are you) Following me?**
  알겠어?

- **Do you follow?**
  알겠어?

- **See what I mean?**
  알았니?

- **Get my drift?**
  알겠어?
  > drift에는 '취지'라는 뜻이 있어서 이야기의 논지나 요점, 혹은 취지를 이해하느냐의 의미로 가까운 사이에만 쓴다.

- **Get it?**
  이해했어?
  > Got it?이라고도 하며, 이에 대해 Got it!이나 Got yo.라고 대답한다.

*Tip 위의 정중한 표현의 경우와 같이 의논 또는 견해를 이해했는지 확인하고 싶을 때에는 다음과 같이 물을 수도 있다.

Follow what I mean? / See what I'm saying? / Can you tell what I'm driving at?
말하는 것을 알겠어?
Does that ring a bell? / Has the bomb dropped yet? 알았니?
Got it yet? / Got the message? 이제 알겠니?

말을 이해했는지 확인할 때

A Many Koreans learn Young-o, not English.
   You know what I mean?
B Not quite. Aren't they the same thing?
A Not at all. Young-o is a language which is useful only for exams while English is a means of communication.

A 많은 한국인은 영어를 배우고 있는 것이지 잉글리시를 배우고 있는 것은 아닙니다. 제가 말하는 의미를 아시겠습니까?
B 잘 모르겠습니다. 같은 뜻 아닙니까?
A 전혀 다릅니다. 영어는 시험을 위해서만 배우는 것이고 잉글리시는 의사소통의 수단입니다.

> means of communication : 의사소통의 수단

122 불평·불만·고충을 말할 때

: 외국인과 함께 지내다 보면 불평이나 불만, 고충을 말하게 되는 경우가 생길 수 있습니다. 이러한 것들은 애매하게 말하지 말고 불만인 이유, 자신의 생각, 의견 등을 상대방이 이해하도록 확실히 표현해야 합니다. I'm sick and tired of ~(저는 ~가 지겨워요)라고 말하고, 상대방이 항상 불평만 한다면 There you go, complaining again.(당신 또 불만이군요.)이라고 말합니다.

 **Standard**

I'd like to make a complaint about the noises you make.
소음에 관해 드릴 말씀이 있어요.

플러스 표현 + +

심하게 파손되어 배달된 소포에 대한 불평

- **What can be done about this parcel?**
  이 소포 어떻게 된 거예요?

- **I want to comment on your behavior.**
  당신의 행동에 한 마디 해두고 싶어요.

- **I've got a problem with the schedule.**
  일정에 문제가 있어요.

- **Please don't make so much noise.**
  그렇게 소음을 내지 말아 주세요.

한 달 전에 주문한 책에 대한 불평

- **Well, the service is unsatisfactory. I ordered it one month ago.**
  서비스가 만족스럽지 못해요! 한 달 전에 주문한 거예요.

- **Can't something be done about the bad smell you make in your shed?**
  댁의 창고에서 나는 악취를 어떻게 해 주시지 않겠어요?

- **I'm sorry to say this, but can I remind you my husband doesn't like phone calls after ten o'clock in the evening?**
  정말 죄송하지만 남편은 밤 10시 이후에 전화 오는 것을 좋아하지 않아요.

 **Formal**

I wish to file a Formal complaint about the noises you make.
소음에 관해 불만을 표하고 싶습니다.

플러스 표현 ++
- **I must express my dissatisfaction with your performance.**
  당신의 행동에는 아주 불만을 느끼고 있습니다.

- **Your argument is not satisfactory[acceptable] at all.**
  당신의 주장은 전혀 납득할 수 없습니다.

- **I hardly think it's fair that less qualified men can earn more than more qualified women.**
  능력이 떨어지는 남자가 능력이 나은 여자보다 더 높은 봉급을 받는 것은 전혀 공평하지 않다고 생각합니다.

- **I object to his comments. They are not fair.**
  그의 설명에는 반대합니다. 공평하지 않습니다.
  > object to : ~에 반대하다

 **Casual**

I wish you'd stop making noises.
소음 내는 것을 그만두었으면 해.

플러스 표현 ++
- **I've had enough of your singing at work.**
  정말로 이젠 일하면서 노래 부르는 것은 그만해 줘.

- **I'm at my wit's end with your nonsense.**
  너의 몰상식에는 불만이야.
  > at one's wit's[wits'] end : 어찌할 바를 모르겠는

- **Something must be done about the awful noise from your television.**
  텔레비전의 큰 소음 좀 어떻게 안 될까?

- **You better shape up.** 좀 더 잘 해.
  > shape up에는 '(미용·건강 때문에) 몸매를 관리하다'라는 의미 외에 '바르게 행동하다'라는 의미도 있다.

- **I'm fed up with your arguments[fighting].**
  너의 잔소리[지저분한 농담]에는 질렸어.
  = I'm fed up with your awful humor[bad jokes].
  > fed up with : 질리다, 싫증나다

- **That's unfair[not fair].**
  불공평해.

파손되어 배달된 소포에 대해 불평할 때

A Can I have your help, please?
B Yes, sir?
A **I'd like to make a complaint about my parcel. This was delivered to us this morning but it had been unstrung and the box was partly broken.**

A 잠깐 실례합니다.
B 예. 뭐죠?
A 이 소포에 관해 드릴 말씀이 있는데요. 오늘 아침 배달이 되었는데 그때 끈이 풀어져 있고 상자도 일부 파손되었습니다.

회의에 늦은 사람에게 불만을 말할 때

A Why are you always late to the meetings?
B I don't know.
A **I'm not very happy with your behavior.** I think you have a problem.

A 어째서 항상 회의에 늦습니까?
B 모르겠어요.
A 당신의 행동에 아주 불만입니다. 당신에게 문제가 있어요.

123 강하게 항의할 때

: 무언가에 대해 항의할 때는 정확하게 그 이유를 함께 밝히는 것이 좋습니다. 일반적으로 I object to ~(저는 ~에 반대합니다) / I'm unsatisfied ~(저는 ~에 불만입니다) / I'm doubtful ~(저는 ~가 의심스럽습니다) 등을 활용하여 항의하며 Would you mind ~?는 정중하게 항의하는 표현입니다.

Your comment is most unwelcome.
당신의 말에는 완전히 불만이에요.

플러스 표현 ++

- **You dismissed our ideas without giving any comments. That just isn't good enough.**
  당신은 우리의 안을 아무 말도 없이 기각해 버렸어요. 그것은 정말 부당한 처사예요.

- **Don't smoke at the dinner table.**
  식사 때 담배를 피우지 마십시오.

- **Can't anything be done about your dog? He's driving me crazy.**
  댁의 개를 어떻게 해 주시겠어요? 그 개 때문에 미칠 지경이에요.

I object to your comment.
당신의 말에는 찬성할 수 없습니다.

> object to : ~에 반대하다

플러스 표현 ++

- **I'm unsatisfied with the way you treated my mother.**
  우리 어머니에 대한 당신의 처우에 불만입니다.

- **I must protest what the project the manager told us about.**
  매니저가 말한 계획은 납득할 수 없습니다.

- **I'm doubtful the budget cuts will be successful.**
  예산 삭감은 성공할 것 같지 않습니다.

- **Would you mind keeping it down?**
  좀 조용히 해 주시지 않겠습니까?
  = I wonder if you'd mind keeping it down.

  > Would you mind ~?는 '~해 주시겠습니까?' 라는 표현으로 정중하게 항의할 때 쓰는 표현이다.

Casual

There's no way you could make such a comment.

그런 말을 할 수는 없어.

플러스 표현 + +
- **You always get the microphone and don't let other people speak. You can't do that.**
  마이크는 항상 당신이 잡고 있어서 아무도 말할 수 없잖아. 그래선 안 돼.

- **For heaven's sake! Stop using bad words, John.**
  존, 부탁인데 나쁜 말은 그만 둬.
  > for heaven's sake : 제발, 아무쪼록, 부디 <다음에 오는 명령문을 강조>

- **Cut out the smoking at the dinner table.**
  식사 때에는 담배 피우지 마.

회화 연습

해고당한 콜린스 부인에 대해 이야기 할 때

A You've fired Mrs. Collins illegally. What can be done about that?
B Have I? She's so inefficient. **I thought it'd be a waste of money to have a secretary like her.**

A 콜린스 부인을 부당하게 해고 했어요. 어떻게 하실 작정입니까?
B 그랬습니까? 그녀는 너무 무능했어요. 그런 비서를 계속 고용하는 것은 돈 낭비라고 생각했습니다.

124 다른 사람을 위협할 때

: 외국인에게 위협을 가할 기회는 그다지 없을 것입니다. 하지만 사람들과의 만남에서 항상 좋은 일만 있을 수는 없습니다. 따라서 이러한 표현은 만약을 대비해서 익혀두면 상황에 따라 적절하게 활용할 수 있을 것입니다. 위급할 때는 I'll have to call the police.(경찰을 부르겠어요.)라고 하고 행동을 제지할 때는 Don't you dare!(하지 마!)라고 합니다.

 **Standard**

Unless you get out, the police will be called.
나가지 않으면 경찰을 부르겠어요.

> unless는 if not(만약 ~이 아니라면)과 같은 뜻의 접속사. unless는 조건이라기 보다 '제외'의 뜻이 강하다.

플러스 표현 ++

- **If you are smart, you'll stop drinking before it kills you.**
  당신이 현명하다면, 죽기 전에 술을 끊으세요.

- **If you don't work harder, you'll fail the exam.**
  더 열심히 공부하지 않으면 시험에 떨어져요.

- **You should see a doctor or else you might suffer from complications.**
  의사에게 진찰을 받지 않으면 더 심각해질지도 몰라요.
  > suffer from : ~으로 고생하다

- **If I were you, I wouldn't do that again or dad will hit you.**
  제가 당신이라면 다시는 그런 짓을 하지 않겠어요. 그러지 않으면 아빠에게 맞을 거예요.

 Formal

If you don't leave at once, I'll have to call the police.
즉시 떠나지 않으면 경찰을 부르겠습니다.
> at once : 즉시

플러스 표현 ++

- **Let me suggest you not see her again.**
  그녀와는 다시 만나지 않는 것이 현명하다고 생각합니다.

- **If the yelling doesn't stop, I'll have no alternative but to call the police.**
  이 이상 큰 소리를 내면 경찰을 부르는 수밖에 없습니다.

- **You should know better than to park your car in this area.**
  여기에 주차하지 않는 것이 현명합니다.

- **I hesitate to say this, but if you make the same mistake, we'll be forced you to transfer to the remotest branch office.**
  말하고 싶지는 않지만 같은 실수를 하면 시골 지사로 전출시킬 겁니다.

 Casual

Get out, or I'll call the police.
나가, 그렇지 않으면 경찰을 부르겠어.

> <명령문 + or>은 '~해라, 그렇지 않으면 ~할 것이다.'라는 뜻으로 쓰인다.
> <명령문 + or>은 If ~ not 형태로 바꾸어 쓸 수 있다.

플러스 표현 ++
- **Make the same mistake again, and I'll talk to your teacher.**
  다시 실수하면 선생님께 이를 거야.
  > <명령문 + and>는 '~하라, 그러면 ~할 것이다.'라는 뜻으로 쓰인다. <명령문 + and>는 If절로 바꾸어 쓸 수 있다.

- **You'd better not be noisy, or else!**
  떠들지 않는 게 좋을 거야!
  > You'd better ~.는 다소 명령에 가까운 충고 표현이므로 보다 부드럽게 표현하려면 Why don't you ~?를 활용하는 것이 공손하게 들린다.

- **You'd better keep it secret.**
  비밀을 지키는 게 좋을 거야.

- **Don't you dare!**
  하지 마!

- **Don't be stupid!**
  바보 같은 짓 그만 둬!

 회화 연습

존의 욕을 참을 수 없을 때

A **Unless you stop swearing, I'll never talk with you.**
B **All right, Melissa, I'll stop my bloody swearing.**
A **John!**

A 욕을 그만두지 않으면 더 이상 너와 말하지 않겠어.
B 알겠어, 멜리사. 두 번 다시 욕 하지 않을게.
A 존, 또.

125 상대에게 주의를 줄 때

: 상대방이 위험에 처하게 될 때는 Watch out! / Look out! / Be careful!(조심해요!), 위험한 행동을 할 때는 That's not nice.(그러면 안 돼요.)라고 주의를 줍니다. 또한 상대방의 행동을 꾸짖을 때는 You'll never do that again.(다시는 절대 그러지 마세요.)이라고 따끔하게 나무랍시다.

Be cautious not to smoke in public places.
공공장소에서는 담배를 피우지 않도록 주의해 주세요.

플러스 표현 ++
- **Look[Watch] out!**
  조심해요!
  = Be careful.

- **Your turkey is burning!**
  (칠면조가) 타고 있어요!

- **Keep your shoes off the wall!**
  벽에 발 대지 말아요.

- **Be prepared for what he's going to say. It could be very critical.**
  그가 이제부터 말하는 것은 꽤 심한 말이 될 것 같으니까 조심하세요.

It's prohibited to smoke in public places.
공공장소에서는 결코 담배를 피워서는 안 됩니다.

플러스 표현 ++
- **Be careful of the contract he proposes.**
  그와의 계약은 조심하십시오.

- **I would not leave the bag on the floor at any cost.**
  무슨 일이 있어도 가방을 바닥에 놓지 않는 게 좋겠습니다.
  > at any cost[expense] : 무슨 일이 있어도

- **Under no circumstances should we carry a large amount of cash in our bag.**
  어떤 경우에도 고액의 현금을 가방에 넣고 다니지 않는 게 좋습니다.

- **I have to warn you (not) to ~.**
  ~하도록[하지 않도록] 조심해 주십시오.

Casual

No matter what, don't smoke in public places.

무슨 일이 있어도 공공장소에서 담배를 피우지 마.

> no matter what : 무슨 일이 있어도

플러스 표현 ++   '조심해!'라고 주의를 줄 때의 표현

- **Watch out!**
- **Watch[Look] what you're doing!**
- **Watch it!**
- **Look out!**
- **Be careful!**
- **Take care not to ~.**
  ~하지 않도록 해라.

회화 연습

오븐에서 방금 나온 접시를 식탁에 올릴 때

A **Be careful!** The plate is very hot.
B Oh! It looks scrumptious.

A 조심해요! 그릇이 아주 뜨거워요.
B 오! 맛있겠네요.

> scrumptious는 very delicious의 격의 없는 표현

PART 7

영어회화에 왕창 도움이 되는 표현

Unit

126
>
137

126 말이 막혔을 때

: 대화 도중에 잠깐 말이 막히거나 생각을 하면서 말할 때 대화의 연결 표현은 상대의 기분을 거슬리지 않게 하기 위해서도 매우 중요하며, 회화에서 가장 기본적인 기술의 하나라고 할 수 있습니다. Well, ~.은 대화에서 침묵을 피할 때 적절하게 쓸 수 있는 표현입니다. 이건 Wait a minute.(잠시 기다려 주십시오.)에 해당하는 대화의 연결 표현으로 자연스럽게 말하면서 다음 말을 생각합시다.

 **Standard**

Let me[Let's] see, ….
저, 그런데요 ….

> 대화 중 말문이 막혔을 때 쓰는 이런 표현들을 conversation fillers라고 한다.

플러스 표현 + +

- **I can't remember his name; it's on the tip of my tongue.**
  그의 이름이 생각나지 않고 입에서 뱅뱅 돌아요.
  > on[at] the tip of one's tongue : 말이 입에서 뱅뱅 돌 뿐 생각이 안 나다

- **I don't know what to say, but you're the kindest person I've ever met.**
  뭐라고 하면 좋을지 모르겠어요, 당신만큼 친절한 사람은 만난 적이 없어요.

- **Tomorrow will be a busy day, I mean, I don't think I can go.**
  내일은 바쁠 것 같아서 제 말은, 갈 수 없을 것 같아요.

- **What they were doing was … how can I put it? … It was bizarre!**
  그들이 했던 것은 … 뭐라고 할까? … 난해한 것이었어요.
  > What can[should] I say?도 같은 뉘앙스의 표현

 **Formal**

Excuse me while I get my thoughts together.
생각할 동안 잠깐만 기다려 주십시오.

플러스 표현 + +

- **That's quite … well … I am at a loss for words.**
  그것은 마치 …, 저 … 뭐라고 해야 좋을지 모르겠습니다.
  > at a loss : 당황하여, 어찌할 바를 몰라

- **She was the one that was promoted! Words simply fail me.**
  그녀만 승진했습니다! 말로는 표현할 수 없습니다.

- **I need a moment to gather my thoughts.**
  (생각할) 시간을 좀 주십시오.

- **Words seems to have escaped me.**
  뭐라고 말하면 좋을지 모르겠습니다.

 Casual

Well, um, ...
저, 음 ….

플러스 표현 ++
- **You know, Tom is really bad news.**
  알겠지만, 톰은 정말 나쁜 녀석이야.
  > bad news : <미·속어> 골치 아픈 녀석

- **I was just wondering if you could see me tonight.**
  오늘밤에 만날 수 있을지 모르겠어.

- **Hang[Hold] on, I want to think about it for a while.**
  좀 기다려, 잠깐 생각해 보고.

 회화 연습

뭐라고 해야 할지 모를 때

A **… and the winner is … Jane Smith!**
B **Oh! I don't know what to say! I'm so happy.**
A **Well, let me be the first to congratulate you.**

A … 그리고 수상자는 … 제인 스미스 씨입니다.
B 아! 뭐라고 해야 할지 모르겠지만, 너무 기뻐요.
A 저, 우선 저에게서 축하를 받으세요.

297

127 맞장구 칠 때

: 대화는 기본적으로 상대가 있기 마련입니다. 상대방과의 대화를 부드럽고 유창하게 이끌어가기 위해서는 상대의 말에 호흡을 맞추면서 적절하게 맞장구를 쳐주어야 합니다. 상대의 말에 긍정적으로 맞장구 칠 때는 That's right.(맞습니다.) / Sure.(물론이죠.) 등으로, 부정하고 싶은 때는 I don't think so.(저는 그렇게 생각하지 않아요.) / It's not true.(그건 사실이 아닙니다.) 등으로 표현합니다.

 **Standard**

Is that so?
그래요?

플러스 표현 ++
- **You don't say!** 설마!
- **Oh, my goodness[good]!** 이럴 수가!
- **Remarkable!** 대단하군요!
- **Really?** 정말입니까[아, 그래요]?
  > Is that true[right]?라고도 한다.

 **Formal**

How surprising!
놀랐습니다!

플러스 표현 ++
- **My word!** 놀랐습니다!
- **Good heavens!** 맙소사!
- **Indeed!** 정말입니까!

 **Casual**

You're kidding.
농담이지?

플러스 표현 ++
- **Yeah!** 정말!
- **No kidding!** 농담 마!
- **Wouldja believe it?(!)** 설마!
  > wouldja는 would you의 격이 없는 단축형
- **Uh-huh.** 글쎄.
- **Sure.** 물론이야.

= It must be.

- **I think so.** 나도 그렇게 생각해.

  = So do I. / So am I.

* Tip 여러 가지 맞장구

  회화를 잘 하는 것은 상대방의 말에 맞장구를 능숙하게 치는 것이기도 하다. 맞장구는 간단하지만 의외로 어려운데, 그 하나의 방법은 이 책의 회화 예에서도 등장하지만 상대방이 말한 것을 반복하는 것이다.

  A : I like playing rock music. 나는 록 음악 연주하는 것을 좋아해.
  B : Oh, do you? 오, 그래?
  A : I have been collecting old stamps for ten years.
  　　나는 십년간 오래된 우표를 수집하고 있어.
  B : Oh, have you? 아, 그러니?

  ### 많이 사용되는 맞장구 표현

  Absolutely! 맞아요!　**Are you kidding?** 농담이죠?　**Disgusting.** 싫어.
  Excellent[Fantastic / Outstanding / Terrific / Wonderful]! 멋지다!
  Good for you. 좋겠네요.　**(That's) Great!** 멋져요! / 좋군요!
  I'm sorry to hear that. 안됐군요.　**I don't blame you.** 무리는 아니네요.
  I see. 알겠어요.　**Just as I thought.** 생각했던 대로군요.
  No way. 절대 안 돼요.　**No wonder.** 과연 그렇군요.
  Oh, really? 아, 정말이에요?　**(It) Sounds good[great]!** 좋군요[멋져요]!
  Sounds interesting. 재미있는 것 같군요.　**That's impossible!** 그럴 리 없어요!
  That must be nice. 좋을 것 같군요.　**That's news to me.** 처음인데요.
  That's unusual. 이상하군요.　**That's what I figured.** 생각했던 대로에요.
  You don't say? 정말?　**You said it.** 맞아요.　**You must be kidding.** 농담이시죠.

관중이 홈런 공에 맞았다는 말을 들었을 때

A　Did you see yesterday's baseball game?
B　No, did anything special happen?
A　A homerun ball hit a spectator.
B　Incredible!
A　**Yeah, I'll say!**

A　어제 야구 시합 봤어요?
B　아뇨, 무슨 일 있었어요?
A　홈런 공에 관중이 맞았어요.
B　믿을 수 없군요!
A　정말이에요!

> I'll say!도 상대방의 말에 '맞아요. / 그래요.' 라고 대답하는 격의 없는 어법

대화중에 끼어들 때

: 대화중에 끼어들 때는 I'm sorry, but ~ / Excuse me / Pardon me(죄송하지만 ~)라고 하고, 먼저 상대의 양해를 얻은 후에 말하고자 하는 바를 피력하는 게 좋습니다. 특정인과의 대화를 위해서 끼어든 경우에는 May I interrupt you?(말씀 중에 잠깐 실례해도 될까요?)라고 표현합니다.

 **Standard**

I'm sorry to interrupt you.
말씀 중에 죄송해요.

> 다른 사람과 대화중인 사람에게 말을 걸 때는 '실례지만 ~. / 죄송하지만 ~.' 이라고 말하게 된다. 영어로는 I'm sorry, but ~ / Excuse me 라고 먼저 시작한다.

플러스 표현 + +

- **I'm terribly sorry for interrupting.**
  끼어들어서 대단히 죄송해요.

- **I'm sorry to break into your conversation.**
  대화중에 끼어들어서 죄송해요.

- **Can I interrupt your conversation?**
  끼어들어도 되겠어요?

- **I hate to interrupt, but ….**
  끼어들어서 죄송합니다만 ….

- **I don't mean to cut you off, but ….**
  방해하고 싶지는 않습니다만 ….

> cut off : 방해하다

 **Formal**

Excuse me for interrupting.
끼어들어 죄송합니다.

플러스 표현 + +

- **May I interrupt?**
  끼어들어도 되겠습니까?

- **Please forgive me for interrupting.**
  끼어들어서 죄송합니다.

- **I'm sorry to interrupt you but may I add a word here?**
  끼어들어서 죄송합니다만 한 마디 해도 되겠습니까?

> 꼭 상대방이 대화중이 아니더라도 다른 일을 하고 있는 사람에게 말을 걸 때 '방해해서 죄송하지만 ~' 이라고 말하는 게 좋다.

- **Excuse me, but I'd just like to interject one thing[point / thought].**
  미안합니다, 한 마디 하고 싶습니다만 ….

Sorry for butting in.
끼어들어 미안해.

> butt in은 '참견하다'의 격의 없는 표현

플러스 표현 ++
- **Can I cut in?**
  좀 끼어들어도 돼?
  > cut in : 방해하다, 끼어들다

- **Guess what?**
  저 말이지.

- **Did you hear about ~?**
  저, ~에 관해 들었어?

- **How's this for a story?**
  저, 이런 이야기 어때?

- **You know what?**
  저 (알고 있니?)

통화 중에 끼어들 때

A **I'm sorry for interrupting your telephone conversation**, but there's something important I have to tell you.
B Please wait a moment.
A Someone just drove off with your car.
B Oh, oh ~!

A 통화 중에 죄송합니다만 중요한 일이에요.
B 잠깐만 기다려 주세요.
A 누가 당신 차를 타고 가버렸어요.
B 오, 안 돼!

129 돌려서 말할 때

: 말을 다시 바꿔서 하고자 할 때는 In other words, ~(바꿔서 말하면, ~) / To put it in simple terms, ~(간단히 말하면, ~) / Namely, ~(즉, ~) / That is to say, ~(바꿔서 말하면, ~) / So to speak, ~(말하자면, ~) 등을 활용하여 표현하며, 그 외에 For example, ~ / I mean, ~ 등으로도 나타낼 수 있습니다.

 **Standard**

In other words, ~.
바꿔서 말하면, ~.

플러스 표현 ++

- **Let's see if I can say it better.**
  더 쉽게 말해 볼게요.

- **To put it in simple terms, ~.**
  간단히 말하면, ~.
  > 또는 To put it simply ~라고도 한다.

- **Namely, ~.**
  즉, ~.

 **Formal**

That is to say, ~.
바꿔서 말하면, ~.

플러스 표현 ++

- **⋯ or rather ~.**
  ⋯라고 합니까, 아니, 오히려 ~.

- **That being so, ~.**
  이렇게 됩니다, ~.

- **In a manner of speaking, ~.**
  말하자면 어떤 의미에서는, ~.

- **Put another way, ~.**
  달리 말하면, ~.

Casual

I mean, ~.
내 말은, ~.

= What I mean is ~.

플러스 표현 ++

- **In plain language, ~.**
  쉽게 말하면, ~.

- **So to speak, ~.**
  말하자면, ~.

- **For example, ~.**
  예를 들면, ~.

회화 연습

말하고 있는 것을 잘 모른다고 할 때

A I don't quite understand what you mean.
B **Let's see if I can make it easier for you.**
A Please do.

A 말씀하시는 것을 잘 모르겠습니다.
B 저, 더 이해하기 쉽게 말할게요.
A 예, 그래 주세요.

130 화제를 바꿀 때

: 재미가 없거나 관심이 없는 얘기가 계속 될 경우 화제를 전환하고 싶은 생각이 들 것입니다. 이럴 때에는 Can we change the subject?(화제를 바꿀까?)라고 하고, 대화중에 갑자기 다른 이야기 거리가 생각났을 때는 That reminds me, ~(그래서 생각이 났는데, ~)라고 합니다. 다음에 나오는 화제를 바꿀 때의 표현을 부단히 연습하여 자연스럽게 사용할 수 있도록 훈련합시다.

Standard

By the way, ~.
그런데, ~.

플러스 표현 ++

- **Getting off the topic for the moment (here) ~.**
  화제에서 좀 벗어나지만 ~.

- **(Oh,) That reminds me, ~.**
  그래서 생각 났는데, ~.

- **(Oh,) While I (still) remember, ~.**
  잊기 전에 말하면, ~.

- **Now that you mention it, ~.**
  그렇게 말하니까, ~.

- **Not to change the subject, ~.**
  화제를 바꾸려는 게 아니고, ~.

Formal

Let me digress for a moment, ~.
말이 좀 벗어나지만, ~.

> digress : 통 ~에서 벗어나다

플러스 표현 ++

- **If we could move on now (to the main topic of our discussion).**
  (토론의 본제로) 들어가도 좋겠습니까?

- **I'd like to go back to something we discussed earlier.**
  앞서 말한 것으로 돌아가고 싶습니다.

- **Moving on to an entirely different matter, ~.**
  전혀 다른 문제로 옮겨도 좋으시다면, ~.

- **The next item on the agenda is ~.**
  다음 의제로 들어갑니다만 ~.

Casual

(Oh,) Before I forget, ~.

잊기 전에 말하자면, ~.

플러스 표현 ++
- **(Oh,) I know what I meant to say.**
  (아) 말하려 했던 게 생각났어.

- **Oh, yeah! I knew there was something I meant to tell you.**
  아, 참! 뭔가 할 말이 있었어.

- **Hey, I almost forgot!**
  이봐, 잊을 뻔 했어!

- **Can we change the subject?**
  화제를 바꿀까?

- **Anyway, ~.**
  어쨌든[그런데], ~.

- **You know something.**
  저.

- **Moving right along, ~.**
  이야기를 더 진행시키자면, ~.

회화 연습

대화중 화제를 바꿀 때

A I saw an interesting object at the antique shop yesterday. It was ~.
B **Speaking of interesting objects**, what is that thing in front of the building?

A 어제 골동품 가게에서 재미있는 것을 봤어요. 그것은 ~.
B 재미있는 것이라는 말이 나온 김에 그 빌딩 앞에 있는 저것은 뭡니까?

종합하고 요약할 때

: 대화를 나누다 보면 그 내용을 종합하거나 요약해야 하는 경우가 생깁니다. 요약하고자 할 때 쓰이는 가장 일반적인 표현은 In short, ~(요약하면~) / Briefly, ~(요약하면~) / In a word, ~(한 마디로 말씀드리면~)이고, 종합할 때는 To sum up, ~(종합하면~) / After all, ~(결국~) / So, ~(그러니까~) 등의 문형을 활용하여 표현합니다.

 Standard

In short, we can believe him.
요약하면 그는 신용할 수 있어요.

플러스 표현 ++

- **In other words, ~.**
  바꾸어 말하면, ~.

- **(So) Basically, ~.**
  (그러니까) 기본적으로는, ~.

- **What I'm trying to say is ~.**
  말하고자 하는 것은 ~.

 Formal

Based on our understanding of him, we can trust his character.
그에 관해서 알고 있는 것에 기초해서 말하면 그는 신용할 수 있는 사람입니다.

플러스 표현 ++

- **In a word, ~.**
  한 마디로 말씀드리면, ~.

- **Briefly, ~.**
  요약하면, ~.

- **To sum (it) up[To summarize], ~.**
  종합하면, ~.

 **Casual**

To put it in a nutshell, we can count on him.

한 마디로 말하면 그는 신용할 수 있어.

> in a nutshell : 아주 간결하게

플러스 표현 ++

- **The bottom line is ~.**
  결국 ~.

- **After all, ~.**
  결국, ~.

- **So, ~.**
  그러니까, ~.

 **회화 연습**

회의 내용에 대해 종합하여 말할 때

A What happened at the meeting?
B There was a lot of discussion, but **what it boiled down to was that we get no bonus this year.**
A Oh, no! It's the worst that could ever happen.

A 회의는 어떻게 됐습니까?
B 여러 가지 의논이 있었지만 결국 금년은 보너스가 없는 걸로 되었어요.
A 안 돼요! 최악의 일이 일어났군요.

> boil down to : 결국[결론적으로] ~이 되다
> It boils down to this.(요약하면 다음과 같이 됩니다.)

영어 발음에 대해 물을 때

: 영어 발음에 대해 물을 때는 How do you pronounce ~?(~은 어떻게 발음합니까?) / What is the pronunciation of ~?(~의 발음은 무엇입니까?)라고 하며, 좀 더 정중하게 물을 때는 Would you mind pronouncing ~? (~을 발음해 주시겠습니까?) / I wonder if you could possibly pronounce ~(~을 발음해 주시겠습니까?)라고 표현합니다.

Standard

How do you pronounce this word?
이 단어는 어떻게 발음해요?

플러스 표현 ++

- **Can you say this word for me?**
  이 단어를 발음해 줄래요?
  > 모르는 것을 알려달라고 할 때는 Can you say ~? / How do you say ~? / Can you tell me ~? 등으로 묻는다.

- **[koum] – is that the correct way to pronounce this word?**
  이 단어의 발음은 [koum]이 맞아요?

- **What is the pronunciation of this word?**
  이 단어의 발음은 무엇이에요?

- **I'm not sure how to say this word. Would you mind teaching me?**
  이 단어를 어떻게 발음하는지 모르겠어요. 가르쳐 주시겠어요?

Formal

Would you mind pronouncing this word?
이 단어를 발음해 주시겠습니까?

플러스 표현 ++

- **Would you be so kind as to pronounce this word?**
  이 단어를 발음해 주시겠습니까?

- **How, may I ask, is this word pronounced?**
  이 단어는 어떻게 발음되는지 물어도 되겠습니까?

- **I wonder if you could possibly pronounce this word for me?**
  이 단어를 발음해 주시지 않겠습니까?

 **Casual**

What does this word sound like?
이 단어는 어떻게 발음되니?

플러스 표현 ++
- **Do you say [koum] or [kamb]?**
  [koum]이야, [kamb]이야?

- **Can you tell me if I'm pronouncing this word correctly?**
  이 단어의 발음이 맞는지 가르쳐 줄래?

- **Is it [koum] or [kamb]?**
  이것은 [koum]이니 [kamb]이니?

- **How do you say this word?**
  이 단어는 어떻게 발음하지?

 회화 연습

'comb'의 발음을 물을 때

A **How is this word pronounced?**
B Let me see it. Oh, it's 'comb.' The b is silent.
A Thank you.

A 이 단어는 어떻게 발음됩니까?
B 어디 볼까요 …. 아, 'comb' 입니다. b는 묵음입니다.
A 감사합니다.

133 영어 철자를 물을 때

: 영어 철자를 물을 때는 How do you spell ~?(~은 어떻게 씁니까?) / What's the spelling of ~?(~의 스펠링은 무엇입니까?)라고 하며, Please spell ~(~을 써주세요) / May I ask how you spell ~?(~을 어떻게 쓰는지 여쭤 봐도 될까요?) 등으로 물으면 좀 더 정중한 표현이 됩니다.

 **Standard**

How do you spell his name?
그의 이름을 어떻게 써요?
> 일반적으로 영어 철자를 물을 때는 How do you spell ~?이라고 한다.

플러스 표현 ++
- **Do you spell Francis with an e or an i?**
  프란시스가 e입니까, i입니까?
- **Can you write the word for me?**
  그 단어를 써 주시겠어요?
- **Please spell the word for me.**
  그 단어를 써 주십시오.

 **Formal**

Could you please check if I spelled his name correctly?
그의 이름이 정확하게 쓰였는지 확인해 주시겠습니까?

플러스 표현 ++
- **Will you correct my paper for any spelling mistakes, please?**
  제 논문의 오자를 고쳐 주시겠습니까?
- **Is this word spelled the same in both British and American English?**
  이 단어는 영국 영어에서도 미국 영어에서도 같은 철자입니까?
- **May I ask how you spell the word?**
  그 단어를 어떻게 쓰는지 물어도 됩니까?
- **Could you write out the word for me, please?**
  그 단어를 써 주시겠습니까?

 **Casual**

Spell his name for me.
그의 이름을 써 줘.

플러스 표현 ++
- **Write it on the blackboard.**
  그것을 칠판에 써.

- **What's the spelling of his name?**
  그의 이름의 철자는 뭐지?

- **Tell me how to spell his name, please.**
  그의 이름을 어떻게 쓰는지 가르쳐 줘.

- **How does he write his name?**
  그의 이름은 어떻게 쓰지?

 회화 연습

사임즈 씨를 어떻게 쓰는지 물을 때

A Please address the envelope to Mr. Symes of ABC Company.
B Yes, sir. **Ah, can you spell Symes for me, sir?**
A Certainly, it's S-y-m-e-s. That's y, not i.

A 봉투에 ABC사의 사임즈 씨라고 써 주십시오.
B 예. 알았습니다. 저, 사임즈의 철자를 가르쳐 주십시오.
A 그러죠. S-y-m-e-s입니다. i가 아니고 y입니다.

영어의 의미에 대해 물을 때

: 영어의 의미에 대해 물을 때는 What does ~ mean?(~은 무슨 뜻입니까?) / What is the definition of ~?(~의 정의는 무엇입니까?) 등을 활용하여 표현하며, 간단하게 What's ~?(~은 무엇입니까?) / What's the meaning of ~?(~의 의미는 무엇입니까?)라고 묻기도 합니다.

What does 'elated' mean?
'elated'는 무슨 뜻이에요?

플러스 표현 ++

- **Does 'contaminated' mean 'polluted?'**
  'contaminated'의 의미는 'polluted'예요?

- **What other words are there for 'joy?'**
  'joy'라는 의미의 말로 다른 단어는 어떤 것이 있어요?

- **What is the opposite of 'futile?'**
  'futile'의 반대어는 무엇이에요?

- **I don't understand the meaning of 'hilarious.'**
  'hilarious'의 뜻을 모르겠어요.

What is the definition of 'elated?'
'elated'의 정의는 무엇입니까?

플러스 표현 ++

- **Please define 'astound' for me.**
  'astound'를 정의해 주십시오.

- **Is there a synonym for 'frigid?'**
  'frigid'의 동의어는 있습니까?
  > synonym ↔ antonym(반의어)

- **Could you tell me the word to describe 'to speak indistinctly?'**
  'to speak indistinctly'라는 의미를 나타내는 단어를 가르쳐 주시겠습니까?

Casual

What's 'elated?'
'elated'가 뭐니?

플러스 표현 ++
- **What's the meaning of this word?**
  이 단어는 무슨 의미지?

- **I don't know what this sentence means.**
  이 문장의 의미를 모르겠어.

- **Hilarious?**
  Hilarious가 뭐지?

의미를 알 수 없는 단어가 있을 때

A **What does 'to charge' mean?**
B **Well, it depends on how you want to use it. Can you give me an example?**

A 'to charge' 란 무슨 뜻입니까?
B 예, 어떻게 사용하느냐에 따라 의미가 달라지니까 몇 가지 예를 들어 주시겠습니까?

> depends on : ~에 달려 있다

135 용법을 물을 때

: 용법에 관해 물을 때는 Is my usage of ~ correct?(~의 용법은 바릅니까?) / I wonder if ~ is the correct expression(~이 맞는 표현인지 궁금합니다) / When can I use ~?(언제 ~을 쓸 수 있습니까?) / What's the right way to say ~?(~은 어떻게 바르게 발음합니까?) 등으로 표현합니다.

Can I say it like this?
이와 같이 말하면 돼요?

플러스 표현 ++

- **Is this word[sentence] correct?**
  이 단어[문장]는 바릅니까?

- **Is this the correct way to put it?**
  이런 어법이 맞아요?

- **Is my usage of ~ correct[O.K.]?**
  ~의 용법은 바릅니까[괜찮아요]?

- **Will you tell me which expression is correct?**
  어느 용법이 바른지 가르쳐 주시겠어요?

I wonder if this is the correct expression.
이것이 맞는 표현인지 궁금합니다.

> I wonder if ~ : ~인지 아닌지 궁금하다

플러스 표현 ++

- **I wrote 'to put it shortly.' Is that correct?**
  'to put it shortly'라고 썼는데 맞습니까?

- **May I ask if this expression is correct?**
  이 표현이 바른지 물어도 됩니까?

- **Am I incorrect[mistaken] to say 'ingrammatical?'**
  'ingrammatical'이라고 말하면 틀립니까?

 **Casual**

What's the right way to say this?
이것은 어떻게 바르게 발음하니?

플러스 표현 + +
- **Is it O.K. to say 'in the front of ~?'**
  'in the front of ~'라고 해도 돼?

- **When can I use this expression?**
  언제 이런 표현을 쓸 수 있지?

- **Tell me if this word is correct, okay?**
  저, 이 단어가 맞는지 가르쳐 줄래?

 **회화 연습**

단어의 용법을 물을 때

A **Can I say, the bird's mouth is sharp?**
B No, the correct word is beak. The bird's beak is sharp.

A 새 입은 뾰족하다고 할 수 있습니까?
B 아뇨, 맞는 말은 부리입니다. 새 부리는 뾰족하다고 합니다.

136 매너에 대해 물을 때

: 대화 시 필요한 매너 등에 대해 물을 때는 Would it be rude to say ~?(~라고 말하는 것은 실례입니까?) / Is it O.K. to ask ~?(~에게 부탁해도 될까요?) / Can I say it like ~?(~와 같이 말해도 될까요?) 등을 활용하여 표현합니다.

 **Standard**

Can I use this expression in a situation like this?
이런 경우에 이 표현을 쓸 수 있나요?

플러스 표현 ++

- **What should I say when I want to speak to a stranger?**
  초면인 사람에게 말을 걸 때는 어떻게 하면 좋습니까?

- **Would it be rude[too impolite / bad manners] to say 'Forget it' to your teacher?**
  선생님께 'Forget it'이라고 하는 것은 너무 실례인가요?

- **Is it acceptable to use 'hey' when you want to get your teacher's attention?**
  선생님의 주의를 끌려고 '헤이'라고 부르는 것은 괜찮아요[용인될 수 있어요]?

- **Would this be an inappropriate expression in this situation?**
  그것은 이러한 상황에는 부적절한 표현인가요?

 **Formal**

May I use this expression in this kind of situation?
이런 경우에 이 표현을 쓸 수 있습니까?

> 다소 예의를 갖추어 말하려면 Can I ~?보다 May I ~?가 훨씬 더 공손한 뉘앙스를 풍긴다. 또한 조동사의 과거형을 이용하면 한층 공손한 표현이 된다.

플러스 표현 ++

- **When is it appropriate to say, 'I appreciate your offer.'?**
  'I appreciate your offer.'라는 표현은 언제 말하는 것이 적절합니까?

- **Is it fitting for him to say such a thing?**
  그가 이런 말을 하는 것은 적당합니까?

- **Is it proper to say, 'Don't mention it' to your boss?**
  사장님께 'Don't mention it'이라는 표현을 써도 좋습니까?

Can I say it like this here?
여기서 이와 같이 말해도 되니?

플러스 표현 ++
- **Am I out of line to say something like this?**
  이런 걸 말하는 것은 틀렸니?
  > out of line : 틀린, 일치되지 않은

- **Is it O.K. to ask him now?**
  그에게 지금 부탁해도 되니?

- **Are you sure I can tell him this?**
  정말 그에게 이것을 말해도 되니?

식사 매너에 관해 물을 때

A **When I am invited to a dinner, is it all right to ask for a second serving?**
B **If it's an in Formal dinner or a family gathering, yes. I think the hostess would be flattered.**

A 저녁 식사에 초대되었을 때 같은 음식을 더 청해도 됩니까?
B 비공식적인 식사나 가족 모임에서는 좋아요. 여주인을 기쁘게 하니까요.

전화할 때

: 전화는 현대인의 일상생활에서 없어서는 안 될 중요한 커뮤니케이션의 도구로서 기본적인 표현은 알아둘 필요가 있습니다. 전화 영어에는 정해진 패턴이 많습니다. 여기에서는 여러 가지 상황을 고려하면서 대표적인 것만을 예로 들었습니다. 대개 일반적표현, 정중한표현 어느 쪽으로도 사용할 수 있는 표현이 많으므로 특별히 표기하지 않고 친근한 표현만을 따로 나타냈습니다.

|1| 전화를 걸 때

- **Hello, is that Oxford 1021?**
  여보세요, 옥스퍼드 1021번지입니까? 〈Yes라는 응답이 있은 뒤〉

- **Can I speak to Mr. Roberts?**
  로버트 씨 계십니까?
  = Is Mr. Roberts there? / Is Mr. Roberts available?
  > 전화번호로 상대방을 확인한다. 자신이 먼저 이름을 밝히지 않아도 좋다.

- **Hello, my name is John Smith. I'd like to speak to Mr. Gim.**
  여보세요. 존 스미스라고 합니다. 김 선생님과 통화하고 싶습니다.
  > 전화를 걸어 무작정 '~를 바꿔주세요.'라고 말하는 것은 예의에 어긋난다. 먼저 자신이 누구인지 밝히고 바꿔달라고 요청하자.

- **Hello, this is John Smith of ABC Company (calling). May I speak to Mr. Gim in the Personnel Department?**
  여보세요, 저는 ABC 회사의 존 스미스라고 합니다. 인사부의 김 선생님 계십니까?
  > 전화상에서는 자기를 밝힐 때 I am John.이라고 하지 않는다. 항상 This is ~.라고 한다는 것을 기억하자.

- **Hello, my name is Jim Brown. May I speak to Mr. Johnson? Please tell him we met at the conference last week.**
  여보세요, 저는 짐 브라운이라고 합니다만 존슨 씨 계십니까? 지난 주 회의에서 만났었다고 전해 주세요.
  > May I ~?로 물으면 상당히 예의바른 표현이 된다.

- **Hello, this is Jim Brown. Extension 123, please.**
  여보세요, 짐 브라운이라고 합니다. 내선 123번을 부탁합니다.

- **Hello. Am I speaking to Joe?[Is this the home of Mr. Stroud?]**
  여보세요, 조 입니까?[스트라우드 씨 댁입니까?]

- **Hi, this is Jack. Is Susan around[there]?**
  여보세요, 잭인데 수잔 있습니까?

- **Hello, can I speak to Susan? This is Jack.**
  여보세요, 수잔 있습니까? 잭이에요.

|2| 전화를 받을 때

- **ABC Company, how can I direct your call?**
  ABC 회사입니다. 어디로 돌려 드릴까요?

- **ABC Company, may I help you?**
  ABC 회사입니다. 무엇을 도와드릴까요?

- **Hello, the Lee residence. Who's calling?**
  여보세요. 이입니다. 누구십니까?
  > 이럴 때 대답은 This is ~ 혹은 My name is ~로 하고 I am ~은 쓰지 않는다.

- **This is Jim speaking.**
  짐입니다.
  = Speaking.

- **I'll get it.**
  〈전화가 와서〉 제가 받을게요.
  > '그녀를 바꿀까요?'는 Shall I put her on?이라고 한다. change라고 하지 않도록 주의

- **Who is this?**
  누구십니까?
  > 전화상으로는 무뚝뚝하게 들릴 수도 있다.

- **What's on your mind?**
  어쩐 일이십니까?
  > 용무나 용건을 나타내는 표현으로 What can I do for you? / May I help you? 등이 있다. 그러나 전화의 유무를 확인하고 난 다음에 이유나 목적을 묻는 표현은 What is he calling for?(왜 전화했다고 합니까?)라고 한다.

|3| 전화 용건을 말할 때

- **I'd like some information about the product I saw advertised in The Times.**
  타임스 광고에서 본 제품에 관해 알고 싶어서 그러는데요.

- **I'm calling to inquire about the new program you are offering.**
  당신들이 제공하는 새 프로그램에 관해 알고 싶어서 전화했습니다.

- **Hello, I'd like to know the (telephone) number of Mr. Dongwoo Choi, who lives at 123, Shinsul-dong, Tongdaemoon-gu.**
  여보세요. 최동우 씨의 전화번호를 알고 싶은데요. 주소는 동대문구 신설동 123번지입니다.

- **Hello, can you tell me how to send a telegram?**
  여보세요. 전보는 어떻게 치면 됩니까?

- **Hello, I'd like to make an overseas collect call to Korea.**
  여보세요. 한국으로 수신자 부담 국제전화를 걸고 싶습니다.

* *Tip*   다음의 표현도 외워 두면 편리하다.

person-to-person call 지명통화   station-to-station call 번호통화
collect call 수신자 부담 전화   long distance call 장거리 전화

|4| 기다려 달라고 말할 때

- **One moment, please. I'll transfer your call to her office.**
  잠깐만 기다려 주십시오. 그녀의 사무실에 연결하겠습니다.

- **Thank you for holding. Your call is being connected now.**
  기다려 주십시오. 연결시켜 드리겠습니다.

  > 위의 두 예문은 전화교환원(telephone operator)이 사용하는 표현

- **Hello, this is Mr. Gim. Sorry to have kept you waiting so long.**
  여보세요. 김입니다. 기다리게 해서 죄송합니다.

- **Hello, (this is Mr. Gim), thank you for holding the line[waiting].**
  여보세요. (김입니다.) 기다려 주셔서 감사합니다.

- **Please continue to hold the line.**
  조금만 더 기다려 주세요.

- **O.K., I'll put you through to the sales department.**
  예, 영업부에 연결하겠습니다.

  > put ~ through … : ~를 …에 연결하다

- **Hold on[Hold the line].**
  잠깐 기다리세요.

  > hold on : 전화를 끊지 않고 기다리다

- **Just a second.**
  잠깐 기다리세요.

> second는 줄여서 sec이라고도 한다.

|5| 전화를 받을 수 없을 때

- **I'm sorry, Mr. Gim is not in at the moment. May I take a message?**
  죄송하지만 지금 안 계십니다. 전언이 있습니까?
  > He isn't here now. Would you like to leave a message?라고도 한다.

- **Mr. Gim will not be in until this afternoon (today). Would you like (for) him to return your call when he gets in?**
  김 선생님은 (오늘) 오후까지는 돌아오지 않습니다. 돌아오면 전화드리라고 할까요?
  > Would you like him to call you when he gets in?이라고도 할 수 있다. 간단히 Would you call back later?(다시 전화해 주시겠어요?)라고 해도 된다. 또한 '돌아오면 제가 전화하라고 전할까요?'라고 하려면 Shall I tell him to call you back when he returns?라고 하면 된다.

- **Mr. Gim is in a (very important) meeting and will not be available until at least 3:00 this afternoon.**
  김 선생님은 지금 (아주 중요한) 회의 중입니다. 빨라도 오후 3시경까지는 불가능할 것 같습니다.
  > '손님 접대중입니다.'는 I'm sorry, he has a guest now.라고 한다.

- **Mr. Gim is on another line right now. I'll put you on hold.**
  김 선생님은 지금 다른 전화를 받고 있습니다. 잠깐만 기다리세요.
  > '잠깐만 기다리세요.'는 이외에도 Please hold for a few minutes. 또는 Please hold the line. (I'll put you on.) / Hold on a second. 등이 있다.

- **I'm sorry, (you just missed him). Mr. Gim has just left the office (and will not return until tomorrow).**
  죄송합니다만 김 선생님은 방금 퇴근했습니다. (내일까지 돌아오지 않습니다.)

- **Mr. Gim is on vacation[a business trip]. He'll be back next week. (He won't be back for another two weeks.)**
  김 선생님은 휴가 중[출장 중]입니다. 다음 주에 돌아올 것입니다. (앞으로 2주일 동안 돌아오지 않습니다.)
  > '죄송하지만 오늘은 휴무입니다.'는 Sorry, he is off today.라고 한다.

- **Mr. Gim has been transferred to our Busan office.**
  김 선생님은 부산 지사에 전근됐습니다.

- **Gim has been transferred to the Planning Department.**
  김 선생님은 기획부로 전근됐습니다.

|6| 전화를 받을 수 없다고 할 때의 응답

다음 문장은 「|5| 전화를 받을 수 없을 때」의 각각의 표현에 대한 응답

- **Oh, then please tell him that John Smith of ABC Company called about the new product and would like to speak to him as soon as possible.**
  예, 그럼 ABC사의 존 스미스가 신제품 일로 급히 통화하고 싶다고 전해 주십시오.

- **Yes, please tell him to call me at 123-4567, at his convenience.**
  예, 그럼 형편이 좋을 때 123-4567로 전화 달라고 전해 주세요.

- **Then I will call him again after 3:00.**
  그러면 3시 이후에 다시 전화하겠습니다.

- **Yes, I'll wait.**
  예, 기다리겠습니다.

* Tip 전화가 오기로 되어 있는데 받을 수 없는 경우
  I'm expecting a call from George. When he calls, please ask him to call back tomorrow morning.
  조지에게서 전화가 오기로 되어 있는데 걸려오면 내일 아침에 다시 걸어 달라고 전해 주세요.
  If George calls, would you tell him to call me at home after 8:00 tonight?
  조지에게서 전화 오면 오늘밤 8시 이후에 집으로 전화해 달라고 전해 주시겠습니까?

  또, 전화가 왔다는 것을 전달할 때에는 다음과 같이 말하면 된다.
  Someone named Mr. Stroud phoned this morning. He's at his office today. You can get in touch with him there.
  오늘 아침에 스트라우드라는 사람에게서 전화가 왔습니다. 오늘은 사무실에 계신다고 합니다. 거기로 연락하시면 됩니다.

|7| 전화 메시지를 남기거나 부탁할 때

- **May I have his home phone number? This is an emergency.**
  집 전화번호를 가르쳐 주시겠습니까? 급합니다.
  > '급합니다. 어떻게 하면 그와 연락할 수 있습니까?' 라고 할 때에는 Do you know where I can reach him? It's a really urgent matter.나 Where can he be reached? It's a really urgent matter.라고 하면 된다. 또한 다음과 같이 물어보는 것도 좋을 것이다. Does he have a cellular[mobile / flip] phone I can call?

- **Is there a number that I can reach him at? Is there some way to reach[get in touch with] him?**
  휴가지[출장지]의 전화번호를 아십니까[연락을 취할 방법은 없습니까]?

- **May I have his new telephone number?**

그의 새 전화번호를 가르쳐 주시겠습니까?

- **Can you connect[transfer] this call to his new office?**
  그의 새 사무실로 전화를 돌려주시겠습니까?

- **I'd like to leave a message for Mr. Brown in Room 205.**
  205호실에 계신 브라운 씨에게 전언을 남기고 싶습니다.

> leave a message : 메모를 남기다. 여기서 leave는 '떠나다'가 아니라 '~을 남기다'라는 뜻이다. 반대로 메모를 받아 적는 사람은 take a message이다.

- **I believe a Mr. Jim Brown is staying at your hotel. I'd like to leave a message.**
  그쪽 호텔에 짐 브라운 씨라는 분이 체재하고 있다고 알고 있습니다. 그분에게 전언을 전해 주시겠습니까?

|8| 상대방의 전화 목소리가 잘 들리지 않을 때

- **I'm sorry, I can't hear you very well.**
  실례지만 잘 들리지 않습니다.

> 이 경우 흔히 '어디에서 전화하고 있죠?'라고 하는데, 영어로는 Where are you calling from?이라고 하면 좋다. '더 크게 말해 주세요.'는 Would you speak a little louder?

- **We must have a bad connection.**
  연결 상태가 좋지 않군요.

- **Could you repeat that again[Would you mind repeating that again]?**
  다시 한 번 말해 주시겠습니까?

- **Can you spell the name for me, please?**
  이름의 철자를 말해 주세요.

- **Please speak more slowly. I can't understand English very well.**
  좀 더 천천히 말해 주십시오. 영어는 잘 하지 못해요.
= Can you speak a little slower, please? English isn't my native language.

- **Excuse me, is there someone there who can speak Korean?**
  죄송하지만 그쪽에 누구 한국어를 하시는 분은 안 계십니까?

- **I'm sorry. I'd like to call back when someone can interpret for me.**
  미안하지만 누구 통역해 줄 사람을 찾아서 다시 전화하겠습니다.

> I'd like to talk to[with] someone who can ~.이라고도 한다.

- **Operator, I think I've been disconnected.**

미안합니다. 전화가 끊긴 것 같습니다.
> ~ I've been cut off.도 같은 말

|9| 잘못 전화를 걸었다고 말할 때

- **I'm sorry, you must have the wrong number.**
  미안하지만 번호가 틀립니다.

- **I'm afraid there is no one here by that name.**
  미안하지만 여기에 그런 이름을 가진 분은 안 계십니다.

- **Excuse me, but what number are you calling?**
  미안하지만 어디에 걸었습니까?
  > Who are you trying to call? 또는 Whose residence are you trying to call?이라고도 한다. 또한 '조지라는 분은 없습니다.'라고 할 때에는 There's no George here.라고 한다.

|10| 전화를 다시 걸었을 때

- **Hello, this is Mr. Gim. My secretary tells me you called this morning.**
  여보세요. 김이라고 합니다. 아침에 전화하셨다고 비서에게서 들었습니다.

- **Hello, this is Mr. Smith and I'm returning Mr. Gim's call.**
  여보세요. 스미스라고 합니다만 김 선생님께 전화가 왔었다고 해서요.

- **Hello, I got your message on my answering machine[fax].**
  여보세요. 자동응답전화[팩스]로 전언을 받았습니다.

- **Hi, my mom said you called last night.**
  여보세요. 어머니가 그러시는데 어젯밤에 전화했었다고요.

- **I heard you called this morning.**
  오늘 아침에 전화했다고 들었어요.

|11| 전화통화를 끝낼 때

- **Thank you for calling[Thanks for calling].**
  전화 감사했습니다.

- **I'm sorry, I must go now. My meeting is going to start in five minutes.**

미안하지만 이제 끊습니다. 5분 뒤에 회의가 시작됩니다.

- **Excuse me, there's a call on another line. May I get back to you (later)?**
  미안하지만 다른 전화가 걸려 와서 (나중에) 다시 전화해도 되겠습니까?

- **Oh, I'm out of coins[my telephone card is (all used) up]. I'll call again later.**
  아, 동전이 다 떨어졌어요[전화 카드를 다 썼어요]. 나중에 다시 전화할게요.

- **My bus[train] has come. Gotta go. I'll talk to you later.**
  버스[열차]가 왔어요. 가야 해요. 나중에 통화해요.
  > gotta = (have[has]) got to

- **I have to get off now; someone's waiting to use the phone.**
  이제 끊어야 해요. 다음 사람이 기다리고 있어요.
  > get off : 전화를 끊다(= hang up)

- **I've got to hang up now.**
  그럼 끊습니다.

- **I'd better go[I'd better let you go].**
  끊을게요.

- **It's been good talking to you.**
  통화해서 즐거웠어요.

- **(Let's) Keep in touch.**
  연락하세요.
  > keep in touch : 연락을 지속하다
  > Give me a call.(전화하세요.) / Drop me a line.(연락해 줘.) 등도 유사한 표현이다.

회화잡는 스피킹 영어표현 400+α

부록

스피킹 영어표현 리스트

PART 01
만남부터 헤어질 때까지의 모든 표현

001 대화를 시작할 때

S
- A **Hi! How are you?**
  안녕하세요. 어떻게 지내요?
- B **Good, thanks.**
  좋아요, 고마워요.

F
- A **Hello. How are you?**
  안녕하세요. 어떻게 지내십니까?
- B **Fine, thank you.**
  좋습니다. 감사합니다.

C
- A **Hi! How's it going?**
  안녕! 어떻게 지내?
- B **Not bad.**
  나쁘지 않아.

002 사람을 부를 때
- S **Excuse me.**
  실례해요.[안녕하세요?]
- F **Excuse me, please.**
  실례하겠습니다.
- C **Excuse me for a sec.**
  잠깐 실례할게.

003 서로 인사할 때
- S **Hi!**
  안녕하세요!
- F **Good morning, Mrs. Choi.**
  안녕하세요, 최 선생님.
- C **Hi, there!**
  안녕!

004 근황과 소식을 물을 때
- S **How are you?**
  잘 지내죠?
- F **I trust that all is going well with you.**
  모든 일이 다 잘 되고 있을 거라고 믿습니다.
- C **What's new?** (↘)
  별 일 없니?

005 근황을 물을 때의 대답
- S **I'm great, thank you.**
  잘 지내요, 고마워요.
- F **I'm very good, thank you.**
  아주 좋습니다. 고맙습니다.
- C **Great, thanks.**
  좋아, 고마워.

006 상황에 따른 인사를 할 때

1 크리스마스 인사
- S **Have a Merry Christmas.**
  즐거운 크리스마스 보내요.
- F **I'd like you a very Merry Christmas.**
  즐거운 크리스마스 보내세요.
- C **Merry Christmas!**
  메리 크리스마스!

2 '메리 크리스마스'라는 인사에 대한 응답
- S **Thank you, and the same to you.**
  고마워요. 당신도요.
- F **Thank you, and may you also have a happy holiday.**
  고맙습니다. 당신도 즐거운 휴가 보내세요.
- C **Thanks, you too!**
  고마워, 너도!

007 자기소개를 할 때
- S **Hello. My name is Jin-ho Gim.**
  안녕하세요. 제 이름은 김진호예요.
- F **How do you do? My name is Jin-ho Gim.**
  안녕하세요? 제 이름은 김진호입니다.
- C **Hi! I'm Jin-ho.**
  안녕! 나는 진호야.

008 다른 사람을 소개할 때
- S **This is Bill Smith.**
  이쪽은 빌 스미스예요.
- F **I'd like to introduce William Smith, our Hong Kong marketing chief.**
  홍콩 마케팅 부장인 윌리엄 스미스 씨를 소개하고 싶습니다.
- C **Mary, meet Bill.**
  메리, 빌과 인사 나눠.

009 소개를 받았을 때의 인사
- S **How do you do?**
  처음 뵐게요.
- F **I'm very pleased to meet you.**

뵙게 되어 매우 기쁩니다.
- C **The pleasure is mine.**
  내가 오히려 반가워.

010 초대할 때
- S **Please attend our company's year-end party.**
  우리 회사의 송년파티에 참석해 주세요.
- F **We would like to extend (to you) an invitation to our company's year-end party.**
  우리 회사에서 하는 송년파티에 초대하고 싶습니다.
- C **Come to our company's year-end party.**
  우리 회사의 송년파티에 와.

011 초대를 수락할 때
- S **That sounds wonderful.**
  그거 아주 좋은데요.
- F **I would be absolutely delighted to attend.**
  기꺼이 참석하겠습니다.
- C **That would be great!**
  멋지군! / 좋아!

012 초대를 거절할 때
- S **I'm afraid I have plans for that evening.**
  유감이지만 그날 저녁에 일이 있어요.
- F **That's very kind of you, but I have a previous engagement.**
  친절에 감사합니다. 그런데 선약이 있습니다.
- C **Sorry, but I can't.**
  미안하지만 갈 수 없어.

013 건배를 제안할 때
- S **Here's to your prosperity!**
  성공을 위하여!
- F **I propose a toast to your prosperity.**
  당신의 성공을 위해 건배를 제안합니다.
- C **Cheers!**
  건배!

014 축하 인사를 할 때
- S **Congratulations!**
  축하해요!
- F **My heartfelt congratulations.**
  진심으로 축하합니다.
- C **That's great!**
  잘 됐구나!

015 선물할 때
- S **Here's something for you.**
  여기 선물이에요.
- F **Please accept this gift.**
  이 선물을 받아주십시오.
- C **This is for you.**
  너를 위한 거야.

016 잠깐 자리를 비울 때
- S **Excuse me, I'll be back soon.**
  실례해요. 곧 돌아올게요.
- F **May I please be excused?**
  실례해도 되겠습니까?
- C **I'll be back in a second.**
  곧 돌아올게.

017 집으로 돌아가려고 할 때
- S **Well, I think I better be going now.**
  자, 이제 가봐야겠네요.
- F **Well, you must excuse me as I have to be going.**
  그럼, 제가 가봐야 해서 실례하겠습니다.
- C **Well, I've got to be on my way.**
  그럼, 이제 가봐야겠어.

018 만난 후 서로 헤어질 때
- S **Good bye (for now).**
  안녕.
- F **I hope to see you again very soon. Good-bye!**
  곧 다시 만나길 바랍니다. 안녕히 계세요!
- C **Bye!**
  안녕!

PART 02
생각을 적나라하게 나타내는 표현

019 긍정적 예정을 나타낼 때
- S **I'm going to the movies this afternoon.**
  저는 오늘 오후에 영화를 보러 갈 거예요.
- F **I plan to go to the movies this afternoon.**
  저는 오늘 오후에 영화를 보러 갈 계획입니다.
- C **I'm gonna go to the movies this afternoon.**

나는 오늘 오후에 영화 보러 갈 거야.

020 부정적 예정을 나타낼 때

- s **I'm not going to buy lunch today.**
  저는 오늘 점심을 사먹지 않을 거예요.
- F **I don't intend to buy lunch today.**
  저는 오늘 점심을 사먹을 생각이 없습니다.
- c **I'm not gonna buy lunch today.**
  나는 오늘 점심을 사먹지 않을 거야.

021 당위성을 말할 때

- s **I must attend tomorrow's meeting.**
  저는 내일 회의에 반드시 참석해야 해요.
- F **It is imperative for me to attend tomorrow's meeting.**
  저는 내일 회의에 참석하지 않으면 안 됩니다.
- c **I've got to attend tomorrow's meeting.**
  나는 내일 회의에 참석해야 해.

022 가능을 나타낼 때

- s **She can speak several languages fluently.**
  그녀는 수개 국어를 자유롭게 말할 수 있어요.
- F **She is able to speak several languages fluently.**
  그녀는 수개 국어를 자유롭게 말할 수 있습니다.
- c **She can speak several languages fluently.**
  그녀는 수개 국어를 자유롭게 말할 수 있어.

023 불가능을 나타낼 때

- s **I can't finish the job.**
  일을 끝낼 수 없어요.
- F **I'm incapable of accomplishing the task.**
  저는 그 일을 완성할 수 없습니다.
- c **I just don't know how I'll get the job done.**
  나는 그 일을 어떻게 끝낼지 모르겠어.

024 이유 · 변명을 말할 때

- s **Let me tell you why I was late.**
  왜 늦었는지 설명하겠어요.
- F **Please allow me to explain the reason for the delay.**
  늦은 이유를 설명하겠습니다.
- c **Well, sorry I was late, but I had no choice.**
  저, 늦어서 미안해. 어쩔 수 없었어.

025 희망 · 기대를 말할 때

1 ~할 작정이다

- s **I hope to go to Seoul National University.**
  저는 서울대학교에 가고 싶어요.
- F **I wish to attend Seoul National University.**
  저는 서울대학교에 가면 좋겠습니다.
- c **I hope I'll get into Seoul National University.**
  나는 서울대학교에 들어가기를 바라.

2 ~하고 싶다

- s **I want to eat out tonight.**
  저는 오늘밤 외식하고 싶어요.
- F **I'd like to eat out tonight, if you don't mind.**
  괜찮다면 오늘밤 외식하고 싶습니다.
- c **I wanna eat out tonight.**
  나는 오늘밤 외식하고 싶어.

026 기대 · 기다림을 말할 때

- s **I'm looking forward to seeing you.**
  당신을 만나길 기대하고 있어요.
- F **I'm anticipating seeing you.**
  당신과 만날 수 있기를 기대하고 있습니다.
- c **Lookin' forward to seein' you.**
  너를 만나길 기대하고 있어.

027 만족함을 표현할 때

- s **I'm happy about your work.**
  당신의 일에 만족해요.
- F **I believe his work was quite satisfactory.**
  그의 일은 아주 만족스러웠다고 믿습니다.
- c **Good job!**
  잘했어!

028 불만을 표현할 때

- s **We don't think his plans are very good.**
  그의 계획은 좋지 않은 것 같아요.
- F **We cannot give our approval to his plans.**
  그의 계획을 승인할 수 없습니다.

C **His plans are full of holes.**
그의 계획은 결점뿐이야.

029 예상을 말할 때

S **I think it's going to rain.**
비가 내릴 것 같아요.

F **I think there is every possibility that it will rain.**
비가 틀림없이 내릴 거라 생각합니다.

C **Something tells me it's gonna rain.**
비가 내릴 것 같아.

030 확신을 말할 때

S **I'm sure (that) the letter will arrive next week.**
다음 주에 편지가 올 거라고 확신해요.

F **There is no doubt in my mind that the letter will arrive next week.**
다음 주에 편지가 올 것을 의심할 여지가 없습니다.

C **I'm positive the letter will come next week.**
나는 다음 주에 편지가 올 거라는 것을 확신해.

031 의심하거나 무리인 것을 말할 때

S **It's unlikely classes will be cancelled, even if it snows.**
눈이 오더라도 수업이 취소될 수 없어요.

F **It's very doubtful classes will be cancelled, even in the unlikely event that it snows.**
눈이 안 올것 같지만 수업이 취소될지 확실하지 않습니다.

C **There's no way classes will be cancelled, even if it snows.**
눈이 오더라도 수업은 취소되지 않을 거야.

032 어떤 것이 중요하다고 말할 때

S **It's very important for him to be at the meeting today.**
오늘 회의에 출석하는 것이 그에게 아주 중요해요.

F **It is of the utmost importance that he be at the meeting today.**
오늘 회의에 출석하는 것은 매우 중요합니다.

C **Being at the meeting means a lot to him.**
회의에 출석하는 것은 그에게 많은 의미가 있어.

033 중요하지 않거나 관계없다고 말할 때

S **I don't think that's important.**
그것은 중요하다고 생각하지 않아요.

F **I believe we can put that aside.**
그것은 무시해도 상관없다고 생각합니다.

C **It doesn't matter, I guess.**
문제없다고 생각해.

034 서로 비교해서 말할 때

S **I think it's safer to take the train than a taxi.**
택시보다 기차를 타는 게 더 안전할 거 같아요.

F **I would say it is safer to take the train than a taxi.**
택시 보다 기차를 타는 게 더 안전합니다.

C **The train's safer than a taxi, no doubt.**
의심할 바 없이, 기차는 택시보다 안전해.

PART 03
기분을 화끈하게 나타내는 표현

035 즐거움을 표현할 때

S **I'm having a great time.**
아주 즐거워요.

F **I'd like to inform you that I'm having a marvelous time.**
정말 즐겁습니다.

C **This is fun.**
즐거워.

036 기쁨을 표현할 때

S **I'm so glad that you got into the company of your choice.**
원하던 직장에 취직했다니 아주 기뻐요.

F **I'm delighted to hear that you got into the company of your choice.**
원하던 직장에 취직했다는 소식을 들으니 기쁩니다.

C **Hey, it's great you got into the company you wanted.**
어, 네가 원하던 회사에 들어가게 되어 기뻐.

037 흥분을 감출 수 없을 때

S **It's very exciting.**
아주 재미있어요.

F **It's absolutely exhilarating.**
아주 흥분됩니다.

C **Wow!**

와우!

038 놀람을 표현할 때

S That's very surprising.
놀라워요.

F That comes as quite a surprise.
그거 아주 놀랍습니다.

C Well, I'll be darned.
놀랐어.

039 화가 많이 났을 때

S I'm very angry about what he said.
그가 말한 것에 아주 화가 나요.

F I find what he said to be totally annoying.
그가 말한 것이 정말 화나게 합니다.

C I'm ticked off about what he said.
그가 말한 것에 화가 났어.

040 지루함을 표현할 때

S This is (a little) boring.
(좀) 지루해요.

F I find this (to be) rather boring.
이건 다소 지루하다고 생각합니다.

C How dull!
지루해!

041 실망감을 표현할 때

S I'm disappointed.
실망했어요.

F I'm not happy that things didn't turn out as I had expected.
기대했던 것만큼 되지 않아서 유감입니다.

C How disappointing!
실망이야!

042 걱정스러울 때

S I'm worried about communicating in a foreign language.
외국어로 의사소통하는 게 걱정이에요.

F I'm rather concerned about communicating in a foreign language.
외국어로 의사소통 하는 게 매우 불안합니다.

C I'm worried to death about communicating in a foreign language.
외국어로 의사소통 하는 게 걱정이야.

043 괴로움을 표현할 때

S It bothers me that today's youth aren't familiar with classic literature.
요즘 젊은이들은 고전문학을 잘 모른다는 것이 걱정이에요.

F To a certain extent, I'm troubled by the fact that today's youth is not familiar with classic literature.
다소, 저는 요즘 젊은이들이 고전문학을 잘 모른다는 것이 걱정입니다.

C It bugs me that today's youth aren't familiar with classic literature.
요즘 젊은이들이 고전문학을 잘 모른다는 것이 나를 괴롭혀.

044 누군가를 동정할 때

S I'm sorry to hear that.
그거 안됐어요.

F I'm deeply sorry to hear that.
그거 정말 안됐습니다.

C How sad!
슬퍼!

045 문상을 갔을 때

S I'm so sorry that your father passed away.
아버님이 돌아가셨다니 정말 안됐어요.

F I'm most distressed about your father's death.
아버님께서 돌아가셨다니 깊은 애도의 뜻을 표합니다.

C It was such a pity that your father died.
부친께서 돌아가셔서 정말 안됐어.

046 친구를 격려할 때

S You will do fine!
잘 될 거예요!

F I'm standing behind you.
진심으로 지지[응원]합니다.

C Go on, you can do it!
그래, 틀림없이 할 수 있어!

047 누군가를 위로할 때

S Please don't worry.
걱정하지 말아요.

F Be assured you have nothing to fear.
두려워 할 거 없습니다.

C You'll do fine.
괜찮아.

048 안도와 안심이 될 때

- S **That's a relief!**
  살았어요!

- F **I'm relieved that we didn't lose the contract.**
  계약 기회를 잃지 않아서 안심했습니다.

- C **Whew!**
  살았다!

049 누군가를 칭찬할 때

- S **The Hanbok is very becoming on you!**
  한복이 아주 잘 어울리는군요.

- F **You are to be complimented on your choice of Hanbok.**
  한복을 선택한 데 대해 찬사를 드립니다.

- C **Fantastic Hanbok!**
  멋진 한복이구나!

050 칭찬에 대해 응답할 때

- S **Thank you.**
  감사합니다.

- F **I thank you very much.**
  정말 감사드립니다.

- C **Thanks.**
  고마워.

051 감사하다는 표현을 할 때

- S **Thank you.**
  감사해요.

- F **I'm much obliged.**
  정말 감사합니다.

- C **Thanks.**
  고마워.

052 감사의 인사에 응답할 때

- S **You're welcome.**
  별말씀을요.

- F **It was my pleasure.**
  제가 좋아서 한 일입니다.

- C **It's O.K.**
  괜찮아.

053 사과할 때

- S **I'm sorry.**
  미안해요.

- F **Please forgive me (for ~).**
  용서해 주십시오.

- C **Sorry.**
  미안해.

054 사과에 대해 응답할 때

- S **That's all right.**
  괜찮아요.

- F **Apology is quite unnecessary.**
  사과할 필요 없습니다.

- C **Forget it.**
  괜찮아.

PART 04
묻고 답하기에 관한 100% 표현

055 길을 물을 때

- S **Please tell me the way to the station.**
  역에 어떻게 가면 되는지 가르쳐 주세요.

- F **Excuse me. I wonder if you could tell me the way to the station, please?**
  실례합니다. 역에 가는 법을 가르쳐 주시겠습니까?

- C **Where is the station, please?**
  역은 어디야?

056 이름을 물어볼 때

- S **What's your name?**
  이름이 뭐예요?

- F **Would you mind telling me your name?**
  이름을 가르쳐 주시겠습니까?

- C **Tell me your name.**
  이름을 말해줘.

057 시간이 되는지를 물어볼 때

- S **Are you free next Saturday by any chance?**
  혹시 다음 토요일에 시간 있어요?

- F **I hope you don't mind my asking, but are you free next Saturday?**
  물어도 된다면, 다음 토요일에 시간 있습니까?

- C **You're free next Saturday, aren't you?**
  다음 토요일에 시간 있어?

058 잘 알아듣지 못했을 때

- S **Sorry? What did you say?**
  실례지만 뭐라고 했어요?

- F **Excuse me, please.**
  실례지만 한 번 더 말씀해 주세요.

- C **Once again, please.**
  다시 말해 줘.

059 건강·상태를 물을 때
- S **How do you feel, Miss Turner?**
  터너 양, 기분이 어때요?
- F **May I ask how you are feeling, Miss Turner?**
  기분이 어떤지 물어봐도 되겠습니까, 터너 양?
- C **You all right, Miss Turner?**
  터너 양, 괜찮죠?

060 알고 있는지를 물을 때
- S **Do you know when Mr. Johnson arrives?**
  존슨 씨가 언제 도착하는지 아세요?
- F **I wonder if you could tell me when Mr. Johnson is scheduled to arrive?**
  존슨 씨가 언제 도착할 예정인지 말해 줄 수 있습니까?
- C **Do you have any idea when Mr. Johnson will get here?**
  존슨 씨가 언제 여기에 도착하는지 아니?

061 알고 있다고 대답할 때
- S **Yes, I'll find that out, thanks.**
  예, 알고 있어요. 고마워요.
- F **So I've been told. But thank you for reminding me about it.**
  들었습니다만, 그것을 다시 상기시켜줘서 고맙습니다.
- C **That's the word.**
  바로 그거야.

062 모른다고 대답할 때
- S **No, I don't know about that.**
  아니요. 그것에 대해서는 몰라요.
- F **I don't have that information.**
  그것에 대해서는 모릅니다.
- C **Sorry, I just don't know.**
  미안해. 잘 모르겠어.

063 본격적인 대화를 시작할 때
- S **Do you like to watch professional baseball?**
  프로 야구 보는 것을 좋아해요?
- F **Mind if I ask if you like professional baseball?**
  프로 야구를 좋아하는지 물어봐도 되겠습니까?
- C **Are you into professional baseball?**
  프로 야구 좋아하니?

064 무엇을 좋아한다고 대답할 때
- S **I like listening to rock music.**
  록 음악 듣는 것을 좋아해요.
- F **I'm very fond of rock music.**
  나는 록 음악을 아주 좋아합니다.
- C **I'm really into rock music.**
  나는 록 음악에 푹 빠져 있어.

065 무엇을 싫어한다고 대답할 때
- S **I don't like his jokes.**
  저는 그의 농담을 좋아하지 않아요.
- F **I'm afraid I rather dislike his jokes.**
  저는 그의 농담을 다소 좋아하지 않습니다.
- C **I hate his jokes.**
  나는 그의 농담을 싫어해.

066 기호를 물을 때
- S **Do you prefer tea or coffee?**
  홍차와 커피 중 어느 것을 좋아해요?
- F **Which appeals to you more, tea or coffee?**
  홍차와 커피 중 어느 것을 더 좋아하십니까?
- C **We can have tea or coffee. What would you like to drink?**
  홍차와 커피가 있어. 어떤 것으로 마실래?

067 기호를 대답할 때
- S **I prefer tea, if you don't mind.**
  괜찮다면 홍차로 할게요.
- F **Tea appeals to me more than coffee.**
  홍차가 커피보다 더 좋겠습니다.
- C **Tea sounds good.**
  홍차가 좋겠네.

068 흥미·관심을 말할 때
- S **I'm curious what state in America you are from.**
  미국의 어느 주에서 왔어요?
- F **I was wondering what state in America you are from.**
  저는 당신이 미국 어느 주에서 왔는지 궁금합니다.
- C **What state in America are you from?**

미국 어느 주에서 왔니?

069 취미·관심·의향을 물어볼 때

- S **Are you interested in Korean fine arts?**
  한국 미술품에 흥미가 있어요?
- F **Do you have an interest in Korean fine arts?**
  한국 미술품에 흥미를 가지고 있습니까?
- C **Are you into Korean fine arts at all?**
  한국 미술품에 흥미가 있니?

070 흥미·관심이 있다고 말할 때

- S **I'm interested in pottery.**
  도자기에 흥미가 있어요.
- F **I'm deeply fascinated by pottery.**
  저는 도자기에 아주 흥미가 있습니다.
- C **I'm wild about pottery.**
  나는 도자기에 흥미가 있어.

071 흥미·관심이 없다고 말할 때

- S **I'm not interested in politics.**
  정치에는 관심이 없어요.
- F **I must admit I'm not fascinated by politics.**
  저는 정치에 전혀 관심이 없습니다.
- C **Politics isn't for me.**
  정치는 몰라.

072 '왜' 라는 질문에 대답할 때

- S **Because it won an Oscar.**
  그건 오스카상을 받았기 때문이에요.
- F **The (main) reason is that it won an Oscar.**
  (주된) 이유는 오스카상을 받았다는 것입니다.
- C **Uh … it won an Oscar.**
  어 … 오스카에서 상을 받았기 때문이야.

073 무엇을 기억하고 있는지 물을 때

- S **Do you remember Gill?**
  질을 기억해요?
- F **I was wondering if you remember Gill.**
  저는 당신이 질을 기억하는 지 궁금합니다.
- C **Remember Gill?**
  질을 기억하니?

074 기억하고 있다고 대답할 때

- S **I remember the man was very tall.**

저는 키가 매우 컸던 그 남자를 기억해요.
- F **If I'm not mistaken, the man was very tall.**
  기억이 맞다면, 그 남자는 키가 매우 컸습니다.
- C **I know the man was really tall.**
  나는 키가 매우 컸던 그 남자를 알고 있어.

075 어떤 것을 잊었다고 말할 때

- S **I've totally forgotten her name.**
  죄송하지만 그녀의 이름을 완전히 잊었어요.
- F **I'm sorry to say that I don't remember her name.**
  그녀의 이름이 기억나지 않아 유감입니다.
- C **Her name escapes me.**
  그녀의 이름이 생각나지 않아.

076 확실함에 대해 물어볼 때

- S **Are you sure about her coming this evening?**
  오늘밤에 그녀가 오는 것이 확실해요?
- F **Are you convinced that she's coming this evening?**
  오늘밤에 그녀가 오는 것이 확실합니까?
- C **You're sure she's gonna come this evening.**
  오늘밤에 그녀가 올 거라고 확신하지?

077 확실함에 대해 대답할 때

- S **I'm sure they'll succeed in the experiment.**
  그들이 실험에 성공할 거라 확신해요.
- F **I think it's evident they'll succeed in the experiment.**
  그들이 실험에 성공할 것은 명백합니다.
- C **I'd bet my bottom dollar, they'll succeed in the experiment.**
  그들은 틀림없이 실험에 성공할 거야.

078 무엇인가에 확신이 없을 때

- S **Sorry, I'm not sure about that.**
  미안하지만, 그것에 대해선 확실하지 않아요.
- F **I'm afraid I'm not confident about that.**
  그것에 대해선 확실하지 않습니다.
- C **I can't say for sure about that.**
  나는 그것에 대해 확신할 수 없어.

079 맞는지를 물을 때

- S **I heard Dr. Smith is to arrive at 9:30. Is that right?**
  스미스 박사님이 9시 반에 도착한다고 하는데 맞아요?
- F **Am I right in assuming Dr. Smith is to arrive at 9:30?**
  스미스 박사님이 9시 반에 도착한다는 게 맞습니까?
- C **Dr. Smith is coming at 9:30, right?**
  스미스 박사님이 9시 반에 오시는 게 맞니?

080 긍정적인 대답을 할 때
- S **Yes, that's right.**
  네, 맞아요.
- F **Yes, certainly.**
  네, 맞습니다.
- C **You're right on.**
  맞아.

081 부정적인 대답을 할 때
- S **Sorry, that's not right.**
  미안하지만 틀려요.
- F **I'd like it to be the case but it isn't.**
  그랬으면 좋겠는데 실은 그렇지 않습니다.
- C **No, that's way off.**
  아니, 완전히 틀려.

PART 05
의뢰·거절에 관한 확실한 표현

082 식사를 함께 하자고 권유할 때
- S **Would you join me for dinner tonight?**
  오늘밤 저녁 식사 함께 할래요?
- F **May I have the pleasure of your company for dinner tonight?**
  오늘밤 당신의 동료와 저녁 식사 할 수 있는 기쁨을 누려도 되겠습니까?
- C **How about us going to get a bite to eat tonight?**
  오늘밤 간단히 뭐 좀 먹으러 가는 게 어때?

083 음료를 함께 하자고 권유할 때
- S **Do you want some coffee?**
  커피 좀 드실래요?
- F **Would you like a cup of coffee?**
  커피 한 잔 드시겠습니까?
- C **Have some coffee.**
  커피 좀 마셔.

084 도움을 줄 때
- S **Can I help you?**
  도와드릴까요?
- F **Is there some way I can help you?**
  도와드릴 게 있습니까?
- C **Tell me what to do.**
  무엇을 해야 하는 지 말해줘.

085 전화기를 빌릴 때
- S **Can I use your telephone?**
  전화 좀 써도 될까요?
- F **I was wondering if I could use your telephone.**
  전화를 사용해도 되는지 궁금합니다.
- C **Can I use your phone?**
  전화 좀 써도 될까?

086 호텔을 예약할 때
- S **I'd like to reserve a room at your hotel tonight.**
  오늘밤 호텔에 방을 예약하고 싶어요.
- F **I wonder if I could reserve a room at your hotel tonight.**
  오늘밤 호텔에 방을 예약할 수 있습니까?
- C **I want a room for tonight, please.**
  오늘밤 방을 부탁해.

087 가능성에 대해 물어볼 때
- S **Can you use this software?**
  이 소프트웨어를 사용할 줄 아세요?
- F **I was wondering if you could use this software?**
  이 소프트웨어를 사용할 줄 아는지 궁금합니다.
- C **Do you know how to use this software?**
  이 소프트웨어를 어떻게 사용하는지 아니?

088 견학을 의뢰할 때
- S **I want to visit your factory to observe how it's run.**
  공장이 어떻게 운영되는지 견학하고 싶어요.
- F **May I have permission to visit your factory to observe?**
  당신의 공장을 견학해도 되겠습니까?
- C **Can I see your factory?**
  공장 좀 볼 수 있을까?

089 숙식에 대해 물어볼 때

- s **May I stay at your house for a year?**
  당신 집에 1년간 묵어도 좋아요?
- f **I wonder if I could possibly stay with you and your family for a year.**
  당신 그리고 당신 가족과 1년간 함께 지낼 수 있겠습니까?
- c **I want to stay with you for a year.**
  1년간 너와 머무르고 싶어.

090 돌봐 달라고 부탁할 때

- s **Can you look after my baby while I'm out?**
  외출하는 동안 아기를 돌봐 줄래요?
- f **Could you possibly look after my baby while I'm out?**
  외출하는 동안 이 아이를 돌봐 줄 수 있습니까?
- c **Look after my baby while I'm out, will you?**
  외출하는 동안 내 아이를 돌봐 줄래?

091 물건 값을 깎을 때

- s **Can you give me a discount?**
  할인해 주시겠어요?
- f **Could you make the price a little more reasonable?**
  좀 더 적당한 가격으로 해 주실 수 있습니까?
- c **Come on. Give me a better price.**
  좀 더 저렴한 가격으로 해 줘.

092 상대방에게 승낙할 때

1 기쁘게 ~한다고 말할 때

- s **That'll be fine.**
  좋아요.
- f **I'm ready to accept your proposal.**
  그 제안을 기쁘게 받아들이겠습니다.
- c **Yes, I will.**
  응, 그럴게.

2 만일 ~면 …한다고 할 때

- s **Yes, I will, if you come with me.**
  네, 당신과 함께라면 할게요.
- f **I agree, on the condition that you accompany me.**
  당신이 함께 한다면 동의하겠습니다.
- c **Okay, but I want you with me.**
  너와 함께 한다면 좋아.

093 즉답을 피하고 싶을 때

- s **If Nancy joins us, I'll come, too.**
  낸시와 함께라면 저도 갈게요.
- f **I'd like to travel abroad, but it all depends on my financial situation.**
  해외여행을 하고 싶지만 모두 경제적인 사정에 달려 있습니다.
- c **I might.**
  그럴지도 몰라.

094 내키지 않는다고 말할 때

- s **I don't really care to go to the concert.**
  저는 정말로 콘서트에 가고 싶지 않아요.
- f **I'm afraid the idea of going to the concert doesn't appeal to me.**
  유감이지만 콘서트에 가자는 의견은 마음에 들지 않습니다.
- c **I don't want to go to the concert.**
  콘서트에 가고 싶지 않아.

095 상대방에게 거절할 때

1 할 수 없다, 무리라고 대답할 때

- s **Sorry, but I can't.**
  미안하지만 할 수 없어요.
- f **I'm afraid I won't be able to honor your request.**
  미안하지만 당신의 요구를 받아들일 수 없습니다.
- c **Sorry, I can't.**
  미안하지만 할 수 없어.

2 권유·부탁을 거절할 때

- s **No, thank you.**
  아뇨, 됐어요.
- f **No, thank you, but I appreciate your offer.**
  아뇨, 됐습니다만, 제안에는 감사드립니다.
- c **No, thanks.**
  아니, 됐어.

096 허가를 요청할 때

- s **May I drive your car?**
  당신 차를 운전해도 될까요?
- f **I wonder if I could possibly drive your car.**
  당신 차를 운전해도 되겠습니까?

- C **Can I use this car?**
  이 차를 써도 될까?

097 무엇인가를 허락할 때

- S **Yes, sure.**
  예, 괜찮아요.
- F **Of course.**
  물론입니다.
- C **No sweat.**
  좋아.

098 무엇인가를 허락하지 않을 때

- S **No, you can't.**
  아뇨, 안 돼요.
- F **I'm afraid you can't.**
  안 되겠습니다.
- C **No.**
  안 돼.

099 상대방에게 권유할 때

- S **I think you need to.**
  그러는 것이 좋을 것 같아요.
- F **I urge you to do it.**
  당신이 그것을 해야 합니다.
- C **You'd better do it.**
  네가 그것을 하는 게 좋겠어.

100 상대방에게 할 필요가 없다고 할 때

- S **You don't have to do that.**
  그것을 할 필요는 없어요.
- F **You are not obligated to, if you don't want to.**
  당신이 원하지 않으면, 의무는 아닙니다.
- C **Don't have to, if you don't like to.**
  네가 원하지 않으면 할 필요 없어.

101 명령과 금지를 말할 때

- S **I don't think it's a good idea to park there.**
  거기에 주차하는 것은 좋은 생각이 아닌 것 같아요.
- F **I don't really think you should park there.**
  거기에 주차하면 정말로 안 됩니다.
- C **Don't park there.**
  거기에 주차하면 안 돼.

102 지시를 확인할 때

- S **Do I really have to do that?**
  그것을 정말 해야 해요?
- F **Is it absolutely necessary for me to do that?**
  그것을 꼭 해야 할 필요가 있습니까?
- C **Do I have to?**
  내가 해야 해?

103 상대방의 조언을 구할 때

- S **What do you think, should I go and see Mr. Connors?**
  코너스 씨를 만나 뵙는 게 어떨까요?
- F **I'd be happy if you could advise me on whether I should go and see Mr. Connors.**
  제가 코너스 씨를 만나 뵈야 할지 당신이 조언을 해 줬으면 좋겠습니다.
- C **Do you think I should go and see Mr. Connors?**
  코너스 씨를 만나 뵈야 할까?

104 상대방에게 충고할 때

1 ~하라는 충고

- S **I'd suggest you take the subway.**
  지하철을 타는 게 좋다고 생각해요.
- F **Might it be a good idea to take the subway?**
  지하철을 이용하는 편이 좋지 않겠습니까?
- C **Listen to me and take the subway.**
  내 말 듣고 지하철 타.

2 ~하지 말라는 충고

- S **I don't think it's wise to smoke in the dining hall.**
  식당에서는 담배를 피면 안 된다고 생각해요.
- F **I wouldn't advise you to smoke in the dining hall.**
  식당에서는 담배를 피지 않는 게 좋다고 충고합니다.
- C **Don't smoke in the dining hall.**
  식당에서 담배 피지 마.

PART 06
드디어 영어 토론에 도전하는 표현

105 의견·느낌을 물을 때

- S **What do you think about this plan?**
  이 계획에 대해 어떻게 생각하세요?

- F **Could you give me your comment on this plan?**
  이 계획에 대해 당신의 의견을 말씀해 주시겠습니까?
- C **What about this plan?**
  이 계획은 어때?

106 자신의 의견을 말할 때
- S **I suppose it's one of the best choices.**
  가장 좋은 선택 가운데 하나라고 생각해요.
- F **I'm persuaded that it is one of the best choices.**
  가장 좋은 선택 가운데 하나인 것 같습니다.
- C **It's the best choice.**
  가장 좋은 선택이야.

107 의견이 없다고 말할 때
- S **I've not come to a conclusion.**
  별다른 의견은 없어요.
- F **I'm afraid I really don't have any opinion about it.**
  미안하지만 정말로 그것에 관한 어떤 의견도 없습니다.
- C **I have no thoughts on that.**
  그것에 관한 어떤 생각도 없어.

108 의견을 얼버무릴 때
- S **I'd rather wait to say anything about it.**
  그것에 관해서는 지금 대답할 수 없군요.
- F **I prefer not to comment on that subject.**
  그 문제에 관해서는 말하지 않는 게 낫습니다.
- C **I don't want to say anything on that.**
  그것에 대해서는 어떤 것도 말하고 싶지 않아.

109 동의·판단을 구할 때
- S **His proposal is quite reasonable. Wouldn't you agree?**
  그의 제안은 꽤 합리적이에요. 그렇게 생각하지 않아요?
- F **Would you concede that his proposal is reasonable?**
  그 제안이 합리적이라고 생각하십니까?
- C **I think his proposal makes sense. Don't you think so?**
  그의 제안은 타당한 것 같은데 그렇게 생각하지 않니?

110 의견에 동의할 때
- S **I agree.**
  동의해요.

- F **I agree with you whole-heartedly.**
  당신에게 진심으로 동의합니다.
- C **Okay.**
  그래.

111 의견에 반대할 때
- S **I don't agree.**
  동의하지 않아요.
- F **I'm afraid I do not agree.**
  미안하지만 동의하지 않습니다.
- C **No.**
  아니.

112 상대방이 옳다고 말할 때
- S **Yes, that's right.**
  예, 맞아요.
- F **Yes, you are correct.**
  예, 맞습니다.
- C **Right.**
  맞아.

113 찬성·반대를 잘 모를 때
- S **I don't agree with you entirely.**
  전혀 동의할 수 없어요.
- F **I'm sorry to say I don't agree with you entirely.**
  유감이지만, 전혀 동의할 수 없습니다.
- C **Not entirely.**
  완전히 그런 것은 아니야.

114 합의에 도달했을 때
- S **Good, we agree.**
  좋아요, 의견이 일치됐어요.
- F **We have reached an agreement.**
  합의에 도달했습니다.
- C **Agreed.**
  동의해.

115 다른 사람의 잘못을 지적할 때
1 다른 사람의 잘못을 지적할 때
- S **Actually, ….**
  사실은, ….
- F **Excuse me. Allow me to restate that.**
  미안하지만, 바르게 고쳐서 말씀 드리겠습니다.
- C **That's not right.**
  옳지 않아.

2 일이 틀렸음을 지적할 때

- S **Sorry, that's not right.**
  미안하지만, 옳지 않아요.
- F **I wonder if that's quite accurate.**
  그것이 아주 정확하다고는 생각하지 않습니다.
- C **That's wrong.**
  틀렸어.

116 본인의 잘못을 인정할 때

- S **Oh, yes, you must be right.**
  오, 그래요. 당신이 맞아요.
- F **Do forgive me. I was wrong. You're right.**
  용서하세요. 제 잘못이었습니다. 당신이 맞습니다.
- C **Yeah, I'm wrong.**
  내 실수야.

117 상대방을 설득할 때

- S **Won't you ~, please?**
  ~해 주시지 않겠어요?
- F **I strongly urge you to ~.**
  ~하도록 강하게 권합니다.
- C **I'll tell you what.**
  내게 좋은 생각이 있어.

118 상대방의 의견에 반론을 표시할 때

- S **But don't you think ~?**
  그런데 ~라 생각하지 않으세요?
- F **That's one way of looking at it. Have you considered ~?**
  그렇게도 볼 수 있겠네요. ~에 대해 생각해 보셨습니까?
- C **Yes, but you've gotta ~.**
  그래. 하지만 ~.

119 상대방에게 주의를 줄 때

- S **Please don't forget to mail the letter, Richard.**
  편지 부치는 것을 잊지 말아 주세요, 리차드.
- F **Mrs. Johnson, please remember to mail the letter.**
  존슨 씨, 편지 부치는 것을 잊지 말아 주십시오.
- C **Remember to mail the letter, Brian.**
  편지 부치는 것을 잊지 마, 브라이언.

120 무엇인가를 가르쳐 줄 때

- S **Lift the lid, then put the cassette tape there and press the FWD button.**
  카세트 덮개를 열고 테이프를 넣은 다음 FWD 버튼을 누르세요.
- F **The following procedure should be adopted: first, lift the lid; second, put the cassette tape there and last, press the FWD button.**
  다음과 같은 순서로 조작해 주십시오. 우선 카세트 덮개를 열고, 두 번째로 테이프를 넣습니다. 그리고 마지막으로 FWD 버튼을 누르십시오.
- C **It's easy, just lift the lid, put the cassette tape there and press the FWD button.**
  쉬워. 카세트 덮개를 열고 테이프를 넣은 다음 FWD 버튼을 눌러.

121 다시 한 번 확인할 때

- S **You know what I mean?**
  제가 말하는 의미를 알겠어요?
- F **Am I making myself understood?**
  이해하셨습니까?
- C **Do you follow me?**
  알았어?

122 불평·불만·고충을 말할 때

- S **I'd like to make a complaint about the noises you make.**
  소음에 관해 드릴 말씀이 있어요.
- F **I wish to file a Formal complaint about the noises you make.**
  소음에 관해 불만을 표하고 싶습니다.
- C **I wish you'd stop making noises.**
  소음 내는 것을 그만두었으면 해.

123 강하게 항의할 때

- S **Your comment is most unwelcome.**
  당신의 말에는 완전히 불만이에요.
- F **I object to your comment.**
  당신의 말에는 찬성할 수 없습니다.
- C **There's no way you could make such a comment.**
  그런 말을 할 수는 없어.

124 다른 사람을 위협할 때

- S **Unless you get out, the police will be called.**
  나가지 않으면 경찰을 부르겠어요.

- F **If you don't leave at once, I'll have to call the police.**
  즉시 떠나지 않으면 경찰을 부르겠습니다.
- C **Get out, or I'll call the police.**
  나가, 그렇지 않으면 경찰을 부르겠어.

125 상대에게 주의를 줄 때
- S **Be cautious not to smoke in public places.**
  공공장소에서는 담배를 피우지 않도록 주의해 주세요.
- F **It's prohibited to smoke in public places.**
  공공장소에서는 결코 담배를 피워서는 안 됩니다.
- C **No matter what, don't smoke in public places.**
  무슨 일이 있어도 공공장소에서 담배를 피우지 마.

PART 07
영어회화에 왕창 도움이 되는 표현

126 말이 막혔을 때
- S **Let me[Let's] see, ….**
  저, 그런데요 ….
- F **Excuse me while I get my thoughts together.**
  생각할 동안 잠깐만 기다려 주십시오.
- C **Well, um, ….**
  저, 음 ….

127 맞장구 칠 때
- S **Is that so?**
  그래요?
- F **How surprising!**
  놀랐습니다!
- C **You're kidding.**
  농담이지?

128 대화중에 끼어들 때
- S **I'm sorry to interrupt you.**
  말씀 중에 죄송해요.
- F **Excuse me for interrupting.**
  끼어들어 죄송합니다.
- C **Sorry for butting in.**
  끼어들어 미안해.

129 돌려서 말할 때
- S **In other words, ~.**
  바꿔서 말하면, ~.
- F **That is to say, ~.**
  바꿔서 말하면, ~.
- C **I mean, ~.**
  내 말은, ~.

130 화제를 바꿀 때
- S **By the way, ~.**
  그런데, ~.
- F **Let me digress for a moment, ~.**
  말이 좀 벗어나지만, ~.
- C **(Oh,) Before I forget, ~.**
  잊기 전에 말하자면, ~.

131 종합하고 요약할 때
- S **In short, we can believe him.**
  요약하면 그는 신용할 수 있어요.
- F **Based on our understanding of him, we can trust his character.**
  그에 관해서 알고 있는 것에 기초해서 말하면 그는 신용할 수 있는 사람입니다.
- C **To put it in a nutshell, we can count on him.**
  한 마디로 말하면 그는 신용할 수 있어.

132 영어 발음에 대해 물을 때
- S **How do you pronounce this word?**
  이 단어는 어떻게 발음해요?
- F **Would you mind pronouncing this word?**
  이 단어를 발음해 주시겠습니까?
- C **What does this word sound like?**
  이 단어는 어떻게 발음되니?

133 영어 철자를 물을 때
- S **How do you spell his name?**
  그의 이름을 어떻게 써요?
- F **Could you please check if I spelled his name correctly?**
  그의 이름이 정확하게 쓰였는지 확인해 주시겠습니까?
- C **Spell his name for me.**
  그의 이름을 써 줘.

134 영어의 의미에 대해 물을 때
- S **What does 'elated' mean?**
  'elated'는 무슨 뜻이에요?

F **What is the definition of 'elated?'**
'elated'의 정의는 무엇입니까?

C **What's 'elated?'**
'elated'가 뭐니?

135 용법을 물을 때

S **Can I say it like this?**
이와 같이 말하면 돼요?

F **I wonder if this is the correct expression.**
이것이 맞는 표현인지 궁금합니다.

C **What's the right way to say this?**
이것은 어떻게 바르게 발음하니?

136 매너에 대해 물을 때

S **Can I use this expression in a situation like this?**
이런 경우에 이 표현을 쓸 수 있나요?

F **May I use this expression in this kind of situation?**
이런 경우에 이 표현을 쓸 수 있습니까?

C **Can I say it like this here?**
여기서 이와 같이 말해도 되니?

137 전화할 때

1 전화를 걸 때

Hello, is that Oxford 1021?
여보세요, 옥스퍼드 1021번지입니까?

Can I speak to Mr. Roberts?
로버트 씨 계십니까?

Hello, my name is John Smith. I'd like to speak to Mr. Gim.
여보세요, 존 스미스라고 합니다. 김 선생님과 통화하고 싶습니다.

Hello, this is John Smith of ABC Company (calling). May I speak to Mr. Gim in the Personnel Department?
여보세요, 저는 ABC 회사의 존 스미스라고 합니다. 인사부의 김 선생님 계십니까?

Hello, my name is Jim Brown. May I speak to Mr. Johnson? Please tell him we met at the conference last week.
여보세요, 저는 짐 브라운이라고 합니다만 존슨 씨 계십니까? 지난 주 회의에서 만났었다고 전해주세요.

Hello, this is Jim Brown. Extension 123, please.
여보세요. 짐 브라운이라고 합니다. 내선 123번을 부탁합니다.

Hello. Am I speaking to Joe?
여보세요. 조 입니까?

Hi, this is Jack. Is Susan around[there]?
여보세요. 잭인데 수잔 있습니까?

Hello, can I speak to Susan? This is Jack.
여보세요. 수잔 있습니까? 잭이에요.

2 전화를 받을 때

ABC Company, how can I direct your call?
ABC 회사입니다. 어디로 돌려 드릴까요?

ABC Company, may I help you?
ABC 회사입니다. 무엇을 도와드릴까요?

Hello, the Lee residence. Who's calling?
여보세요. 이입니다. 누구십니까?

This is Jim speaking.
짐입니다.

I'll get it.
제가 받을게요.

Who is this?
누구십니까?

What's on your mind?
어쩐 일이십니까?

3 전화 용건을 말할 때

I'd like some information about the product I saw advertised in The Times.
타임스 광고에서 본 제품에 관해 알고 싶어서 그러는데요.

I'm calling to inquire about the new program you are offering.
당신들이 제공하는 새 프로그램에 관해 알고 싶어서 전화했습니다.

Hello, I'd like to know the (telephone) number of Mr. Dongwoo Choi, who lives at 123, Shinsul-dong, Tongdaemoon-gu.
여보세요. 최동우 씨의 전화번호를 알고 싶은데요. 주소는 동대문구 신설동 123번지입니다.

Hello, can you tell me how to send a telegram?
여보세요. 전보는 어떻게 치면 됩니까?

Hello, I'd like to make an overseas collect call to Korea.
여보세요. 한국으로 수신자 부담 국제전화를 걸고 싶은데요.

4 기다려 달라고 말할 때

One moment, please. I'll transfer your call to her office.
잠깐만 기다려 주십시오. 그녀의 사무실에 연결하겠습니다.

Thank you for holding. Your call is being connected now.
기다려 주십시오. 연결시켜 드리겠습니다.

Hello, this is Mr. Gim. Sorry to have kept you waiting so long.
여보세요. 김입니다. 기다리게 해서 죄송합니다.

Hello, (this is Mr. Gim), thank you for holding the line[waiting].
여보세요. (김입니다.) 기다려 주셔서 감사합니다.

Please continue to hold the line.
조금만 더 기다려 주세요.

O.K., I'll put you through to the sales department.
예, 영업부에 연결하겠습니다.

Hold on[Hold the line].
잠깐 기다리세요.

Just a second.
잠깐 기다리세요.

5 전화를 받을 수 없을 때

I'm sorry, Mr. Gim is not in at the moment. May I take a message?
죄송하지만 지금 안 계십니다. 전언이 있습니까?

Mr. Gim will not be in until this afternoon (today). Would you like (for) him to return your call when he gets in?
김 선생님은 (오늘) 오후까지는 돌아오지 않습니다. 돌아오면 전화드리라고 할까요?

Mr. Gim is in a (very important) meeting and will not be available until at least 3:00 this afternoon.
김 선생님은 지금 (아주 중요한) 회의 중입니다. 빨라도 오후 3시경까지는 불가능할 것 같습니다.

Mr. Gim is on another line right now. I'll put you on hold.
김 선생님은 지금 다른 전화를 받고 있습니다. 잠깐만 기다리세요.

I'm sorry, (you just missed him). Mr. Gim has just left the office (and will not return until tomorrow).
죄송합니다만 김 선생님은 방금 퇴근했습니다. (내일까지 돌아오지 않습니다.)

Mr. Gim is on vacation[a business trip].

He'll be back next week. (He won't be back for another two weeks.)
김 선생님은 휴가 중[출장 중]입니다. 다음 주에 돌아올 것입니다. (앞으로 2주일 동안 돌아오지 않습니다.)

Mr. Gim has been transferred to our Busan office.
김 선생님은 부산 지사에 전근됐습니다.

Gim has been transferred to the Planning Department.
김 선생님은 기획부로 전근됐습니다.

6 전화를 받을 수 없다고 할 때의 응답

Oh, then please tell him that John Smith of ABC Company called about the new product and would like to speak to him as soon as possible.
예, 그럼 ABC사의 존 스미스가 신제품 일로 급히 통화하고 싶다고 전해 주십시오.

Yes, please tell him to call me at 123-4567, at his convenience.
예, 그럼 형편이 좋을 때 123-4567로 전화 달라고 전해 주세요.

Then I will call him again after 3:00.
그러면 3시 이후에 다시 전화하겠습니다.

Yes, I'll wait.
예, 기다리겠습니다.

7 전화 메시지를 남기거나 부탁할 때

May I have his home phone number? This is an emergency.
집 전화번호를 가르쳐 주시겠습니까? 급합니다.

Is there a number that I can reach him at? Is there some way to reach[get in touch with] him?
휴가지[출장지]의 전화번호를 아십니까[연락을 취할 방법은 없습니까]?

May I have his new telephone number?
그의 새 전화번호를 가르쳐 주시겠습니까?

Can you connect[transfer] this call to his new office?
그의 새 사무실로 전화를 돌려주시겠습니까?

I'd like to leave a message for Mr. Brown in Room 205.
205호실에 계신 브라운 씨에게 전언을 남기고 싶습니다.

I believe a Mr. Jim Brown is staying at your hotel. I'd like to leave a message.
그쪽 호텔에 짐 브라운 씨라는 분이 체재하고 있다고

알고 있습니다. 그분에게 전언을 전해 주시겠습니까?

8 상대방의 전화 목소리가 잘 들리지 않을 때

I'm sorry, I can't hear you very well.
실례지만 잘 들리지 않습니다.

We must have a bad connection.
연결 상태가 좋지 않군요.

Could you repeat that again[Would you mind repeating that again]?
다시 한 번 말해 주시겠습니까?

Can you spell the name for me, please?
이름의 철자를 말해 주세요.

Please speak more slowly. I can't understand English very well.
좀 더 천천히 말해 주십시오. 영어는 잘 하지 못해요.

Excuse me, is there someone there who can speak Korean?
죄송하지만 그쪽에 누구 한국어를 하시는 분은 안 계십니까?

I'm sorry. I'd like to call back when someone can interpret for me.
미안하지만 누구 통역해 줄 사람을 찾아서 다시 전화하겠습니다.

Operator, I think I've been disconnected.
미안합니다. 전화가 끊긴 것 같습니다.

9 잘못 전화를 걸었다고 말할 때

I'm sorry, you must have the wrong number.
미안하지만 번호가 틀립니다.

I'm afraid there is no one here by that name.
미안하지만 여기에 그런 이름을 가진 분은 안 계십니다.

Excuse me, but what number are you calling?
미안하지만 어디에 걸었습니까?

10 전화를 다시 걸었을 때

Hello, this is Mr. Gim. My secretary tells me you called this morning.
여보세요, 김이라고 합니다. 아침에 전화하셨다고 비서에게서 들었습니다.

Hello, this is Mr. Smith and I'm returning Mr. Gim's call.
여보세요, 스미스라고 합니다만 김 선생님께 전화가 왔었다고 해서요.

Hello, I got your message on my answering machine[fax].
여보세요. 자동응답전화[팩스]로 전언을 받았습니다.

Hi, my mom said you called last night.
여보세요. 어머니가 그러시는데 어젯밤에 전화했었다고요.

I heard you called this morning.
오늘 아침에 전화했다고 들었어요.

11 전화통화를 끝낼 때

Thank you for calling[Thanks for calling].
전화 감사했습니다.

I'm sorry, I must go now. My meeting is going to start in five minutes.
미안하지만 이제 끊습니다. 5분 뒤에 회의가 시작됩니다.

Excuse me, there's a call on another line. May I get back to you (later)?
미안하지만 다른 전화가 걸려 와서 (나중에) 다시 전화해도 되겠습니까?

Oh, I'm out of coins[my telephone card is (all used) up]. I'll call again later.
아, 동전이 다 떨어졌어요[전화 카드를 다 썼어요]. 나중에 다시 전화할게요.

My bus[train] has come. Gotta go. I'll talk to you later.
버스[열차]가 왔어요. 가야 해요. 나중에 통화해요.

I have to get off now; someone's waiting to use the phone.
이제 끊어야 해요. 다음 사람이 기다리고 있어요.

I've got to hang up now.
그럼 끊습니다.

I'd better go[I'd better let you go].
끊을게요.

It's been good talking to you.
통화해서 즐거웠어요.

(Let's) Keep in touch.
연락하세요.